湘南近代名士

殷廷珪 研究

陈小虎 著

学苑出版社

图书在版编目（CIP）数据

湘南近代名士段廷珪研究 / 陈小虎著. -- 北京：
学苑出版社，2025. 5. -- ISBN 978-7-5077-7132-9

Ⅰ. K825.46

中国国家版本馆 CIP 数据核字第 2025AA4943 号

出 版 人：洪文雄
责任编辑：黄　佳
出版发行：学苑出版社
社　　　址：北京市丰台区南方庄 2 号院 1 号楼
邮政编码：100079
网　　　址：www.book001.com
电子邮箱：xueyuanpress@163.com
联系电话：010-67601101（营销部）　　010-67603091（总编室）
印 刷 厂：北京建宏印刷有限公司
开本尺寸：710 mm × 1000 mm　1 / 16
印　　张：19
字　　数：242 千字
版　　次：2025 年 5 月第 1 版
印　　次：2025 年 5 月第 1 次印刷
定　　价：89.00 元

　　本书系湖南省教育科学"十四五"规划2022年度课题"湘南教育家段廷珪（1873—1960）的史料搜集、整理及其教育思想研究"（项目编号：ND229634）研究成果。

段廷珪

前　言

　　段廷珪（又作段延圭，1873—1960），郴州资兴人，号碧江（又自号辟疆、辟疆），自称"庸盦老人"，是晚清民国时期湘南地区的一位教育家，本该颇有名气，却几乎湮没无闻。非湖南地方人士的读者，可能并不知晓这样一位颇有些传奇色彩的地方人物。段廷珪系京师大学堂师范馆首批毕业学生（1903—1907），中国现代意义上的第一届大学毕业生，师范科举人。他自办北京务本甲种女子职业学校，历任湖南省立第三师范学校、湖南省立第三中学等多个重点中等学校校长。

　　据其后代所传，段廷珪培养了许多伟大的革命先辈和进步人士，还与毛泽东、朱德、黄克诚等共产党高层人物关系密切；他长期在晚清湖南省提学使司、北洋政府教育部、民国湖南省教育厅任职，曾经代理过湖南省教育厅厅长，退休回乡之后，积极组织民众进行了抗日斗争；抗日战争结束之后，还曾经作为资兴地区"国大代表"的人选；此后，被选为湖南省文献委员会委员，参与湖南省志的编撰工作，1953年之后进入湖南省文史馆，成为众多文化界的耆老名流之一，可见其学识与资历不仅得到过国民党政权的官方认可，也获得了新中国湖南政府的认可。其事迹在郴州资兴市更是被传得神乎其神，以至当地有民谚曰"资兴不算你，要数段廷珪"，俨然头号人物。我们今天称段廷珪为地方名士、地方教育家，大概不会有任何异议。

然而令人不解的是，既有如此事迹，尤其是与中共几位领袖人物产生了联系，却又无甚记载，是历史的遗漏还是传说的讹误？无论如何，就当下中国近代史的书写而言，资兴人段廷珪只是一位不太知名的、仅在地方上颇有点声誉的人物。这样的人物，并非资兴独有。但是，鉴于他身上呈现的革命色彩，以及作为晚清新式学堂的第一批获得举人身份的新式学生和教育家的身份，本书钩沉其事迹，重整其故事，力求探究其各个阶段的掌校经历及其教育理念与教育行政生涯。

　　这么做，当然并不仅是出于了解真相的好奇心，更多的是希望借此契机，探寻民间的传说是怎样与真实的历史相关联的。现存的关于段廷珪的传说似是而非，但其背后仍有真实事件的影子，这些事实究竟是如何嫁接上去的？本书欲对段廷珪的传说做出详细的考证。

　　除了考证传说之外，本书还将探讨段廷珪在晚清民国这一段乱世中的起起伏伏与思想经历。段廷珪作为读书人，晚清的最后一批士子，得享高寿，1873年与梁启超同一年出生，又仅比胡适之先生早两年逝世（1960），其生活经历刚好在这两位引领晚清民国学术风气的大学者的生卒年之间。近九十载岁月，也让他一生横跨晚清、中华民国、中华人民共和国三个时代，饱经中国近代史的风云变幻与历史沧桑。其生活空间适逢中国近代以来最混乱的一段时期。段廷珪自然没有梁启超、胡适的名声，也没有在近代中国的教育界、学界留名，更别说政坛上呼风唤雨。他只是一位潮流的跟随者，受梁氏思想之影响，只有靠跟毛泽东、朱德、黄克诚等大人物或许有的关联才被人们所铭记，其自身之观念与功绩反倒被遗忘。

　　在历史的长河里，段廷珪的确并不起眼，顶多算二三流文人。作为这样一位默默无闻但又经历时代巨变的读书人，其所见之情境，所经历之变化，所感受之感受，自然与我们历来重点关注的高层知识分子及高层施政官员的思想世界又会不一样。笔者认为，探讨这类普通进步文人的思想与行为可能更有助于全面了解那个特殊的时代。

段廷珪似乎也有写日记的习惯，但基本没有留下什么日记材料，只有一部写于1930—1932年的游草诗集《庸盦游草》，里面记录了平常的只言片语。①

但所幸，段廷珪还有其他著作留下。其所作《新女子职业教育》，甚至还是"五四"运动之后国人第一部关于女子职业教育的系统专著，蔡元培为之作序。关注中国近代女子教育问题的研究者，本应都要留意到此书之存在，然而实际上，现代学者却引述寥寥。《教育改进与三民主义教育》是段廷珪的又一部力作，写于他任湖南省教育厅秘书期间，时值20世纪30年代初。从书名不难看出，此书大抵是应1928年之后国民政府的党化教育所作，但若仅仅将此书看成是意识形态的作品，则又大谬特谬，书中仍有段廷珪对改良教育的思考。段廷珪不仅自己写有著作，让我们得以了解其观念与思想，其名字与部分事迹还上过《申报》、《国民日报》、《大公报》（上海、长沙、天津）、北京《晨报》等主流报刊，我们也得以透过这些蛛丝马迹，勾画其生命历程与生活空间。

段廷珪的确是一位教育家，他有切实的办学经历与执掌中等学校的经历，也有长达几十年的教育行政生涯，先后在三个政府里面担任教育系统内的基层"螺丝钉"，负责教育政令的推行及图书审定工作，拥有丰富的教育行政经验。教育问题也是其毕生思考之所在，故而本书也将有较大篇幅论述其教育理念，尤其是其在女子教育问题及职业教育问题上的思考。

生于20世纪上半叶的中国，段廷珪也不可避免地拥有救国情怀。面

---

① 诗以言志，从《庸盦游草》中，我们可以看到段廷珪的人生理想与救国情怀。事实上，段廷珪颇有诗才，写过超过200首的诗歌，水准不低，绝非庸手。其诗读之亲切，皆亲身感受，无辞藻之堆砌，平易近人，朗朗上口；风格多样，七律七绝、七言古体、五言古体，信手拈来，一气呵成，这也反映了晚清士人之旧学根底。

对山河破碎、国家民族屡遭欺辱的实际状况，段廷珪也很自然地在思考出路问题，他服膺于孙中山先生的三民主义，主张国家要自强，民众应成为拥有参政意识的国民，故他的教育理念也着重在于塑造共和国之国民。而这种塑造非靠教育手段不可，民强而后国强，自然可以对外御侮，在国际上增进中国之地位。他时常感慨时局，关心整个国家的命运，不仅从京师大学堂时代就开始参与关注国家前途的学生运动，"九一八"事变之后更是叹惋时局：

> 吾国现在之地位若何？外遍强邻，受帝国主义种种侵略，内寻争夺，亦复由帝国主义者之多方唆使，固已沦于次殖民地的地位。至国民所处的环境，小农社会，受大托辣斯之垄断，既已生计日蹙；手工技艺被蒸汽机之掠夺，尤觉凋敝不堪。故欲救国家，不可不有主义；欲救国民，不可不有主义的教育。①

此种心态还大量见于其诗文当中，比如在游历大明湖时，他写道："只今河山风景殊，兴亡有责在鄙夫。"登泰山绝顶时，更曾"抚时感事心潸然"②。

面对民不聊生、民生凋敝的情况，他主张职业教育的出路，希望每个人都有一定的财产，能够实现经济自立，实现共同富裕。他反对资本集中在少数人手中，认为这会产生垄断问题，因而践行孙中山平均地权的理念。他认为一个五口之家，拥有二亩半土地、二亩半园地即可，即每人平均一亩地，因而他也将其在资兴蓼市的家宅以"二亩半园"命名。而为祸尤烈的是，教育界的资本集中导致教育只是少数人的教育，教育无法向下层民众普及，因而段廷珪强烈主张教育改进与教育普及，要让所有的国民，不分男女，都有受教育的权利。

---

① 段廷珪：《教育改进与三民主义教育》，长沙：湘益公司，1933年，第1页。
② 段廷珪：《庸盦游草》，1932年铅印本，页六背、页五背。

平心而论，段廷珪是个接地气的人物，有强烈的现实关怀，同情劳苦大众，其所倡导的教育路线也可以称为下层路线，真正从教育上关注民生之疾苦，与教育史中的黄炎培、晏阳初等人类似，称得上是一位平民教育家。

段廷珪当然也深受清末民初以来西方思潮的影响，1902年在京城最高学府求学，新文化运动、"五四"运动期间，也在北洋政府的北京教育部里供职，能够身处思想潮流的第一线，其所做的关于女子教育问题的思考，即是那个时代最热门的话题之一——女子解放。段廷珪的观念，现在当然不出名，其看法也是潮流中的一部分，并没有成为意见领袖。

在北京教育部里，他也有机会接触当时在教育思想上最先进的那批人物。他在《新女子职业教育》里曾提及对近代教育影响重大的杜威与保罗·孟禄（Paul Monroe）博士，并将他们的到访视为大事件。段廷珪究竟是否曾与他们有明显的交集，现在不得而知，已经找不到最为直接的材料，但杜威1919年抵京后不久即于6月8日、10日、12日在教育部连续做了三次学术讲演，听者甚众。从1919年9月21日起到次年2月22日，杜威每周日在教育部讲演"教育哲学"系列，很难相信，身为学人的段廷珪没有去听过这些讲座。保罗·孟禄1921年9月受"实际教育调查社"的邀请来华访问，进一步促进了职业教育与实业家的联系，在华展开了非常细致深入的教育调查工作，并在北京做了多次演讲，而这种工作则与段廷珪在教育部的教育统计与调查很难说没有重合的地方。

通过其顶头上司范源廉及其组织的中华教育改进社，段廷珪确实有机会接触当时国内最先进的教育思想，以后其著作也以"教育改进"为题，或可见其与中华教育改进社的关联。中华教育改进社，是由归国留学生组成的教育团体，段廷珪一生未出国门，自然没有这个资格被吸纳进去。但他身在北京这个中心地带，至少也曾见过大世面，接触过各类先进之学说，暴露于其影响之下（不过段廷珪在立场上，稍微偏保守，一生坚持用文言文写作，始终没有受到如火如荼的白话文运动的影响）。

以后他又把这些先进的观念带回了处于闭塞之地的湖南，带到了衡阳，鼓励了他所执掌的省立第三中学的学生运动，以致被污蔑为湘南一带煽动学生革命的"总后台"。大约1928年以后，段廷珪成为湖南省教育厅的官员，为全面抗战前十年义务教育在湖南的普及做出了一定的贡献。在此期间，他还参与矿山投资活动，成为资兴煤矿的董事长。这也并非段廷珪首次参与经济活动，他深受实业救国思潮的影响，还曾成为商务印书馆的股东（商务印书馆并不单是一个出版社，其在中国近代史上有特殊的地位，在文化史、教育史方面都有重要贡献）。1940年，段廷珪以67岁的高龄去职归乡，被国民政府褒奖，成为地方耆绅，受到所有人尊敬，1947年，他还被国民政府作为所谓"道德模范"，通报全国，予以嘉奖。这是其名声的顶峰。

可以看到的是，段廷珪的主要贡献集中于教育界，他是清末第一批新式学堂的学生，也是最后一批应考科举的士子之一，他们这批精英人士是20世纪上半叶中国文化界、教育界乃至政坛的顶梁柱，颇有成就的，多如牛毛。但段廷珪无疑最后只成了一位较为普通的小人物，影响力也仅在于湖南，甚至局限于湘南地区。

研究区域内有影响力的人物，无疑是地方史的一部分，而探究教育家的思想及其教育实践则往往被视为教育史的经典命题。对地方史抑或是教育史的挖掘，大概都希望跳出聚焦于上层的宏大叙事框架，进而呈现个性化的具象历史。因此，本书试图以段廷珪这个有教育界、知识界、政界履历的"小人物"的个人经历为线，将他的经历、社会交往、社会活动织进中国近现代史的巨网之中。广义地看，段廷珪的一生也可以视为一个文本，要了解段廷珪，必须将其投入时代的大背景之中参照考察。

通过钩沉段廷珪的事迹、社会交往与社会活动、教育思想以及办学经历，可帮助我们重新思考地方社会人物传说的形成；重新发现个人与时代的关系，理解相对普通的知识分子的生活空间及其思想经历。段廷珪的经历虽然谈不上波澜壮阔，其思想也谈不上有多先进，但这可能才是最真实的写照。段廷珪是一位搞基层教育的学者、官员，透过他的生平经历，也可以重新审视教育对社会的影响，加深对基层教育的认识。

本书并未采取传记式的写法。其一，笔者本意也不在为段廷珪立传；其二，因为材料实在不允许。不仅段廷珪的早年生平材料缺失，晚年岁月的史料亦是少见，大概段廷珪在非常平静的生活中去世，其音容笑貌、才情气质、为人处世，皆无法进一步探研。故笔者只能借这个地方进步文人，讨论与晚清—民国这个时代相关的一些问题，如晚清的废科举兴学堂，民国教育行政、新式学堂的办理等相关情况。笔者也希望延续对地方人物的记忆，以免其事功完全被遗忘。段廷珪在湘南地区尤其在郴州是很有贡献的，无论是其教育行政作为还是教育思想，皆是如此，值得有条理地进行叙述。当然，笔者也有正本清源的意图，意图厘清地方人物传说与实际经历之间的关系。

本书分为两个部分：第一部分包含第一、二、三章，是对段廷珪生平的考证及其教育活动之外的主要社会经历与社会活动的梳理；第二部分则是段廷珪的教育思想与教育实践，主要集中在第四、五、六章。无论如何，段廷珪的主要成就在于教育，故本书对此展开了更为详尽的论述，尤其是第三章，插入论述了其从事教育活动的缘起，这与当时影响极大的废科举兴学堂的清末新政的背景是联系在一起的。当然，教育也不能脱离实际的社会和政治活动而存在，故第二部分也有社会活动及政治活动的一般性论述。

陈小虎

2023 年 6 月

目　录

第一章
传说与历史之间：生平史迹

一、传说

笔者工作所在的单位是衡阳师范学院，其前身之一是有着光荣革命传统的百年红色师范院校——湖南省立第三师范学校（以下简称省立三师）。在翻检校史及其相关材料时，笔者立即就注意到了首任校长段廷珪。作为带领省立三师从官立南路师范学堂走向新式学校的舵手，段廷珪的历史地位不言而喻。然而意外的是，校史中对他的论述相当简略，仅寥寥十数行，与其地位并不相称。于是笔者有了继续探索的念头，开始进一步找寻。先是在《资兴文史》上找到了段廷珪嫡孙段盛业撰写的《回忆祖父段廷珪》，该文较为简略，没有经过太多的加工，纯是后代之回忆；后来又搜集了一篇内容更为丰富的、由段廷珪玄孙女段娟娟女士请人重新整理的《段廷珪与他的"两亩半园"》。正是这两篇文章激起了笔者极大的历史兴趣。

据《段廷珪与他的"两亩半园"》文章所载，1898年段廷珪中举之后进入当时国内首屈一指的京师大学堂求学，成为首批毕业生。毕业后不仅任湖南省立三师首任校长，而且自办北京私立务本女子学校。更为传奇的是，文章声称，1918年段廷珪被调往北京教育部任职，与毛泽东交往密切，对青年毛泽东有雪中送炭之恩。中华人民共和国成立后，毛主席不忘故人，亲自给段廷珪回信两次，还嘱托时任湖南省委书记的黄克诚派专人送去钱粮，"要求湖南省委照顾好段廷珪的晚年生活"。1922年段廷珪回湖南任省立三师校长，支持和鼓励学生运动，对曾希圣等革命先驱都有过提携保护之功，省立三师也在段廷珪的影响下成为"湘南革命摇篮"。该文章还列出了段廷珪的著作，如颇具男女平等意味的《女子教育》《中国教育与三民主义教育》。①

如此看来，段廷珪无疑是一位德高望重、对革命事业有过极大贡献的湘南耆绅。如果以上这些都经得起推敲，那么无论是从地方史、教育史还是革命史的角度而言，段廷珪都是一位湮没在历史尘埃中的重要人物，很具学术研究价值。经多方寻找，笔者终于联系上了段氏后人，并前往资兴市做实地探研。笔者发现段廷珪除了上述事迹之外，还有更多"神奇"之处。

段氏后人进一步声称：段廷珪不但是蔡元培的得意门生，而且与孙中山、朱德关系密切。他在孙中山的追悼会上写下挽联："为广义而牺牲，欲拯四百兆同胞，责在后死；与恶魔作奋斗，推翻数千年专制，独有先生。"②且1928年湘南起义时，段廷珪还接济过朱德，甚至将苏维埃政府设于其家。中华人民共和国成立后，据其家人口述，段宅更是门庭若市，一些高层人物如黄克诚、曾希圣几乎每年都来探望，并嘱咐湖南省委每个月发钱。

起初，笔者亲耳听到这些传奇经历时，惊讶不已，激动有余，若果真如此，作为历史人物的段廷珪，将是一个巨大的宝库。但当笔者欲观览段

---

① "财富汇报"：《段廷珪与他的"两亩半园"》，https://www.sohu.com/a/351213255_100122063，发布日期2019年11月2日。

② 段丽扶等：《廷圭：我们的曾祖父》，《段氏族谱》，合族公订，内部资料，2002年续修，第165页。笔者认为"广义"为"主义"之误。

廷珪所留下的诸多墨宝特别是与毛泽东的通信时，段廷珪的曾孙段国强老先生及其家人却说段廷珪的全部收藏和信件文章已经在十年浩劫中被付之一炬，这让笔者感到很遗憾。

最后，段娟娟女士只向笔者赠送了一本由段廷珪侄婿唐孟尧编写的私人印书《祖泽流芳》。书中有《举人段廷珪传记》一文，详细记述了段廷珪的生平事迹，比《资兴市志》关于段廷珪的记录以及《资兴文史》中段盛业的回忆文章细节丰富得多。如以下这一段就显得栩栩如生：

> 经徐特立介绍，毛泽东一到北京，就找到了段廷珪。两人谈辛亥革命，谈孙中山的三民主义，谈平均地权，谈男女平等，谈家乡的红烧肉和辣椒，颇为投机。[①]

虽然这些说法在其家乡流传较广，甚至成为很多资兴老一辈的记忆，但在跨越了地方与族人的特定范围外，却难觅踪迹。若果真如此，段廷珪岂不早就引起了研究者的注意？

二、从传说到历史

从地方社会的层面来看，以上关于段廷珪的故事只是乡土历史的一部分，虽然段廷珪与20世纪诸多改变历史进程的大人物有交集，但他本人也仅是湖湘一地方名士。从专业的角度来说，族人的口述回忆，在没有实际文字资料或者历史实物支持的情况下，无疑只是传说，极易存在夸大美化的现象。顾颉刚先生"层累地造成古史"的真义，也让笔者对这些传说一直在保持警惕：一段传说，越到后面越会神乎其神，超出故事的本身。历

[①]　唐孟尧口述，段辉光整理、执笔：《举人段廷珪传记》，载唐孟尧：《祖泽流芳》，内部资料，资兴市教育印刷厂，2011年，第135页。

史研究者常常有求真欲，笔者也同样如此，对于段廷珪传说非常着迷，意欲解开其庐山真面目。

　　首先，可以确定的是，段氏后人关于段廷珪遗著的书名记载均有讹误。据《湘人著述表》，段廷珪确实现存三部著作：《新女子职业教育》（中华书局1923年初版）、《教育改进与三民主义教育》（湘益公司1933年出版）以及《庸盦游草》。①笔者也已将这三部著作搜集到手。考虑到民间传说的性质，其后人只记下似是而非的书名倒也不难理解，只是段盛业在《资兴文史》上关于著作名称回忆的偏差，也误导了几位关注过段廷珪的研究者。②这也充分提醒我们，使用回忆录材料应当慎之又慎，可作为线索，而不应作为史实。

　　其次，对于段廷珪后人说段廷珪是同盟会成员一事，笔者也很是疑惑。因为无论是杨鹏程、郭汉民主编的《湖南辛亥革命史料》（两卷，湖湘文库版）还是民革湖南省委主编的《湖南与辛亥革命》（该书收录了上千位与辛亥革命与关的人物）都未见相关记载。③故而，段廷珪的同盟会会员身份，至少还未被确认，或许被遗漏。

　　再次，就是与毛泽东的关系。若段廷珪真的与毛泽东有如此深厚的联系，为何与徐特立和青年毛泽东有关的材料都没有其与段廷珪交往的记载？此点因笔者所接触到的材料有限，只能暂时存疑。但是1918年，段廷珪确实已在北京任职，毛泽东也恰好于1918年下半年去了北京，这也给段家后

---

① 参见寻霖、龚笃清编著：《湘人著述表2》，长沙：岳麓书社，2010年，第819页。

② 曹隽平先生发表在《中国收藏》上的文章《段廷珪是何人》（2009年第8期）、《民国教育家段廷圭其人其书》（2009年第12期），也影响了阎登科先生。阎登科在《民国前期教育部研究：1912—1928》（北京：中国社会科学出版社，2020年）中对段廷珪的提及就完全参照了曹隽平先生的说法。而曹隽平先生对段廷珪的介绍又直接来自段盛业的回忆。当然，这一篇回忆文章也影响了《资兴市志》的编撰者。

③ 杨鹏程、郭汉民主编：《湖南辛亥革命史料》（两册），长沙：湖南人民出版社，2011年。民革湖南省委主编：《湖南与辛亥革命》，长沙：湖南人民出版社，2011年。

人留下了足够多的遐想空间，也让一些作者产生了必要的联想，但这个联想是站不住脚的。

最后，传闻中段廷珪曾经二度担任省立三师校长的说法，更是张冠李戴。省立三师校史从未有过段廷珪二任校长的记录，但段廷珪其时确是校长，只不过担任的是衡阳当地另外一所中学的校长。湖南《大公报》载：

> 驻衡第三中校长蒋君育寰辞职。业经照准，昨日教育司已委任段廷珪继任校长。[1]

故段廷珪担任的不是省立三师而是省立三中校长。因此，段廷珪在大革命时期是否真的对省立三师的诸多革命师生有过帮助，就非常让人怀疑了。

由此可见，关于段廷珪的各类传说，虽然具体细节似是而非，经不起推敲，但其实也并非完全捕风捉影。这些传说或是穿凿附会或是张冠李戴，但其事迹又总有当时大时代的影子。这激起了笔者更强烈的兴趣，这些宏大事迹究竟是如何嫁接到段廷珪身上的？换言之，段廷珪究竟有着何种经历才与这些说法产生联系？段廷珪的生活时间横跨晚清、中华民国与新中国，其地位虽不甚显赫，但也确实见证了晚清以来的各种社会变化与教育变革，一部中国近代史在他的身上留下了足够多的痕迹。因此，笔者试图对他的人生经历做一番详细考证，检验传说的"嫁接性"，由此切入更广阔的近代史图景，也试图通过他的人生经历与社会活动来窥探这个转型时代的社会之风。

三、史迹钩沉

本书需要详细考证的是段廷珪的生平事迹。经过多方搜寻和仔细爬梳，笔者发现，关于段廷珪的故事，流传至今的主要有三个版本：一是地

---

[1] 《第三中学校长易人》，《大公报》（长沙），1924年1月23日，第7版。

方志的记载；二是亲人的回忆；三是1946年国民政府《褒扬段廷珪、段黄家淑》的档案记录。三者都对段的生平做了比较全面的介绍，大体相似。其中尤以族人的回忆细节最为丰富，可分为两类：一是段廷珪嫡孙段盛业（1920—1990）的《回忆祖父段廷珪》；二是段廷珪侄婿唐孟尧口述后经他人整理的《举人段廷珪传记》。而通过对比可以发现，段盛业所言较为简略，但口吻相对客观；唐氏之说主要是希望向后人弘扬祖辈们的优秀事迹，故有诸多想象、夸张和美化之处。

由于时代的隔膜，这些回忆和传说性质的记载往往多有讹误。即便是1946年褒奖案中的"档案"记录，因种种缘故，对段廷珪事迹的陈述也并非事实。[①]故欲还原其相对真实的历史形象，还需从时人的直接记录入手。第一个要厘清的是段廷珪的举人身份问题。该问题不仅与他的求学经历有关，更是他崭露头角的起点。

1.举人身份

无论是地方志还是其他的回忆材料都声称，段廷珪曾中举并且是京师大学堂师范馆第一届毕业生。这是其族人及资兴地方人士引以为傲的。《资兴市志》云：

> 光绪二十四年（1898），段廷圭考入京师大学堂师范馆（后改称北京师范大学），为北京师范大学首届毕业生。[②]

---

① 该案虽为1946年的档案资料，然记载的多为段廷珪1946年以前的经历，并非对当时发生的事情的直接记载。不过按照《褒扬条例》的规定，褒扬案中所列之事迹不能有半点虚假，且当时段廷珪尚在人世，故该案的记载应是最接近真实的。而实际上不知为何该档案中的记载谬误颇多，时间与事件对应关系错乱。

② 资兴市地方志编撰委员会办公室：《资兴市志》（下），长沙：湖南人民出版社，1999年，第864页。

但此记载明显与基本史实不符。京师大学堂师范馆于1902年才成立，1898年段廷珪无从考入。只是颇令人震惊的是，《湖南近现代名校史料》中关于段廷珪的部分也直接沿用了该说法。[1]尽管如此，段廷珪确有在京师大学堂师范馆求学的经历，而且确实是师范馆首届毕业生。根据谭绍黄的回忆，1902年湖南巡抚俞廉三"决定在乡试没有中选的人员中，挑选年在30岁以内，才学较好的一部分送京师大学堂学师范……这年农历十二月初四日举行考试，计取录送京师大学堂的五名……"[2]而这五人名单中，就有段廷珪。

京师大学堂师范馆之设立等教育方面的事务，是时人关注的大问题，故天津《大公报》对此事亦有报道：

> 湖南、江西咨送师范学生已于本月初八日扃门复试，当经本大臣将试卷评定录取，仰即来堂肄业，毋误，切切持示。计开，湖南师范生五名：李钟奇、戴丹诚、刘冕执、向同鋆、段廷珪。[3]

由以上两段材料基本可以确定，段廷珪1902年乡试失败，没有中举。但他赶上当时之新政策，由咨送而于1903年进入京师大学堂师范馆学习。在师范馆，段廷珪入历史地理部（第二类），习英文，成绩尚可，[4]1907年毕业，平均分数七十九分七厘二毫，荣列优等。[5]

---

[1] 参见《湖南省立第三师范学校》，湖南省教育史志编纂委员会编：《湖南近现代名校史料1》，长沙：湖南教育出版社，2012年，第494页。

[2] 谭绍黄：《清末湖南的师范教育》，中国人民政治协商会议湖南省委员会文史资料研究委员会编：《湖南文史资料选辑》第20辑，长沙：湖南人民出版社，1986年，第20页。

[3] 《中外近事·北京》，《大公报》（天津），1903年4月12日。

[4] 房兆楹辑：《清末民初洋学学生题名录初辑》，台北："中央研究院"近代史研究所，1962年，第109页。

[5] 《学部奏奖大学堂优级师范毕业生折（续）》，《新闻报》，1907年5月18日。

既然段廷珪没有中举,只有京师大学堂的求学经历,那么何来举人身份? 这便与当时的政策有关。清末为了增加新式学堂的生源,已然采取奖励出身制度,根据当时的奖励制度:

> 考列最优等者,作为师范科举人,以内阁中书尽先补用,并加五品衔;考列优等者,作为师范科举人,以中书科中书尽先补用;考列中等者,作为师范科举人,以各部司务补用……①

图 1 举人牌匾

而段廷珪考列优等,故作为师范科举人,以中书科中书尽先补用。这样段氏后人口中多次提到的举人牌匾(图1)就有了来历,我们也终于得以知道段廷珪并非通过科举考试中举,而是在新的制度背景之下,通过奖励出身制度,获得了举人身份。②后人的传说虽然未必真实,但也并非完全空穴来风。

---

① 《大学堂师范生毕业照章给奖折》,《学部官报》,1907年第19期。

② 需要进行一定说明的是,京师大学堂师范馆对毕业的师范生会颁发文凭证书,而不会颁发举人牌匾。牌匾一般是亲友乡邻赠送,或自己篆刻以作留念或供后人瞻仰。该牌匾就是段廷珪自己所立。牌匾上写有"光绪丁未科"的字样,该字样容易引起误解。光绪丁未年是1907年,时科举已废,但当年清廷为照顾废科举后大量举贡生员的出路,特重新实行"举贡考职",故有丁未科的说法。该次考职重新录取了367人,皆被授予京官或者地方官。当时也有规定,学生学堂已定有奖励者,不准保送参加考试。详见商衍鎏:《清代科举考试述录》,北京:故宫出版社,2014年,第201页。

2. 毕业去向

关于段廷珪1907年毕业之后的去向，现存材料各有分歧。《资兴市志》和《回忆祖父段廷珪》均称段廷珪"毕业后留校任编修"[1]；1946年《褒扬段廷珪、段黄家淑》档案却言段廷珪"自京师大学毕业后，历任湖南提学司、省视学"[2]。何者可信？

对于当时师范生的毕业去向，1907年《附奏师范生义务年限内不得委充他项差使片》有这样的规定：

> 优级师范生有效力全国教育职事之义务，其年限暂定为五年，此五年中经学部或本省督抚、提学司指派教育职事，不得规避，不得营谋教育之外事业，充当京外各衙门别项差使等。语此次大学堂师范毕业生充当教员、担任学务责无可辞……该生等于五年之内专办教育，不得委派他项差使，如有借端规避者，一经查明，即将所得奖励照章撤销……[3]

可见当时京师大学堂师范馆的毕业生，须完成五年的教育义务，否则将会受到处罚。而一年之后的1908年，学部又派人查察京师大学堂师范馆各毕业生效力全国教育职事的情况，据当时报告学部的《通行京外查名大学堂师范毕业生效力义务情形报部文》的内容，可以看到，段廷珪与当

---

① 段盛业：《回忆祖父段廷珪》，中国人民政治协商会议湖南省资兴市委员会文史资料委员会编：《资兴文史》第一辑，内部资料，1985年，第44页。资兴市地方志编撰委员会办公室：《资兴市志》（下），长沙：湖南人民出版社，1999年，第864页。

② 《褒扬段廷珪、段黄家淑》，1946年，台湾"国史馆"藏，典藏号：014-090501-1164，第6页。

③ 《附奏师范生义务年限内不得委充他项差使片》，《学部官报》，1907年第28期。

时另外两名学生戴丹诚与向同鋆在1907年毕业之时就选择了回湖南效力。①此后《政治官报》也登载了学部的呈文。②

"毕业后留校任编修"的说法显然有误。只是段廷珪具体从事的是何种教育职事，目前尚未发现官方文件。不过曾任教于湖南三师的屈子健在《湖南优级师范概述》中的回忆，或可为厘清段廷珪的毕业去向，提供一定线索。根据屈子健的说法，北京优师和湖南优师的毕业生：

> 百分之九十以上都在教育司和各府、州、县当了教育行政人员，中等学校校长和教员（北京优师段廷珪，由教育司委派任省立三师校长，湖南优师孔昭绶派任省立一师校长）。③

故段廷珪毕业后，很有可能回到湖南，先是当了教育行政人员，任职于当时新改组的学政机构省提学使。但绝非任提学使或者省视学，这两个位置都是高官。当时提学使司内部分为两层机构——省视学与学务公所。6名省视学，巡视各地学务；学务公所则设于省会，分总务、普通、专门、实业、图书、会计6课，每课设课长、课员，各司其职，每课设学务议绅4人，由名望之士担任。1906年湖南首任提学使为吴庆坻，王先谦为学务公所议长；地方上的教育行政机关，则是新设立的劝学所，劝学所由地方官为监督，设总董1名，综核各区之学务，劝学所内，划分各学区，区内设

---

① 《通行京外查名大学堂师范毕业生效力义务情形报部文》，《学部官报》，1908年第61期。又见北京大学校史研究室：《北京大学史料》第一卷（1898—1911），北京：北京大学出版社，1993年，第433—436页。

② 《学部通行各处详查大学堂师范毕业生劾力义务情形文》，《政治官报》，1908年5月12日，第222期，第18页。

③ 屈子健：《湖南优级师范概述》，《湖南文史资料选辑》第20辑，第63页。

劝学员1名。①

故段廷珪很可能是当时学务公所的课员。至于具体是在哪一课，从商务印书馆将其作为长沙分馆的促成人并推动发行小学课本而言，则很可能是在图书课。他应该正好处理过与书店设立及发行图书的有关事宜。

宣统二年也就是1910年，《广西官报》的官方人事消息已经显示他由学部派遣，补缺广西省历史地理教员，由广西提学使分配：

> 兹查有大学堂第一届师范二类毕业生段廷珪一名，堪以派充历史地理教员，除由本部酌给川资五十两外，相应咨行查照转饬提学使遵照办理可也。②

这一次工作调动仍然是在教育职事之内，但尚不知安排在何所学堂。五年服务期满后的1912年，此时中华民国当立，段廷珪即被当时的湖南省督政府选派担任省立三师首任校长。从此之后，段廷珪的名字便与教育家的身份绑在了一起。

3. 担任校长，创办学校

段廷珪任省立三师的校长时间不算太长，但很多工作却是开创性的，对此《湖南省立第三师范校史》已有详述。笔者在衡阳师范学院校档案馆查询到，1912年10月16日，他以校长的身份为当时编写的同学录写下了一篇《序》，该《序》云："师范之实在于警觉……负担国家完全责任，

---

① 周秋光、莫志斌主编：《湖南教育史》（第二卷），长沙：岳麓书社，2008年，第233—234页。

② 《抚部院准学部咨分派大学堂师范班二类毕业生段廷珪赴桂服务缘由行司照办文》，《广西官报》，1910年第73期，第1055页。

则我第三师范之教育……在校诸君,盖为国家谋福利。"[1]阐释了师范的意义及学生应负之责任。其任校长期间,采取类似"思想自由,兼容并包"的先进办学思想,以"公勇勤朴"为校训指导学生,[2]使三师风气为之一新。这样的办学理念和教育实践在清末民初的地方教育无疑是极具开拓性的。

1914年12月段廷珪卸任,至于卸任之后的去处,各种材料说法不一,未为可信。不过当时的报纸材料为我们追踪其履历留下了指引。我们现在可以确切知道的是,1915年4月段廷珪通过了湖南地区北洋政府的县知事甄录考试。[3]这是科举废除之后的基层文官考试,类似于我们现在的"国考"。该考试难度颇大,虽然弊端很多,但甄录考试只是其中的第一关,后面还有第一试、第二试、口试,实行层层淘汰制。其后的状况我们现在不得而知,只知道1917年之后,段廷珪突然调任教育部秘书,前往北京任职,[4]当年还和友人陈雯裳一起游过北京万寿山,[5]并且在1916年农历十一月

① 段廷珪:《1914年三师同学录序》,衡阳师范学院档案馆(摘自湖南省档案馆)。

② 参见刘国武等编:《衡阳师范学院校史》,内部资料,2006年,第23—24页。

③ 参见《第二日知事甄录试揭晓》,《申报》,1915年4月30日。

④ 参见范源廉:《教育部令第一号(中华民国六年一月六日)》,《政府公报》,1917年第358号,第6页。

⑤ 段廷珪:《万寿山游记》,见《庸盦游草》,页六背至页一一背。陈雯裳也是谭延闿的旧相识,谭延闿日记中有他的记载。一九一七年十一月二十九日:"承之来,李茂吾、陈雯裳、李小溪来,谈顷之去。"

加入了当时北京地区非常出名的寒山社。[①]寒山社又名寒山诗钟社，是由当时著名文人关赓麟、易顺鼎、樊增祥主持的一个诗钟社团，1913年成立，社员最多时达200余人，多为政界官员，各路文人。作诗钟是一种趣味性文学活动，清末民初在北京风行一时。这一活动是聚会写作七言的对联，带有竞赛的性质，入社者都是能文博学之士，如樊增祥、陈宝琛、王湘绮、王式通、罗惇曧、林纾、严复、梁启超、宋育人、袁励准、冯煦、王树楠、蔡乃煌、易顺鼎等。由于众多名家的加入，寒山诗钟社成为民国初年北京知名文人的集合之地，最大的一个文人团体。可见段廷珪至少在1916年农历十一月之前就去了北京。

地方志和其族人都提到，段廷珪于1919年创办北京私立务本女子学校，自任校长。该说法是准确的，因为这与笔者搜寻到的相关资料吻合。李铁虎先生在《民国北京大中学校沿革》中对务本女校的记载，大致梳理了该校的来龙去脉：

> 民国八年（1919年）女子职业传习所在马市大街（今西四东大街）9号设立，所长为湖南资兴人段廷圭。1921年4月改办女子职业学校，1922年3月31日北京政府教育部第670号指令备案。校址移丰盛胡同。1924年8月，浙江金华人、日本法政大学毕业的邵振青出任

---

① 参见南江涛选编：《清末民国旧体诗词结社文献汇编》（第14册），北京：国家图书馆出版社，2013年，第455—488页。寒山社先后有《寒山诗钟选》甲乙丙三集（每卷卷首附有《社员名录》）问世及《寒山社姓名地址录》的问世。民国三年（1914）出版《寒山社诗钟选甲集》5卷，民国四年（1915）出版《寒山社诗钟选乙集》9卷，樊增祥作序，民国五年（1916），高步瀛编选《寒山社诗钟选丙集》，共6卷，并为之作序。关于寒山社的情况，可参见庄德友：《晚清民国诗钟研究》，苏州大学硕士学位论文，2016年，第38—61页；李思语：《清末民初诗钟社研究》，上海师范大学硕士学位论文，2018年，第61—63页。

校长。大约存在到1928年。^①

按照段廷珪的办学理念，北京务本女子职业传习所主要通过向女子传授各种职业知识技能，以期日后可自食其力；建校时，资金困难，仍竭力维持，特向教育部请求特别津贴补助。^②而他的办学经历，也为他写下备受时人好评的《新女子职业教育》打下了基础，该书再版5次^③，是中国最早系统论述女子职业教育的专著，不仅开风气之先，还被列入《中国妇女大事年表》^④。至于段廷珪的女子教育思想，笔者还将另辟专章探讨，此处暂且不表。

此后段廷珪又回到湖南继续在教育系统内任职。1924年1月23日湖南《大公报》的消息显示，段廷珪已就任省立三中校长。一年之后，由于教育经费问题，段廷珪多次请求辞职，皆未获准。至于他何时卸任校长，目前暂未可知。从1926年8月29日湖南《大公报》的记载^⑤来看，至少1924年至1926年9月之前，段廷珪一直都是湖南省立三中的校长。

4. 省教育厅任职

据段廷珪族人回忆，1927—1940年段廷珪担任过湖南省教育厅的秘书、代理厅长、督学。这一段经历基本无误，本书在此只补充一些原始材料。在当时的报纸中，对段廷珪的职务有诸多报道。1929年2月28日《申报》载：

---

① 参见李铁虎:《民国北京大中学校沿革》，北京：北京燕山出版社，2007年，第221页。这里的邵振青，即"五四"运动期间著名的浙江籍记者邵飘萍。

② 《京师学务局教育行政月刊》，1920年第1卷第11期。

③ 北京图书馆编:《民国时期总书目（1911—1949）》，北京：书目文献出版社，1995年，第558页。

④ 姚舜生:《中国妇女大事年表》，上海：上海女子书店，1932年，第157页。

⑤ 《教厅慰留第三中校长》，《大公报》（长沙），1926年8月29日。

鲁氏出走后，张不自安，已将厅务交由秘书段廷珪代理，本人于二十一日晚离省赴京，不再返湘。①

1929年3月14日，《申报》又对湖南省教育厅的人事安排进行了报道：

湘省政府改组：教育厅厅长，经任命黄士衡充任……旋委段廷珪、袁蕾鸿为秘书。②

由此可知，段廷珪先充任张炯秘书，后又暂理厅务，黄士衡补缺湖南教育厅厅长后，继续委任段廷珪为教育厅秘书。1932年，段廷珪改任省督学，出版《教育改进与三民主义教育》，对教育文化始终保持关切。1936年11月，身为省督学的段廷珪，在家乡视察学务后，顺道返家，督促李文郁等创办图书馆，并将自己历年所购之书赠送给图书馆。③1940年，段廷珪从省教育厅退职，湖南省教育厅为表彰其功绩将其上报，得到政府嘉奖慰问。④此后段廷珪回到了家乡资兴，做了不少造福一方之事。

5.晚年回籍

回乡后，作为著绅的段廷珪着手为乡民们做了不少事情，率先捐资加固蓼江市的横板桥，又于1944年日寇侵入资兴西北区时，奋力救助当地乡邻，得到了乡亲们的广泛称赞。鉴于段廷珪在公益、教育等各方面贡献卓著，1946年底，荣获国民政府褒奖（图2），并获得"德行并懋"匾额

---

① 《国内要闻·鲁涤平离湘情形》，《申报》，1929年2月28日。

② 《湘教育厅长黄士衡就职情形》，《申报》，1929年3月14日。

③ 《湘资兴四区设图书馆》，《中华图书馆协会会报》，1936年第11卷第6期，第41—42页。

④ 《国民政府指令渝文字第2349号，二十九年4月15日》，《国民政府公报·指令》，渝字第252号，第19页。

一块。[1]

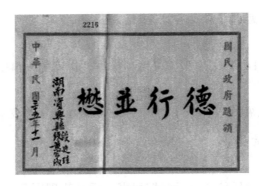

图2　"德行并懋"

　　其后，段廷珪题"荷国民政府题褒息斯渥矣，承族戚克游光宠佩而蔚之"以示感激，该联现收藏在资兴市农耕博物馆（图3）。1946年2月至1947年1月，段廷珪任资兴县立初级中学校长，[2]又主持修纂资兴县志，但仅拟定篇目而已。同年，他还被选中担任湖南省文献委员会委员，该委员会大家云集，主要负责省志的编撰，这是对其学问的认可。[3]1947年，他被推为青年党资兴县国大代表候选人，并当选资兴县的国大代表，但因故被何群生取代，此后任资兴青年党党部委员并接任主席。[4]中华人民共和

① 参见《褒扬段廷珪、段黄家淑》，1946年，台湾"国史馆"藏，典藏号：014-090501-1164。

② 《资兴县立初级中学》，载湖南省教育史志编纂委员会编：《湖南近现代名校史料3》，长沙：湖南教育出版社，2012年，第2271页。

③ 湖南省文献委员会编：《湖南文献汇编（第一辑、第二辑）》，长沙：湖南人民出版社，1948年，第386—387页。1948年出版的《湖南文献汇编》第一辑中，收录了由段廷珪撰写的《各市县修纂新志项目草案》，现将其标题摘录如下：一、总纲；二、方舆；三、人文；四、政治；五、社会经济；六、先正典型；七、名胜；八、文艺。如前所述，只拟定了大概篇目及相关纂修方向。

④ 曾宪综供稿，唐振中综合整理：《资兴"国大"代表竞选闹剧》，载中国人民政治协商会议湖南省资兴市委员会文史资料委员会编：《资兴文史》第三辑，内部资料，1989年，第51—60页。

国成立后的1953年，段廷珪被聘为湖南省文史馆馆员（未到任），直至1960年去世。

图 3　段廷珪题联

上述关于段廷珪的记载大多来自地方志、乡人的传说、族人的回忆、部分校史的简要概述、政府公文、报刊等。不同文献对段廷珪相关事迹的记载多有歧异，但经过校勘后，笔者发现无论是带有回忆和传说性质的二手资料，还是报刊公文的直接记载，抑或段廷珪本人撰写的著作，教育与文化始终伴随着他的一生：早年求学京师大学堂，接受新式教育的熏陶；毕业后履行师范生之责任，回湘去桂为教育事业效力；尔后，任职教育部，创办北京务本女子职业传习所，历任多个学校校长；先后撰写《新女子职业教育》和《教育改进与三民主义教育》两本论述教育的书籍；晚年回乡后，担任过资兴县立初级中学校长，又为地方志拟定篇目。可见段廷珪为我国近代地方文化教育事业的发展确实做出了贡献。然而，段廷珪的贡献与价值还远不止教育层面。其社会交往与社会活动还有颇多值得留意之处。

第二章
社会交往与社会活动

段廷珪履历丰富，长期在教育界任职，算得上湖湘名流，社会交往定然很广。讨论他的社交圈，还原普通文人的往来经历，对于我们了解时代背景颇有裨益。他的社会活动亦十分多样，从办教育到参与经济活动、投身政治活动，无所不包，尤其是各类传说回忆都声称其对中国共产党建党初期湘南一带的红色革命做出了很大的贡献，厘清这些似是而非的说法也实属必要。所幸现有的各类原始材料，也为我们还原其社交圈、评价其革命贡献、窥探其社会影响提供了有力指引。段廷珪生逢大变动的时代，在他的社交圈内确有诸多影响近代史走向的大人物。他与这些大人物的交集，可以为我们了解这些大人物的侧面、了解变动时代的社会关系和社会活动提供不一样的观察视角。

一、社会交往

（一）与近代知名人物的交往

人总是生活在不同的社会关系网络之中，并借此与他人发生联系。这许多重叠的网，决定了个人的社会地位并塑造其身份。在传统时代，亲缘、姻缘、地缘、学缘是一个人最重要的社会纽带。随着社会的转型，人们的社会交往也渐渐发生变化，但人情纽带总是存在。段廷珪的社交圈充斥着地缘因素，这也是其生活生存之空间的重要体现。但由于他在长沙、衡阳、北京等地求学、任职，又使得他的社交范围逐渐扩大并与当时的显赫人物联系在一起。这也显示出，他绝非完全被埋没于尘埃中的普通小人物，理应在历史当中留下一笔。

1.谭延闿

笔者在现存的相关日记和报刊中，发现他与辛亥革命后先后几次督湘的谭延闿渊源较深，相识较早，没有谭延闿的提携，段廷珪应很难有此后的活动平台。

谭延闿于1905—1908年在湘办理学务期间担任过中路师范学堂监督。而段廷珪1907年从京师大学堂毕业，回湘从事教育事业，在提学使司内任职。[①]二人已成上下级关系。现在我们已知的是，段廷珪之担任省立三师的校长即缘于当时的总督谭延闿的任命，其后段廷珪入职北京政府教育部亦缘于谭延闿的推荐，而再回衡阳担任校长同样也受到了谭延闿的"电召"。[②]二人的交往，最早记录见于谭延闿的日记：

> 九日（1913年5月9日），早起。刘幼之、梅孟乔来。饭后，见唐

---

① 据《学部通行各处详查大学堂师范毕业生效力义务情形文》，当时回湘效力的师范馆毕业生只有三人：戴丹诚、段廷珪、向同鎏。作为最高学府的毕业生，他们毕业回籍照理来说会引起湘教育界的关注。参见《学部通行各处详查大学堂师范毕业生效力义务情形文》，《政治官报（咨札类）》，1908年5月12日，第222号，第17—18页。

② 实写：《衡阳特约通信》，《大公报》（长沙），1923年10月20日。值得一提的是，在这条报道中，谭延闿推荐段廷珪再次担任湖南省立第三师范学校校长，但不知为何，段廷珪最终就职的是省立第三中学的校长。

永锡、唐思永、段廷珪于别室。^①

此时谭延闿已为湘省都督，见段于别室，又只有四人的谈话，故两人此前应该早有相识。另据《湖南教育公报》记载，三师校长段廷珪因学校历年积欠款长久未清，而无力偿还本校债务，"恳大都督作主"，令教育司从速拨款以清积费。^②教育司此前屡屡拖延，此次却答应拨款，不难看出谭延闿在这一事件中所起的关键作用。而这一事件较为复杂，段廷珪或许曾因此事多次拜访过谭延闿。谭能出手相助，说明两人或是私交不浅，或是存在某种利益关系。此后，二人的联系也并未中断，谭延闿在日记中记下了他们的又一次见面：

> （1927年3月15日）八时起。陈廷纲以介石书来。见客甚多，周立耆、方梦超、王亦僧、段廷珪、于若愚、翁敬棠……^③

此时，国民党二届三中全会正在开武汉召开，谭延闿此次与段廷珪等人会面，应是有重要事情交代。虽然他们或许算不上情谊深厚，但多次见面，多年相识，至少应有所交情。

2. 蔡元培

《湖南省立第三师范学校校史》称段廷珪乃蔡元培的得意门生。但蔡元培一生学生无数，在有关蔡元培的史料中也并未找到与段廷珪相关的记载。蔡元培只为段廷珪写过书序一篇。不过段廷珪确实很有可能曾受教于蔡元培，并且似乎还有较为深厚的情谊。首先，段廷珪于1903—1907年

---

① 谭延闿：《谭延闿日记》中央研究院近代史研究所数位资料库，1913年5月9日。

② 《本司公函财政司奉都督令据第三师范呈请发给历年积欠银两》，《湖南教育公报》1913年第1年第3期，第69页。

③ 谭延闿：《谭延闿日记》，中央研究院近代史研究所数位资料库，1927年3月15日。

在京师大学堂求学，而蔡元培则于1906年被聘为京师大学堂译学馆的老师，教国文和西洋史[①]，且授课"很受学生欢迎"[②]。其次，段廷珪是师范馆史地部习英文的学生，需要学习国文、英文、亚洲史、世界史等课程[③]，与蔡元培所教课程有很大相似之处，段廷珪是否慕名旁听并得到蔡元培的赏识？

不过由于史料的缺乏，他们之间具体的交往情况，已无法知晓。鉴于蔡元培1922年能为段廷珪著的《新女子职业教育》作序，1933年又为《教育改进与三民主义教育》题词，那他们必然相识甚或私交不浅。而此时段廷珪任职北京教育部，蔡元培则担任北京大学校长，产生工作上的联系亦属正常。且段廷珪创办北京务本女子职业传习所，重视女子职业教育，而蔡元培1920年秋季首次在北大招生女学生，可见两人有着相似的教育理念。虽然二者或许不是传统意义上的师生关系，以蔡元培当时的名望和社会地位而言，能为段廷珪的著作写序，这样的扶掖之功，已不亚于师生之情了。

3. 范源廉（范源濂）

蔡元培是中华民国首任教育总长，担任次长的是范源廉。而段廷珪和范源廉的关系应该更为密切。范源廉是湖南湘阴人，1898年曾在时务学堂求学，后留学日本。光绪二十八年，也就是1902年11月之后进入京师大学堂担任助教。我们可以从湖南巡抚俞廉三的一段公文中了解到这条信息：

---

① 蔡元培:《我在北京大学的经历》,高平叔编:《蔡元培全集》第6卷,中华书局,1984年,第348页。

② 《蔡孑民先生年记》,载《蔡元培言行录》,上海：广益书局,1931年,第11页。

③ 见《速成科师范馆学科》,载朱有瓛编:《中国近代学制史料》(第二辑上册),上海：华东师范大学出版社,1987年,第930—931页。

湖南巡抚俞为咨送事，案准贵大臣勘电，内开长沙附生范源濂，现由日本回湘，大学堂助教需员，恳属其速来京，盼切等因。准此当经电覆在案。现于光绪二十八年十一月十二日，由日本东京返湘，已饬令赶速进京，听候派遣。相应备文咨送……①

此时正是段廷珪参与咨送考试之时，此后在京师大学堂师范馆内，作为同乡他们必然相识，有过来往（或许他们早年还同在城南书院求学，详见第三章）。首先，进入师范馆之后，范源濂担任日本教员服部宇之吉的助教，替他翻译讲义，担任东文分教习。虽然时间只有半年左右，但范源濂还是对这半年时间记忆深刻：

当时我从日本回国，为服部先生译述讲义，教中国学生，相处有半年之久，现时忆起当时情形，恍如昨日一样。②

因此可以说，段廷珪其实正是范源濂的学生（或曾经还是同窗），而非蔡元培之学生。

范源濂发起过拒俄运动的演说，鼓动学生参与拒俄运动，而段廷珪也曾是拒俄学生中的一员。1903年4月段廷珪入京师大学堂不久，北京即发生拒俄风潮，反对俄国强占东北。京师大学堂师范馆的学生，立即向学务大臣上书拒俄，此事《大公报》及《苏报》皆有报道，联名上书的学生名单里面，就有段廷珪。而在上书以前，京师大学堂师范馆及仕学馆的学生

① 《湖南巡抚回覆大学堂调范源濂充助教云》（光绪二十八年十一月十五日），载北京大学校史研究室：《北京大学史料（第一卷1898—1911）》，第306页。不过范源濂在师范馆应该没待多久，以后复去日本，大概1905年归国，归国后又主张设立法政学堂，1906年任学部主事，是一位劳心操力的实干家。

② 《本校欢宴日本服部博士纪事·范校长发表关于日本对华文化事业意见》，载《北京高师教育丛刊》，1924年第5卷第2期，第1页。

还曾上堂一起议论拒俄方针，当时身为助教的范源廉还进行了演说。据说，演讲完毕后，有摇头叹息者，有痛哭流泪者，有群情激奋而鼓掌者。这次上堂议论只有仕学馆的一位学生没有到场，段廷珪必然在场。①

以后范源廉又几度担任北洋政府教育总长，思想开放，颇有建树。另有明确史料可证的是，范源廉并没有忘记段廷珪，对段廷珪更是有提携之举。1917年范源廉第二次任教育总长时（后转任内务总长）将段调入教育部，1920年8月第三次出任教育总长，旋即委段廷珪为教育资料采集会委员、女子教育股主任。而段廷珪到北京之后，兴办女子教育恐怕与范源廉有关联。范源廉还曾特意电令当时的京师学务局，为段廷珪请款特别补助金洋500元，解决其办学困难。②更为重要的是，范源廉早年办学的时候就办过职业学校，乃湖南私立衡粹女子职业学校董事（该校始创日期为1903年，湖南境内历史最悠久之女学，原名明耻学堂，1911年更名衡粹）。段之办女子务本职业学校，至少可以说是得到了教育总长的大力支持。

而且范源廉在任内确实重视普通教育，认为教育应该改良，多向普通人普及，1921年范氏任中华教育改进社董事（董事成员有熊希龄、蔡元培等人，陶行知为总干事长，朱开慧帮助中华教育改进社做过女子职教教育的工作），1922年被推为董事长。中华教育改进社主要由留学归国人员组成，社内成员都是当时大名鼎鼎的人物，段廷珪一生未曾出洋，自然无法被吸纳，但就段廷珪的学问去向与作为来看，应该也是范氏非常器重的。

---

① 《记京师大学堂拒俄事》，《大公报》（天津），1903年5月3日。《京师大学堂学生公致鄂垣各学堂书》，《苏报》，1903年5月20日。

② 事见欧阳哲生等编：《范源廉集》，长沙：湖南教育出版社，2009年，第194页。"大总统捐北京务本女子职业传习所经费。"当时之情形必是段廷珪向范源廉请求拨款，范可能因为同乡之谊为其特批办理。

段廷珪著有《教育改进与三民主义教育》，主张普及义务教育与普通教育，与中华教育改进社的诸多教育改进宗旨是一脉相承的。

以上为范源廉与段廷珪有确切工作及来往的证据，当段廷珪在1912年结束5年服务期、担任省立第三师范学校校长时，恐怕也都有范源廉的提携之功。关于此点，笔者目前无法找到佐证材料，姑且作为线索，以作参考。

4. 旅京湖南同乡会

在京期间，段廷珪除在教育部任职以及兼任女子职业学校校长，还曾连续两届（1921—1922）担任旅京湖南同乡会会计科干事，[①]与在京的湘籍大人物多有往来。湖南同乡会是旅京湘籍人士的联络馆。[②]杨树达曾"与湖南同乡会摄影"，[③]两位湘籍高官熊希龄与范源廉对该同乡会也颇为关

---

① 《北京湖南会馆志略》，袁德宣等编纂，曾主陶校点：《湖南会馆史料九种》，长沙：岳麓书社，2012年，第229—230页。

② 旅京湖南同乡会，地址在北京宣武门外彰仪门大街路南外右二区烂缦胡同中间路西，门牌41号，计房屋大小二十六间，戏台一座，外文昌阁楼房一座，上下十间，对门隔壁均为会馆财产，空间较大，可供租赁，原为北京湖南会馆，光绪十三年八月购北京烂缦胡同中间路西朱氏所管房屋一所，十一月又购北京烂缦胡同南七井胡同关帝庙一所，为会馆专祠。民国元年创设为同乡公会，十年五月改会长制为委员制，每个县一名委员，衡阳长沙两名，委员会设文牍、会计、庶务、交际、调查、检查六科，起初只能二品以上大员才能入住。民国已还，交通日便，来往京湘两地的居民日多。根据章程，凡是湘籍的各界人士都是会员。段廷珪当时在会计科负责掌管产业和收支事项，此项工作与钱财经济相关，保管产业契据和政权，负责登记支出。委员以一年为期限，可以连任。每年一月进行一次全体大会，委员会每三个月开会一次，决议本会一切事务。段廷珪为同乡会服务，当了两任委员与会计科干事。

③ 白吉庵辑：《杨树达〈积微居日记〉节录》（下），《文献》，1987年第3期，第249页。

注。①范源廉与熊希龄关系密切。没有确切的材料表明，段廷珪与熊希龄之间曾有来往，但是他们有不少交集。首先是1920年7月的慈善事业。当时直皖战争爆发，难民流离失所，段廷珪在其女子职业学校内兴办了京师服务团妇孺救济会。该会创办之时，恰好熊希龄和其夫人朱其慧也在创办妇孺救济会，从事慈善活动。此后，朱其慧在中华教育改进社还关心过女子职业教育的开展情况，发起过关于女子职业问题的现状调查，这恰好也是段廷珪彼时关注的重点话题（后来成为著名职业教育专家的杨鄂联，也曾到访考察过段廷珪所办理的女子职业学校，是否会面则不得而知）。其次就是1923年段廷珪与熊希龄等旅京湖南同乡会成员倡议恢复旅京湘学校，为旅京求学的湘籍学子提供中等教育、补习与升学的方便。就他们发给湖南省教育司教育会的请款电文言之，段廷珪是该校校董成员，熊希龄为董事长，其他名流15人如马邻翼、章士钊、彭允彝、黎锦熙亦在校董之列（筹备会亦有成员15人，包括周调阳与杨国础等）。②很明显，这些湘籍旅京的社会贤达，以旅京同乡会为中心形成了较为密切的社交圈。

5. 编审处

段廷珪在1920年就已任职编审处图书编审，1923年担任名誉图书审定员。三年期间，仅在编审处的同事就多达三十几人，从1923年编审处改组为图书审定处的情况来看，至少有如下一些人物。当时图书审定处常任审定员16人：沈步洲、毛邦伟、陈文哲、伍崇学、覃寿堃、路孝植、朱文熊、

① 熊希龄作《北京湖南会馆志略序》，范源廉作《复修湖南会馆启》，分别参见袁德宣等编纂，曾主陶校点：《湖南会馆史料九种》，第199—200、216页。此外，1906年，熊希龄因湘路借款一事致电旅京湖南同乡会；1916年9月18日，旅京湖南同乡会因湖南水口山事件致电熊希龄，分别参见《熊希龄先生遗稿1》（第1册，电稿一），上海：上海书店出版社，1998年，第21页；《熊希龄先生遗稿3》（第3册，电稿三），第2009页。
② 《旅京湘人恢复湘学校》，《大公报》（长沙），1923年6月22日。

黎锦熙、罗普乔、曾劬、陈映瓚、尹炎武、陈容、陆基、沈颐、徐梦鹰。名誉审定员18人：舒翰祥、段廷珪、张渲、金之铮、熊崇煦、吴宗栻、夏增佑、周庆修、卢均、寇煜、耿丹、陈俶达、陈曾谷、陈英才、许璇、谢运麒、王式玉、杨树达。而这批人里，名流会集。段廷珪与这些名流应至少有过照面，甚或至少有过工作上的往来。[①]

此处可举一例，以证他与杨树达的交往。杨树达在日记中曾提到，在教育部新年茶话会后的第二天，他便与同僚们相见，其中晤面的就有段廷珪：

> 一九二三年一月四日到部列席新年茶话会，彭静仁有演说。五日晨看《蔡中郎集》。十时到部拜谒编审处同事，会见者为毛子龙，陈象明两主任及周庆修、朱造五、金锷青、陈菊素、段碧江、吴季青、许叔玑，新派者金君乃（日本）大塚宏文（学院）同学，彼识我乃忆识之也。[②]

可以看到的是，此时杨树达还对段廷珪比较生疏。但是近一年之后，称呼便发生了很大变化：

---

① 《教育部命令第134号》，《政府公报》，1923年12月13日，载中国第二历史档案馆整理编辑：《政府公报》（第204册），上海：上海书店出版社，1988年，第245—246页，第2783号。该命令在1923年12月7日下达。1920年编审处的同事至少包括如下人士。编纂股：主任毛邦伟（前任许寿裳）；编审员陈衡恪、杨天骥、朱文熊、许丹、郭延谟、舒翰祥、沈颐、邵诒谷、黄季青、张渲、金之铮、萧友梅、沙明远。审查股：主任陈文哲；编审员周庆修、卢均、陆基、黎锦熙、彭清鹏。办事处：主任符鼎升；编审员寇煜、张璨、向一中、陈容、陈俶达、耿丹、陈曾谷、陈映瑝、陈英才、万兆芝。参见教育部辑：《教育部职员录》，1921年，第6—11页。

② 白吉庵辑：《杨树达〈积微居日记〉节录》（下），《文献》，1987年第3期，第242页。彼时杨树达新任编审员之职才不过几天。

（1923年12月8日）访邓芝园问以部中事，伊见告余已改为名誉审定员……到部看命令，会中沈、黎、陆俱留，而闻亦减薪；知白、尊生与余同，同乡段辟疆亦然，康、石二人则全被裁。大约平日善活动者皆得留，余与知白等，素日不与人通声气，固宜尔也。①

始称其为同事，现称其为同乡，二人关系进一步升华；始呼其为"碧江"，现呼其私号"辟疆"，又将段廷珪视为与自己一样的不善活动者，已然有惺惺相惜之意。②段廷珪与黎锦熙之间虽然未有直接的交往记录，不过二人既为同事，又为同乡，照一般情理，至少会有交集，且杨树达还与黎锦熙关系密切，或许会提起这位湖南老乡。此后段、杨、黎三人还共同参与了1948年《湖南文献汇编》的撰写，肯定有不少合作交流之处，1949年中华人民共和国成立之后又同为湖南文史馆馆员。

6. 教育部

在教育部工作时，段廷珪大部分时间担任秘书，负责文件起草等工作，也经历了频繁的教育总长的更换。先是范源廉，接着是傅增湘、袁希涛、傅岳棻（名誉总长范源廉和黄炎培），此后是周自奇、王宠惠、汤尔和、彭允彝、黄郛等。这些人和段廷珪都应该有工作关系，但也可能仅此而已。不过值得一提的是，范源廉与彭允彝都是湖南人，在北京教育部里也有同乡会。杨树达在日记里就曾提到过：1923年2月5日"午后，彭静仁请编

---

① 白吉庵辑：《杨树达〈积微居日记〉节录》（下），《文献》，1987年第3期，第253页。
② 辟疆是段廷珪的自号，在《庸盦游草》一书中，便自称辟疆。段盛业称段廷珪在京师大学堂求学期间曾以"辟疆"之笔名在李大钊的刊物上发表过文章，虽然该说法由于资料缺乏，目前尚难辨真假，不过知"辟疆"者应是不多，而杨树达知此名，可见两人交情应是不浅。

审处同乡谈话"①。此处的彭静仁就是总长彭允彝，编审处的同乡自然也包括段廷珪，彼时杨树达刚刚到编审处才两个月。一些知名人士蒋维乔、任鸿隽等人还曾是其秘书处之同事，有无进一步的交往细节，没有进一步的材料支撑。1920年底，段廷珪被任命为教育部教育资料采集委员会女子教育股主任，其同事至少有张璨、温恭人、陈洪范、孙雄、张定勳等人。②蒋维乔、秦汾先后为该委员会主任。

　　蒋维乔必然与段廷珪有工作上的往来。蒋维乔有不少日记记录到教育资料采集委员会的工作状态。比如1920年11月19日他就记录到，当天下午"三时开教育资料委员会分股主任会议"③。会议时长大概一个小时，段廷珪是女子教育股的主任，若无其他请假等特殊事宜，应该在这次会议之内。三天之后，蒋维乔便开始编拟《教育资料采集委员会办事细则》。11月24日蒋维乔主持召开教育资料采集委员会全体会议，此时正值罗素来华在北京高师演讲时期，蒋维乔经常去听，不知段廷珪是否在听众之内。11月30日、12月15日蒋维乔又两次主持主任会议。④原则上段廷珪作为女子教育股的主任，应该每半个月向蒋维乔汇报工作。⑤蒋维乔与范源廉的关系也较为密切，日记中多处可见对范源廉的记载。而段廷珪与当时教育部社会司司长高步瀛也有往来，高氏母亲八十寿诞之时，段廷珪还曾经前往恭贺。⑥

① 白吉庵辑：《杨树达〈积微居日记〉节录》（下），《文献》，1987年第3期，第243页。

② 《通知派陈荣镜等为教育资料采集委员会委员（九年十一月二十七日）》，《教育公报》1920年第7卷第12期，第27—28页。

③ 林盼、胡欣轩、王卫东整理：《蒋维乔日记》（第三册），上海：上海人民出版社，2021年，第1247页。

④ 林盼、胡欣轩、王卫东整理：《蒋维乔日记》（第三册），第1248、1249、1252页。

⑤ 《教育部教育资料采集委员会规程》，《教育公报》，1920年第7卷第11期，第4页。

⑥ 高步瀛辑：《高母张太夫人八十寿言》，1920年。

7. 黄士衡、鲁涤平、朱经农

1923年12月7日，编审处改组为图书审定处，段廷珪只担任图书审定处的名誉编审，这其实相当于被革职。至迟在1924年1月中旬，当时的湖南报纸已得到消息，段廷珪已经回到湖南，担任第三中学校长。[①] 而正是在担任省立三中校长期间（1924—1926）因涉"共案"而被通缉。据其孙段盛业回忆，正是由当时的省教育厅厅长黄士衡出面作保，段廷珪才最终被释放，黄士衡能够冒着"亲共"的风险为段廷珪作保，可见二人关系非同一般。黄士衡是郴州人，与段有同乡之谊，1929年湘政府改组后，黄士衡再度主政教育厅，段廷珪旋即被委任为教育厅秘书，[②] 二人显然私交甚笃。黄士衡还曾为段廷珪的《教育改进与三民主义教育》写序。该书两度出版，黄士衡以厅长和前厅长的身份两度序之，并都以"愚弟"尊之，段也确为黄士衡的郴州前辈。黄士衡的初序亦曾提及他二人"相处有年"，又称段廷珪的"学识经验"，为其"夙所钦迟"，故特为之弁言。[③]

不过仅凭黄士衡的能量，尚不足以解决如此重大的政治立场问题。段自己曾提及，幸赖省府委员会的诸多人士作保，才得以释放。而其中的关键推动力，应该就是省府主席鲁涤平。鲁涤平1928年六月（农历）之后出任省政府主席，督湘未久，是所谓资深反共人士，1929年1月开始，为蒋介石的"剿匪"总司令，并以湘南诸县为大本营。1930年转任江西省政府主席，1932任浙江省政府主席。此时的他还专门拨冗为段廷珪的著作写下

---

① 《第三中学校长易人》，《大公报》（长沙），1924年1月23日。该日的报道颇短。"驻衡第三中校长蒋育寰辞职，业经照准，昨日教育司已委任段廷珪继任校长。段君资兴人，前在第三师范各校充任教员云。"很明显这条报道也出现了误差，段廷珪此前是第三师范校长。

② 《教育消息·要闻·湘教育厅长黄士衡就职情形》，《申报》，1929年3月14日。

③ 段廷珪：《教育改进与三民主义教育》，1930年初版，叙二。

较长的题序，对段廷珪颇为许之，称其为"绩学之士"，耕耘教育界数十年，有独特的心得：

> 段碧江先生为吾湘绩学之士，平生尽瘁教育，历数十年如一日，今犹致力弗倦，惟蹙然于教育制度之不良、教育功效之未彰，爰本其素得，著《教育改进与三民主义教育》一书，绁厥绪余，广供研讨，政眼之须，偶一涉览，觉其举事衡物，匪特于教育之沿革得失，澈然见底，而尔揭改革教育之方案，倡行考试之真谛。靡不独辟蹊径，切中肯綮，固非时下率尔操觚者，尔可企及也，释卷揽纸，书此奉贻。政教权兴鲁涤平题印。[①]

而段廷珪与鲁涤平的交情，则由于段廷珪省立三师的学生李庆轩。李庆轩自1928年起便为鲁涤平的机要秘书，一路追随，颇受信任。段廷珪想必是因此而结识鲁涤平，此后段廷珪游历杭州时，李庆轩还尽学生的义务，一路随同老师，并引荐拜谒浙江省府主席鲁涤平：

> 廿六早，践约赴省府谒咏公主席。先至鲁鲁山秘书长处晤谈，旋蒙接见，握手言欢，询及湖南及山左情状，对于拙著《教育改进与三民主义教育》尤谬蒙推许过量，并嘱稍住数日再约叙谈，比以翌日即返首都为辞，返寓稍憩，鲁山秘书长复来寓约留住数日，亦婉为辞谢。[②]

此处咏公即为鲁涤平，鲁涤平公务繁忙，不仅拨冗接见，对其著作倍加推许，写序一如上见，还向他打听湖南政界的一些情况，显然早已是老

---

① 段廷珪：《教育改进与三民主义教育》，1932年，弁言。
② 段廷珪：《西湖游记》，见《庸盦游草》，页一六正。

熟人，鲁涤平还欲多留段几日，但都被推辞。鲁涤平之后，何健继任省长，段廷珪亦曾找他乞序，但因何公务繁忙，段未能如愿。

段廷珪凭借在教育部和省教育厅的官员经历，与不少名流可谓多有交集。而当他的著作《教育改进与三民主义教育》在1932年再度出版时，作序题名者竟达10人之多，计有蔡元培、邵元冲、陈公博、居正、黄绍竑、周震鳞、甘乃光、覃振、于右任等当时的政坛要员，时任教育部长朱家骅还两度为之题封面。显然作为教育厅的官员，其书受到上层人物的重视。未见得这些权势人物都认识段廷珪，或真正读过其著作，但已足可见段廷珪在教育界人脉之广了。在书的后记中，段廷珪还特意将他回复周佛海的信件部分内容刊出，以示歉意。因为书在再版之时，周佛海为之写的序言，其忘了刊登，特为致歉。周佛海为湖南人，也深受克鲁泡特金互助论的影响，两人或有不错之私交，段廷珪游历金陵时，曾想亲自登门拜访，但是未能成行，只能托人奉上著作而乞序。而同样未能刊出的名流的弁言、序文、题字中，还有时任省府主席何健为之所题之序与易培基所题的封面。①

当然，《教育改进与三民主义教育》一书1933年再版之时，时任湖南省教育厅厅长朱经农也为之作序，作为上下级关系，段廷珪与朱经农的交集应该非常多。他们或许在北京之时就曾认识，朱经农也是中华教育改进会成员，又大力推行平民教育，普及教育。而留下的材料中，除了工作上的交集之外，生活中，段与朱的关系也较为密切，曾陪同朱经农一起同游衡山，朱作一诗：

---

① 段廷珪：《教育改进与三民主义教育》，第133—134页。易培基，湖南人，字寅村，时任南京政府农矿部长，前为教育总长，后出任故宫博物院院长。而邵元冲与鲁涤平交往甚密，或由于鲁涤平的推荐，才得到题词。王仰清、许映湖整理：《邵元冲日记》（第二册），上海：上海人民出版社，2018年，第822页。

衡岳诸峰各不同，祝融如剑破晴空。

湘流九曲横天际，楚国千村入望中。

山势奔腾到回雁，川原寥落有哀鸿。

亡秦三户今犹在，辽沈秋高我欲东。

段廷珪还曾以同韵附之：

登临未敢与君同，一柱擎天倚碧空。

俯视峰峦争向背，惊心风鹤满寰中。

上封直到身如燕，冥漠轻翀目送鸿。

谁继邺侯真事业，懒残芋熟日升东。

两诗水准较高，也都借登临祝融写出了气势，表达了对国家命运和前途的关切，可谓志向相同。[①]而1932年8月22日段廷珪游历沪宁杭江南一带时朱经农便已经在打听他的动向，托他的学生李庆轩询问"通信地址"；而段廷珪也已知道朱经农将于8月26日从济南抵达南京，因此在游历之后他便与尚未去湖南就任的朱经农在南京晤面：

廿八日早始搭快车返首都，晚间得晤朱经农厅长，并约同行返湘，因内子暨孙儿女辈必须带回长沙就学及旅费时间种种关系，均感不及，只得答应星期三日（即三十一号）搭轮遄返长沙。[②]

可见段廷珪与朱经农应该早已相识，否则不会有询问通信地址打听动

---

① 段廷珪：《庸盦游草》，页二四正背。志向虽同，关怀各异，朱诗明显踌躇满志，志气所在欲上前线，奋勇杀敌，这是儒家的担当，而段诗则取禅宗意境，虽然也感于时局的风声鹤唳，但乐于做逍遥人的心态更为明显。

② 段廷珪：《西湖游记》，见《庸盦游草》，页一七正。

向的举动，当时他们还约定一起由宁返湘，可惜因种种原因未能一道。具体谈论的内容已经无从知晓，不过以朱经农还未就任不熟悉情况推测，找老熟人段廷珪了解湖南省教育开展的情况应是自然而然的。朱经农与段廷珪的交集肯定不止这些，湖南教育厅工作的开展，尤其是推行义务教育与民众教育，甚或是党化教育这些重点工作，朱经农都离不开段廷珪的具体执行，以上两段材料仅是交集中的鸿泥片爪而已。

8. 寒山诗钟社

段廷珪确实是有诗才的，不仅在1933年留有《庸盒游草》这部诗集，1916年之时还曾加入北京地区非常出名的寒山诗钟社。作诗钟是一种趣味性文学活动，清末民初在北京风行一时。这一活动是聚会写作七言的对联，带有竞赛的性质。主要有两种体式：分咏体与嵌字体。分咏体是在题目中规定了互不相干的两件事物，要别具巧思把二者写入一副对联，以另有寓意为佳。嵌字体，是在题目中规定了要嵌的字和所嵌的位置，作者要突破题目的限制，自由表达自己的才思。"寒山社"历时约20年，从宣统三年（1911）至民国八年（1919），陆续有诗钟集问世。民国20年（1931）前后"寒山社"并入"梯园社"。寒山社的活动每月聚会一次，按作诗钟的惯例，拈题，限时，书卷（不署名），评分，得出元（状元）、眼（榜眼）、花（探花）等名次。获总分第一、二的，担任下次的阅卷评分。

欲成为寒山社社员，其要求是，至少缴纳过社费，并且到社参加过活动。可见段廷珪到了北京之后，就跟当时的文人有过较为紧密的聚会，这是文化名流的聚会，就算不是社员，亦可参加活动。我们现在已经不能得知段廷珪在寒山社活动的具体情况，但可以知道的是至少他曾接触过当时北京城最有名望的一些文人，尤其是寒山社的湖南人尚不在少数，达到17人之多，其中最重要的一员是同在衡阳长期执掌船山书院的王闿运湘绮，当然在寒山社也能碰上在京师大学堂师范馆的老同学廖道传。

以后，段廷珪成为教育界的一员干将，而教育界与政界又有着千丝万缕的联系，谭延闿、熊希龄、范源廉、黄士衡、胡元倓等早年均曾办学，是新式教育的推进者，同时这些名人大多爱好书法，且于书法亦有造诣，因此也就会有一个文人交友的小圈子。谭延闿就是一位知名书法家，被称为清代钱沣之后写颜体的第一人，与于右任的草书、吴稚晖的篆书和胡汉民的隶书并称。段廷珪本人也是一位书法名家，曾留有一些墨宝，如"细考虫鱼笺尔雅，欲为乡邻讲孝经"（图4），就有书法家认为，其书法水平，生拙老辣，纯以中锋走笔，书法尽显雍容与大气[①]。书法家以笔会友，极易形成书法小圈子。段廷珪与能社会各界人物有所交集，想来其书法造诣是绕不开的一环。而巧合的是，段廷珪的前任、湖南南路师范学堂监督曾熙更是一位书法大家。现存的材料未见段廷珪与曾熙的交集，但曾熙与谭延闿私交甚笃，不免又引得我们做必要的联想。

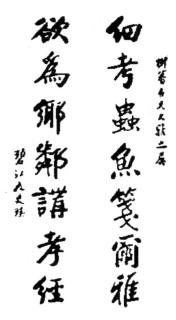

图 4　段廷珪墨宝

---

① 曹隽平：《民国教育家段廷圭其人其书》，《中国收藏》，2009年总第204期，第70—71页。

（二）与湖南地方人物的交往

段廷珪在衡阳担任校长期间以及湖南省教育厅任职期间，社交圈定然不小。近代时期的公立学校并不是孤立的，教育发挥的社会功能很大，教育界也往往与其他各界牵连甚广。段廷珪除了日常与亲朋的交往外，应该也能接触到不少湖南当地的知名人物，至少在教育圈内，诸多地方教育名士会与之产生关联。虽然这些关联我们没有办法一一证实，但是根据现存材料，至少可以勾勒出其大致的工作圈，以下仅根据笔者所搜集到的材料一一论述。

前已述及，黄士衡与朱经农是其顶头上司，在黄士衡与朱经农的过渡阶段，曹典球是当时的代理厅长。段廷珪与曹典球至少有工作上的往来，曹典球一直担任湖南省政府委员，是长沙当地举足轻重的人物，思想活跃，办学经验丰富，与蔡元培、熊希龄、范源廉、谭延闿都有过交往，熟稔湖南官场。1932年前后，段廷珪还记录了一段与朱经农同游衡山的经历，当时同行的还有"张、谭两厅长"，以及"沪上银团"。此处的张、谭两厅长当指时任财政厅厅长张开琏（醴陵人，曾留学日本）和建设厅厅长谭常恺。当时这三人先行下南岳山，只剩下段廷珪与"龙、萧二委员越一日游岳"[①]。可见段廷珪作为教育厅的中层领导干部（省督学）是很有机会接触其他政府大员的。

不过在教育厅内，另外一位与段廷珪素有交集的是张炯。张炯系常德人，鲁涤平的旧部，亦是京师大学堂师范馆毕业，比段廷珪低一届，但他此后要比段廷珪在政治上更有作为。按照宫廷璋的回忆，张炯首在驱张运动胜利之后，于1920年8月倡湖南教育经费独立。[②]张炯后来也当过教育厅厅长，离职后，才让段廷珪以秘书的身份代理厅长。[③]但是，段廷珪与张炯的相识肯定更早，1913年张炯接任湖南三女师校长，两人在衡阳阶段

① 段廷珪：《庸盦游草》，页二四正。

② 宫廷璋：《湖南近年来之新文化运动》，载《大公报十稘纪念册》，1925年，第78页。

③ 《国内要闻·鲁涤平离湘情形》，《申报》，1929年2月28日。

必定有过交往，虽然没有留下明显的材料，但两所公立学校师范学校的校长，无论如何总会处理共同的教育事务，这一点应该无须置疑。后来段廷珪远上北京，张炯则很有可能就留在了省内，直到1926年之后，又共同在省教育厅内听差。此后张炯在湖南省政府内其他部门任职。在段廷珪代理教育厅长任内，他还替代张炯列席参加了湖南省政府委员会第79次常会（1929年2月22日）[①]。

段廷珪与衡山名流康和声的结识应该也是同样的情况，康和声是湖南女三师的第一任校长，份属同僚，定然有过交集，此后康和声也步入官场。1923年1月，受当时北洋政府教育部聘请，也担任编审处编审员，成为同事。[②]只是段廷珪与康和声的交往几乎也没有留下任何材料，笔者也只能就此推断，两个共同在民国时期担任过湘南地区最高学府的校长，以后又成为同一个部门的同事，应该会有来往。何等程度上的，则又另当别论。

1929年3月黄士衡出任教育厅厅长，当时的教育厅行政架构内的同事主要有以下诸人：袁翥鸿为段廷珪的亲密同事/教育厅内的另外一名秘书，此后该职位又换成了周调阳，周调阳当时是湖南省内知名教育家；喻绍勋、欧阳刚中、张浑分别为教育厅第一、二、三科的科长，[③]向玉喈、张余汾、李难裁、姚孟宗、方昶、龚群钰、张润（寰）、李文秀为省视学。此13人乃教育厅的中层领导干部，常在一起办公，工作上的交往定然非常之多。[④]而到1932年下半年，段廷珪此时平职调动为省督学，教育厅第一秘书换为黄果劢，第二秘书换为王灵根，刘卧南、杨熙靖、周调阳、蒋励材，成为新任

---

① 湖南省政府秘书处编印：《鲁主席主湘任内政治汇编》，1929年，第359页。

② 《公牍：通知派康和声为编审员（十二年一月四日）》，《教育公报》，1923年第1期，第30页。

③ 湖南省政府秘书处第五科编：《民国二十一年湖南政治年鉴》，长沙：湘益公司，第460页。

④ 《湘教育厅长黄士衡就职情形》，《申报》，1929年3月14日。

的四个省督学。①1935年第一、二科科长又分别调整为杨乃康、夏开权，省督学又增加了一名新成员舒国华。②这些新增的中层领导，定然也与段廷珪有过交集。当然湖南省教育厅内还有很多其他基层工作人员，秘书处下面有科员、办事员，段廷珪与他们的联系会更密切。

除了在教育厅的工作之外，段廷珪还有其他职位。1929年8月段廷珪在湖南省教育会第二次代表大会上，当选为执行委员，与他一同当选的还有14位执行委员：萧逢蔚、龚群钰、文亚文、胡翼如、缪育南、廖安世、方克刚、周方、廖力弹、王季范、成希文、周调阳、张颂德、任凯南，以及黄衍钧、杨国础等15位候补执委。其中萧逢蔚为主席，文亚文为秘书长，胡翼如为候补秘书长。③湖南省教育会是湖南最高教育团体，由民间教育人士和官方教育人士共同筹办，是整个湖南教育界的翘楚所在。段廷珪作为几个官方代表之一，成为执行委员，也显示了其在教育界的威望。而在执行委员中不乏胡翼如、方克刚、周方、周调阳、王季范等湖南省知名教育名流，也不乏国民党重要的政界人物。该次会议开了4天，讨论了省内100多项教育问题，奠定了湖南省教育发展的基调。

1932年段廷珪成为湖南省中学生毕业会考委员会委员，该委员会除了何健、朱经农正副委员长及黄士衡之外，其同事至少还有以下诸人：罗大藩、黄家声、王泰钟、夏开权、杨乃康、罗传矩、谢祖尧、蒋嵝、欧阳刚中。他们具体负责会考的组织筹备工作。④

纵观以上这些人物，大多是有过实际办学经验的中等学校各校校长。比如王季范，湖南优级师范毕业，做过长郡联立中学校长、私立衡粹女子

---

① 虞和平主编：《中国抗日战争史料丛刊·文教史地民国二十二年湖南年鉴》，郑州：大象出版社，2016年，照片页。

② 虞和平主编：《中国抗日战争史料丛刊·文教史地民国二十四年湖南省年鉴》，第618页。

③ 《湘省教育会代表会议决案》，《申报》，1929年8月14日。

④ 《湘省举行中学毕业会考》，《申报》，1932年12月21日。

职业学校校长。方克刚，优级师范毕业，私立妙高峰中学校长，在长沙颇有名气。周汉藩、缪育南、喻绍勋也分别做过妙高峰中学校董会董事。胡翼如，前清游学预备专科生，做过私立兑泽中学校长。黄衍钧，美国加利福尼亚大学政经科毕业，私立大麓中学校长。向玉喈，京师大学堂毕业，做过私立含光女子中学校长。蒋崿，美国芝加哥大学教育硕士，私立福湘女子中学校长。张余汾，做过安乡县县长、湘东中学校长（醴陵）。欧阳刚中，东京高等师范留学生，曾任省立一师教员，长期在湖南省教育厅内任职。周调阳，北京师范大学毕业，长期在湖南各中等学校任教，著述颇丰，曾主编《平民教育》，长期在教育厅内任职。谢祖尧则担任过明德中学以及湖南一师校长，夏开权、任凯南是湖大教授。

1925年3月，在担任省立第三中学校长时，段廷珪还成了湖南省第八届全省运动会筹备处的副主任。省运会在当时是一件大事，备受瞩目。我们从其人员配备就可以看到此会之盛。省运会的名誉会长是当时的省府主席赵恒惕，可能不参与日常组织活动。正会长是后来成为省府主席的唐生智，当时唐生智一直在衡阳一带活动，运动会在衡阳举办，唐生智是当仁不让的会长，并在运动会开幕的当天致辞，副会长则是当时湖南省教育司司长颜方珪、衡阳警察厅长冯天柱。

而具体干事的筹备处，正主任由衡阳知事宾建极担任，副主任则是省立第三中学的校长段廷珪、私立新民中学校长罗传矩，衡阳县立中学校长蒋震球。总务部干事私立成章中学校长罗侠，布置处总干事万颂鸣，编配部总干事省立三师校长夏少康，招待部总干事蒋育寰（段廷珪之前的第三中学校长），评判部总干事衡阳教育会会长万由庚，编辑部总干事省立第三甲工校长陈千里。

这也显示了段廷珪在当时衡阳教育界的地位和威望似乎是最高的，力压衡阳各路中等学校校长担任筹备处的第一副主任。筹备一件全省的大事殊为不易，其中定然有非常多的组织协调工作需要处理。幸亏《申报》对此进行了报道，我们也得以知道，段廷珪在筹办运动会期间的社交圈。唐生智、颜方珪、罗传矩、宾建极等地方名人至少与段廷珪有过工作上的往来。[①]至于段廷珪回乡之后的社交圈，则多数是地方更小的人物，当然任何地方也都有相当有影响力的人物，从现存的材料来看，袁觉民、资兴国大代表何群生也至少是其接触对象。

二、社会活动

（一）革命贡献

对中共革命的贡献是通常认为的段廷珪社会活动之重要组成部分。段廷珪有着多重身份：湖南省立三师、三中校长；教育部秘书、编审员；省督学、青年党党员等，长期往返于北京、长沙、衡阳、资兴等地。多种社会角色及多个地域间的往来，使其社会关系网络庞大复杂，社会活动范围亦涉及多个重要领域。相传其除了长期从事教育事业外，还参与了轰轰烈烈的革命活动，多次营救革命师生，竭力帮助当地共产党员脱险，且"将家里房子借给苏维埃政府使用"。[②]笔者在资兴走访时也获得了一份与段廷珪参加革命紧密相关的原始档案。

该档案即《资兴各乡"共匪"年籍详细调查表》（以下简称《调查表》），系1928年后国民党资兴县政府所编写，是湘南起义后国民政府在当地清算工作的一部分。段廷珪的名字赫然在列。全文如下：

---

① 《教育消息·要闻·湖南全省运动会筹备处成立》，《申报》，1925年3月2日。例如，当时为遴选裁判长问题，段廷珪、罗传矩就曾面见唐生智。《全省运动会特派记者第三函》，《大公报》（长沙），1925年4月3日。

② 资兴市地方志编撰委员会办公室：《资兴市志》（下），长沙：湖南人民出版社，1999年，第864页。

段廷珪，五四（指其年龄，作者注），资兴桃源关（此乃其籍贯，作者注）。马日前充衡州三中校长，制造共产分子，麻痹青年。马日后勾引朱毛"匪首"入境，设立苏维埃政府于其家，指挥党徒焚烧杀掳，流毒社会，实湘南"共匪"之领导。[①]

粗看起来，这段"清算"材料确实表明，段廷珪的革命贡献着实不小，甚至在资兴居功至伟。可细细思之，则又疑窦丛生，若段氏真乃湘南革命之领导人物，又曾搭救毛泽东与朱德，其名声在党史中又怎会如此不彰？段廷珪及其孙子的回忆或可为我们揭开这一谜底。

段廷珪在1930—1931年写《教育改进与三民主义教育》时，也曾对在资兴参与"革命"的事，念念不忘而有所表白：

重以十七年春，资兴故乡，被"共匪"窜陷，适母柩在堂，未克事先远避，临时窜匿，幸保生命，"匪"退始克脱险，就养津沽，乃无端受夫己氏之挟嫌捏诬，指控为共党首领，幸省府当道及各委员之明察，未遭陷害，然已饱经忧患，其受祸根源，纯系因办教育受累，不能不有所表白。[②]

可见，段氏认为，自已忝列被通缉名单，乃是由于被诬陷，而被诬陷的原因则是办教育。为什么办教育会引来杀身之祸？这便与当时湘南地区的革命形势有关。衡阳自民国之后成立的几所新式学校是湘南地区新文化新思想的主要传播之地，虽然地处内陆的衡阳整体氛围较为闭塞，但学校往往成为共产党员的策源地，毛泽东等人早就来衡阳发展过学生党员，并建立了三师党小组，以后成立党支部。大革命时期，湘南一带的学生运动

---

① 《资兴北乡"共匪"年籍详细调查表》（通缉令），资兴市档案馆，全宗号15，卷宗号43，第63页。

② 段廷珪：《教育改进与三民主义教育》，长沙：湘益公司，1933年，第131页。

更是如火如荼（农民运动亦然），很多经由共产党人组织，以致大革命失败、南京国民政府定鼎之后，国民党开始反攻倒算，将共产主义革命激进运动的出现，归结于学校带坏青年，教育风气败坏：

> 军政当局与普通一般心理群以为"共匪"猖獗，其构成分子大率以青年学生及小学教员为多，遂完全归狱于教育界，致谓教育界不能纠正学术思想，转移人心风俗，以挽此既倒之狂澜。[①]

应该说，当过省立第三中学校长的段廷珪，其体察绝非仅是他自己的感受，而确是当时的一般心理。此处还有省立五中的两条材料为证。省立三师在1928年改为湖南省第五中学之后，编订校志的编者，还径直称该校：

> 本校校址，原系第三男师范，共产党专政时，合并学校改为省立第三初级中学，有共党策源地之称，去岁下期，省内中学以上各校，一律停办教育厅复议改造省立各学校，本校始行产生，是本校如初生婴儿，保抱携提，不失其道，使其发育滋长，前途正不可限量。[②]

而这个编者还将省立第五中学生源不佳的情况，归结于共产党的影响：

> 而校舍校具，多被驻军毁坏，修理添置，耗费甚巨，其最困难者莫如学生之难招收，推其原因，约有六端：
> 一　湘南被"共匪"蹂躏，人民深受毒害，转徙流离，何能送子弟求学。
> 二　"共匪"利用青年为工具，学生因受麻醉而牺牲者不少，以致父兄不敢送子弟入校。

---

① 段廷珪：《教育改进与三民主义教育》，长沙：湘益公司，1933年，第132页。
② 湖南省立第五中学：《湖南省立第五中学概论》，内部资料，1928年，编辑弁言第1页。

三　学校毕业生多不能谋生活，以致引起社会对于学校怀疑。

四　本校开办太迟，学生以上课时间不久，多徘徊观望，又有已入他校或私塾，不愿中途退学者。

五　土共两祸横行，水陆交通梗塞，消息常不能通，行旅尤为困难。

六　学校清党甚严，凡被共党"麻醉"之青年，均不敢来校肄业。①

生源不畅总共六条原因，其中有三条提到了"共匪"利用学校教育的机会"麻痹"青年。无怪乎，当时的湖南省教育厅对整个湖南省的中等学校来了一次大整改，肃清共产党的影响。而1929年于省立五中再次揪出了3名共党学生，并将他们处决，此事还见刊于全国性的报纸《时报》当中。《时报》1929年7月25日载：

湖南清乡司令部，昨午前十时，绑出衡阳第五中学校共党学生黄亨明、曾令钧、曾令铨三名，解赴浏阳门外，执行枪决。兹录其罪状如下：为宣布罪状事，案查新田共党要犯王亨明、曾令钧、曾令铨等，同系衡阳第五中校学生，于马日前加入共党，马日后仍同在原籍组织伪党部，惟该黄亨明担任书记，共同秘密工作。迨十七年三月间，衡耒一带共党暴动，乃共派其同党匪黎明、何援华、程启汉、张汉涛、雷崇固等，潜往常宁，会同该县同党廖海民、邓驾标等，图谋接应，经该县署将该匪黎光［应为匪黎明，原文如此］等六名，分别正法……该犯曾令铨等，寄存第五中校书箱内，又发现炸弹数枚，复查衡阳县卷，据该犯同党夏明瑜供称，曾令铨是共产党，青年团的组织很热心的等语，是该犯等甘心附逆，企图暴动，质属罪恶昭著，法无可佑，应即依照湖南宪惩治共产党徒暂行条例第一条第三第四两款之规定，

---

① 《本校成立经过及其进行方针》，载湖南省立第五中学：《湖南省立第五中学概论》，第3页。

分别处以死刑……①

据这条材料可知，这三名学生不仅在校内匿藏炸药，还与衡阳周边县区的共产党组织联系共同"暴动"。衡阳1927年沁日运动之后，此三人并未落入国民党的清算之网，此次则被发现，一并被清算。学生从事革命活动之激进性可见一斑。

段廷珪在书中没有指出诬陷他的具体是何人，既已云淡风轻，当然不必指名道姓，但是其孙子段盛业则耿耿于怀，把矛头指向了一个人。他在《回忆祖父段廷珪》中写道：

> 资兴西区的土豪程子枢，指控我祖父是共产头子，以莫须有的"罪名"向长沙市法院起诉，还纠集了一些人作伪证。反动政府据此把我祖父抓了起来，关押了两个月。②

可见，在段盛业晚年的记忆中，造成其祖父段廷珪被通缉而成为"共匪"的罪魁，是资兴的另一位豪绅程子枢。查程子枢此人，他1922年曾被资兴选为任湖南省省议员，"对女性解放运动极为顽固"，又因资财多而被资兴地方农民协会定性为"土豪劣绅"，随即还被捕送至长沙市审判土豪劣绅特别法庭。③这份罪状不轻，湖南省女界联合会"呈请枪决"之。④1927年4月（恰在马日事变之前）程子枢被改判十年监禁。⑤但此后不久程子枢

---

① 《长沙枪决共党三名学生》，《时报》，1927年7月25日。文中方括注为作者所加。

② 段盛业：《回忆祖父段廷珪》，《资兴文史》第一辑，第46页。

③ 参见《大恐怖之长沙：阶级斗争甚剧烈　特别法庭屡杀人》，《大公报》（天津），1927年4月27日。

④ 《叶德辉在湘枪毙》，《民国日报》，1927年4月28日。

⑤ 《如狂如醉之长沙人民：湘人大流血再志》，《大公报》（天津），1927年5月1日。

即被释放，流落上海。①1930年长沙《大公报》的一则报道也可确证，段廷珪是被程子枢诬陷的。"（资兴）北区段廷珪，与程子枢有怨，拘讼经年，尚未解决"，1930年2月5日，该案终于告一段落，经"公法团代表十余人一致裁决"：程子枢纠集"方定元等八人，冒充全县代表，在省府控诉，诬段有'共暴'嫌疑"这一说法，是不成立的，"系程盗名具控"，"段廷珪确无'共暴'嫌疑"。②而程子枢确有反攻倒算之嫌，不仅"检举"段廷珪，还举报其他共产党人。

1932年《汉口中西报》刊载了一则处理共产党人的消息：在该案中，程子枢向湖北武昌公安局举报当年抄其家的共产党人宋承保。③据王奇生教授的研究，国民党清党之后，地方各显要人士为填补地方上党部职位的空白，展开了激烈的权力争夺，"为了打倒政敌，最常用最简便的办法就是攻击对方为共产党"④。

段廷珪在当时究竟是不是国民党员，有没有参与当时的党部权力之争，现在仍不甚清晰。以段廷珪素有之开明教育理念而言，即便当时不是共产党员，但被诬控为"湘南共匪的总后台"亦绝非偶然。但我们确切可知的

---

① 参见陈嘉会凤光：《孔雀东南飞为程子枢妻李氏作》，《船山学报》，1935年第7期，第25—26页。1915年，《船山学报》创刊于长沙。1936年，船山学社成员湘阴陈嘉会在悼念程子枢夫人李氏时，还曾提及程子枢在1927年3月被其内侄李金山"出卖"之事："网维失统驭，天崩复地陷。暴民交横行，亲贤杀害滥。丁卯维二月，良人中飞谗。槛系长沙狱，不死仅其暂。害之者伊谁，内侄金山赚。吏改十年囚，乘闲沪航泛。"

② 《资兴盗名具控》，《大公报》（长沙），1930年2月6日。段廷珪之被赦免，按照他自己的回忆，是由于省府要员的"明察"。此条材料应该就是省府公开为段廷珪洗刷"污名"。

③ 《杀不尽匪徒》，《汉口中西报》，1932年4月27日。

④ 王奇生：《党员、党权与党争：1924—1949年中国国民党的组织形态》（修订增补本），北京：华文出版社，2010年，第148页。

是，1929年12月，经过"特种登记"，段廷珪已转为国民党党员。[①]

根据段之生平事迹可知，1924—1927年，段廷珪确实是省立三中校长，且他治校开明，对校内的共产主义思潮采取包容的态度，对于参加革命的学生也未进行严厉打击。其任职期间，马克思主义在校内得到广泛传播，以湘南学联为中心的湘南学运迅猛发展，三中许多师生都成为湘南学联的重要成员。比如1923年考入省立三中的黄义藻，在校期间加入中国共产党，是湘南学联的负责人之一，又创立了资兴革命组织"东升会"，其中有不少成员是省立三中的学生，且1928年春回到家乡资兴参与了湘南起义，任工农革命军资兴独立团团长，中共资兴县委书记。此外，段廷珪的族弟段廷璧不仅是共产党员和湘南学联成员，同时还是资兴农会的主席，主导了对程子枢的公审。[②]1928年参与资兴湘南起义失败后，他与黄义藻等人在《申报》上共同被列为资兴共产党员首领，被明令缉拿。[③]不仅如此，共产主义青年团还在三中设立了第二分部，三中也设立了书报贩卖部，

① 《省组部通告　长沙市特种党员　限期领取党证》，《大公报》（长沙），1929年12月12日。《长沙市特种党员　限期领取党证　共一百另九人》，《民国日报》，1929年12月18日。1928—1930年正是国民党"清党"整理党务时期，意图纯化党员成分，强化党员意识。段廷珪之通过党员登记，成为国民党党员，本身也就意味着通过了国民党在1928—1930年期间严格的审查。一般而言办理登记有以下程序：申请登记、填写考察表、口试、初审、会审、复审、总审。要予以说明的是，湖南"有共党嫌疑"，未通过国民党党员登记的，有137人，段廷珪根本就不在此列，而在"特种党员"之列。参见郑旗：《1912—1931年国民党湖南省级党组织研究》，湖南师范大学博士学位论文，2013年，第83—88页。易青：《1928—1930年中国国民党党员总登记》，《民国档案》，2006年第3期，第83—86页。关于特种登记，本章接下来的内容还有进一步解释。

② 参见毓麟编考：《资兴红色革命有关史实》（1923—1929年），内部资料，2016年。

③ 《湘省"共匪"仍图暴动》，《申报》，1928年1月23日。

由共青团的学生主持，分销各宣言共产主义的刊物。①虽然目前暂未发现段廷珪直接参与革命的证据，不过他既为省立三中的校长，却未对校内共产之风查察并加以制止，且与两位在革命活动中较为活跃的革命人士关系密切，无怪乎要被安上"制造共产分子，麻痹青年"的罪名了。这也显示出，段廷珪治学治校之开明，对于青年学生传播先进思想的行为并未加以阻止。

至于"勾引朱毛'匪首'入境，设立苏维埃政府于其家"的"罪名"是否又有根据？首先朱德和毛泽东的部队确实在湘南暴动期间经过资兴，资兴也确实设立了苏维埃政权。1928年1月，朱德、陈毅在宜章发动湘南起义，此后迅速波及永兴、资兴、耒阳等地，尔后朱德更是在1928年7月间取道资兴经过段廷珪的家乡蓼市前往井冈山；②毛泽东则率工农革命军第一团于4月11日经汝城进入资兴，经过资兴龙溪、连平、青腰铺等地，于4月15日经郴县返回井冈山。③可见，段廷珪与毛泽东和朱德确实存在可能产生交集与关联的条件，但是否有接触，已经无从断定。传说中朱德曾去过段家的故事也很可能发端于此。

不过，有史可查的是，资兴第一个苏维埃政权建在离段廷珪家乡资兴北区蓼市不远的三都，并且在北区的蓼市也设立了分区苏维埃政府，④但分

---

① 《团衡阳地委十月至十一月工作报告（1925年11月24日）》，载湘南学联纪念馆编印：《湘南学联资料新编——纪念湘南学联成立100周年》，内部资料，衡阳：衡阳市东方印刷厂，2019年，第130—131页。

② 吴殿尧主编：《朱德年谱新编本1886—1976 上》，北京：中央文献出版社，2016年，第123页。

③ 参见袁剑霖：《毛泽东在资兴青腰铺》，《湘潮》，2021年第3期，第50页。

④ 李长钦：《湘南暴动在资兴》，载肖克：《回忆湘南暴动》，南昌：江西人民出版社，1981年，第100页。参见毓麟编考：《资兴红色革命有关史实》，内部资料，2016年，第40—41页（资兴红色革命的组织情况）。该书主要查阅了资兴党史研究室在20世纪80年代的档案材料，基本可靠。

区政府是否设立于段廷珪家中已经无迹可考。或真有其事。据段盛业回忆，段廷珪是出于对其学生、北区苏维埃政府副主席曹智莹的同情而将房屋租借给苏维埃政府的。[1]曹智莹确系当时北区苏维埃政府的副主席，[2]段和曹有无师生关系则暂时不明。所谓"勾引"，则很可能是段对革命采取了同情态度，于当时的革命先烈有过滴水之恩。于是后来在清算的时候，由于对手的攻讦，干脆把"朱毛的入境"的罪名加在了段廷珪的头上。

上文已提及程子枢很可能是控告段廷珪的罪魁，但段廷珪的传说还是与资兴程氏有关联。笔者惊讶地发现，传说中段廷珪的"同盟会会员身份"，与程子枢的弟弟程子楷的真实经历高度吻合。程子楷早年赴东洋留学，在日本时见过孙中山，并加入了同盟会，是辛亥革命元老，后来成为陆军中将，抗日战争时期在资兴牺牲。[3]而传说中的段廷珪，也加入了同盟会，并且与孙中山关系密切，[4]考虑到程子楷以后在资兴的名声似不如段廷珪，则这一段事迹很可能又是段家后人的"张冠李戴"。其后乡人不辨，于是传说越传越神。

虽然段廷珪与孙中山应无甚关联，但段廷珪与辛亥革命先驱黄兴应有同校之谊。黄兴1893—1896年曾就读于城南书院，而段廷珪亦肄业长沙城南书院（详见第三章）；1916年12月在北京中央公园举行的黄兴、蔡锷

---

① 段盛业：《回忆祖父段廷珪》，《资兴文史》第一辑，第46页。

② 《资兴市政务志》编纂办公室：《资兴市政务志》，内部资料，1990年，第73页。

③ 参见胡昭镕供稿，陈举治、刘时综合整理：《程子楷传略》，载中国人民政治协商会议湖南省资兴市委员会文史资料委员会编：《资兴文史》第一辑，第41—43页。

④ 段廷珪肯定未曾留洋日本。1923年段廷珪著《新女子职业教育》，由中华书局发行，该书中段廷珪自言"编者见闻固陋，一生未出国门"，至1932年该书再版多次，然并未修改此说法。既未出国，又如何于日本见孙中山呢？

全国追悼会上，段廷珪有挽联："壬父既丧国粹，先生又作国殇。"①联中
"壬父"指1916年去世的经学大师王闿运，先生指黄兴。1917年4月初，
段廷珪回长沙参与蔡黄二公的国葬大会，4月12日，蔡锷公葬；4月15日
黄兴公葬，这都是当时受到全国舆论瞩目的大事。在黄兴的公葬大会上，
"黎元洪总统特派段廷珪、康才质代表致祭，省长谭延闿率各机关文武官员
主祭"。②要注意的是，此时段廷珪作为刚到北京任职不久的教育部秘书，
便被特派为致祭员，可见段廷珪与黄兴应该颇有渊源。4月16日，湖南省
议会还宴请了各处地派来的会葬人员，与段廷珪一同列席的就有程子楷及
其他同盟会成员如唐乾一、刘揆一、周震麟等。③

　　从这些线索判断，段廷珪很有可能也是同盟会会员。但学术界现有的
研究，还未能确定段廷珪的同盟会会员身份。然而，前引1929年12月长
沙《大公报》的报道，却可以让我们确认段廷珪确实是同盟会会员。

　　1929年12月12日，国民党湖南省组织部通知段廷珪限期领取长沙市
国民党党员党证，彼时他通过国民党中组织部的确认，经"特种登记"而
成为国民党党员，与他同时取得党证的还有其余108人。④1928—1930正
是国民党"清党"整理党务时期。国民党中组部要求，1927年5月之前的

---

① 参见李定夷编：《民国趣史》第2集，上海：国华书局，1917年，第47页。《北京追悼
黄蔡记》篇。

② 见吴伯卿：《补述克强先生有关资料及政府迁台后各种纪念活动与出版情形》，http://
hnjdrw1.txhn.net/wx/rwyj/yjwz/201611/t20161129_545696.htm，访问日期2016年11月
29日。

③ 《昨日省议会之大宴会》，《大公报》（长沙），1917年4月17日。

④ 参见《省组部通告　长沙市特种党员　限期领取党证》，《大公报》（长沙），1929年
12月12日。"特种党员登记"者湖南总共有617人，经审查合格者仅126人，长沙地
区就占了109人。参见郑旗：《1912—1931年国民党湖南省级党组织研究》，第86页。

国民党党员一律需要登记，而"同盟会员则举行特种登记"①。依此观之，段廷珪应该还是同盟会会员。千万不要忘记的是，鲁涤平也是同盟会会员，段廷珪在1928—1929年之际被解除嫌疑，或还有此层渊。

可见段廷珪作为一名思想开明的湘籍教育家，与20世纪两次重大的革命运动都有关联，与诸多革命人物也有一定联系，也为国民革命做出过贡献，本人甚至也因此面临生命危险。只是这些革命贡献，并不像传说中所渲染的那么夸张与离奇。但他身处革命的年代，以其在当时较为先进的教育理念观之，不自觉地卷入革命是自然而然的。

（二）竞选活动

段廷珪与政治活动的关联还不止于此，他回到资兴之后，由于声望卓著，不可避免地卷入地方政治权力的旋涡之中。首先是1946年资兴县参议会及湖南省参议员的选举风潮。1945年抗战胜利之后，国民党政府建立所谓民意机构，中央成立参政会，各省成立省参议会，各县成立县参议会。县参议会由地方选举，议长的位置是各派争夺（国民党、青年党、三青团）的焦点，当时的选举结果是，段廷珪因为老教育家的身份当上了参议员，"而且由他出任议长，或省参议员，可以说是深孚众望的"。但因为没有请客拉票，没有采取威胁利诱的手段，故而落选参议长。但支持他的国民党资兴县党部仍然支持了段廷珪参加省参议员的选举，因对手的暗箱操作而再次落选。②

---

① 特种党员登记为同盟会会员登记的说法，见《党务概览》（节录于1937年《衡阳便览》），载中共衡南县委党史资料征集办公室编：《中共衡南地方史（新民主主义革命时期）》，北京：中共党史出版社，1995年，第216页。

② 袁觉民：《我和钟述孙的几次较量》，载中国人民政治协商会议湖南省资兴市委员会文史资料委员会编：《资兴文史》第三辑，第65—66页。

1947年，国民党做出"还政于民"的举动，拟召开"行宪国民大会"，实行"民主宪政"，结束"一党专政"，于是开始在全国实行"国大代表"的普选。当时资兴县也有一个国大代表的名额。作为地方显赫人物，段廷珪再次被推举出来参与竞选，不过这一次是由青年党推动的。这一次选举活动在资兴县是一件大事，各候选人发起了选举的筹备与拉票工作。或许是由于吸取了上一年选举失败的教训，在时人的描述中，段廷珪也凭借地方耆绅的身份参与了拉票。据参与选票整理工作的曾宗宪回忆，他曾列席过段廷珪的盛宴，席中，段廷珪"频频举杯向客人敬酒，确有教育家之风度。"但最后结果确实因为竞选对手何群生的暗箱操作，最后取得了国大代表的资格。在这次选举中，也是丑闻百出，酒席票、面条票、笑话票之事层出不穷，可谓闹剧。①

（三）抗战贡献

　　除了以上政治活动之外，段廷珪还非常关注时局的进展，他是中国近代史上另外一个重大事件——抗日战争——的亲历者。在"九一八"事变之后，他多次写了感怀时局的诗歌，也表达他对国家命运的关心；在面对日军的时候，更是积极组织抵抗。衡阳保卫战失败之后，日军之铁蹄沿着京广线而下，侵入了资兴县，给民众带来了巨大的灾难。段廷珪积极号召抗战，抵御日寇的侵略。他"奔走呼号于暂二军军部及县政府，呼吁请讨伐倭寇，不遗余力，寇退，拯救难胞，维持地方秩序，不辞劳瘁"。此言非虚，当时日军杀进资兴市，没遇到国军太强烈的抵抗，当时的何于伟

---

① 曾宪综供稿、唐振中综合整理：《资兴"国大"代表竞选闹剧》，载中国人民政治协商会议湖南省资兴市委员会文史资料委员会编：《资兴文史》第三辑，第55页。

县长，"闻寇至，先迁避寇，未至旋返，以至附郭居民遭国军搜掳，窗户门片百无一存"。同时守卫资兴的国军暂二军第一师第一团也先后闻风迁避，日军"铁帽一掷，国军退三十里"[①]。资兴西北区大部被占领，段廷珪自己的二亩半园也被敌寇占领。

> 虽敝二亩半园被敌卷掳一空，屋壁到处穿穴，所受物质损失，若书籍、碑帖、古玩、装饰及家具等等，按现时物价估计，恐非数千万元不能购备，在当时却不暇审计耳。[②]

即便如此，他也在所不惜，呼召抗日。"敌寇乘机窜回蓼江市时，不惜以私人资格在县方奔走呼号于军政当局，令饬前方将士扫荡寇氛。至有七月十三日，遂返蓼市墨市，安定禾稻盈野之欣慰。"[③]他自己还曾被日军俘获，但凭借良好的学识，与日军交涉颇受尊重，虽敌寇对其他老年人异常苛刻，但是并没有为难段廷珪这位已年届古稀的老人：

> 当寇临蓼市之第三日，即三十三年（1944）腊月廿五日，余已事先率眷属避居王家塘外甥婿李华林家。是晨，敌寇由前后窜入，仓卒避匿屋后山腰，竟被敌卒弋获搜捡。幸眷属等乘机脱逃，惟内子与林华母守屋。旋偕寇卒谒见寇酋时，同被弋获者有谢君秉寅，系湖北汉阳人，寄居舍下。他无亲友，因随同避匿。此时寇酋谓稍缓，询问数语，可无须走动。因见余年老，天又下雪，故耳寇卒等约十余人，肆

---

① 段廷珪：《资兴西北区被日寇沦陷始末记》，载资兴市史志办公室、资兴市档案局、资兴市地方文史研究会编：《资兴抗战纪实——纪念中国人民抗日战争暨世界反法西斯战争胜利七十周年》，内部资料，2016年，第9页。

② 同上。

③ 同上。

意搜索，捣门毁室，倒箧倾箱，凡贵重物品及食料捆载八担，余所带未敢穿之狐皮外套，亦被搜获。时与敌酋等一同向火围坐，谢遂代余提报系随身衣著，匿未敢穿。敌酋遂令饬还余穿着。计是日上午七时至午后三时所获载八担中，余与林华家已占六担之多。临走时，忽促余同走，置前言不顾，迫不得已。随至寇酋住处，获寇酋不下十余人。晤谈尚属款洽，款待较优。相与约二小时至三小时，请求回转，欣然首肯。①

段廷珪有如此待遇或因其会日语、能与敌酋交流有关。

（四）经济活动

段廷珪并不仅仅是一位办学的教育家、教育系统的行政官员，他还有着丰富的商业履历——他十分重视教育出版事业，还投资开办矿业。现在分别论述之。

1907年，商务印书馆开始在长沙设立分馆，馆址位于当时最繁华的街道南正街（现今长沙的黄兴路）。段廷珪对此大力支持，促使商务印书馆在长沙建立了另一个分馆，主要负责印刷小学课本，便利了湖南教育事业的发展。②由于段廷珪对长沙分馆做出的突出贡献，现今的商务印书馆官网仍将段廷珪视为长沙分馆设立的重要人物。③1914年2月，上海商务

---

① 段廷珪：《资兴西北区被日寇沦陷始末记》，载资兴市史志办公室、资兴市档案局、资兴市地方文史研究会编：《资兴抗战纪实——纪念中国人民抗日战争暨世界反法西斯战争胜利七十周年》，第11页。

② 参见段盛业：《回忆祖父段廷珪》，《资兴文史》第一辑，第46—47页。

③ 参见商务印书馆官网的文章《长沙分馆》，https://www.cp.com.cn/Content/2014/08-01/1732277845.html，发布日期2014年8月1日。若依此推断，1907年之后段必然在长沙并促成商务印书馆长沙分馆的设立。

印书馆"始设衡阳支馆"，①段廷珪为此馆的落成也做出了一定贡献。②民国元年（1912）之后，商务印书馆发行的中小学和师范的各科教科书，也在全国范围内得到广泛使用。段廷珪当时任校长的省立第三师范学校或有采用。

段廷珪在教育厅任职期间，又购买了上海商务印书馆的股票。颇有意思的是，1930年段廷珪还曾因遗失商务印书馆的股票26股和图章，在《申报》上多次刊登遗失声明：

> 遗失股票及图章声明：本年8月间在长沙遗失段廷珪户名商务印书馆第七三九六号股票一纸，计三股，又段碧江户第八六九号、三〇八二号、三二三二号、三二三三号、五〇一七号、五〇一八号、五〇一九号七纸，计二十三股，并［段廷珪印］方章及［璧章］、椭圆水晶章各一颗，概行遗失，除商务印书馆挂失外，再登报声明。段廷珪碧江启。③

我们尚无法确定段廷珪是何时购买商务印书馆的股票的，但日期一定是在1930年8月之前，我们现在也无从知道段廷珪是否找回了遗失的股票，即便没有找回，按照当时之规则，只要在商务印书馆挂失之后，仍能作数。从1930到1966年，段廷珪的这份投资确实给他带来了不少收益，而"文革"时，股息却给段家带去了无穷的灾难。其孙段盛业由于领取商务印书馆

---

① 《长沙分馆三十年大事记》，《同舟》，1937年第5卷第8期，第12页。
② 《关于段盛业被清除的复查报告》中，段盛业回忆其祖父段廷珪在省立三师任校长时用自己的工资投资商务书馆。
③ 《申报》1930年8月16日；《申报》1930年9月28日；《申报》1930年9月29日。

股息而未上报组织（当然这并非唯一原因），在1966年被划为"资产阶级分子"，股息也停止支付。"文革"结束后，段盛业经过多次申诉，才予以平反，摘掉了荒唐时代被迫带上的"资产阶级"的帽子。[①]

但自1966年之后，商务印书馆的股息似乎就一直未向段家后人支付，此又一大憾事也。事实上，按照段盛业在1966年被清查时的"供述"，从1953年开始，段廷珪在商务印书馆的股金共计3186元（其中1949年前的股本千余元），大约相当于当时行政二级干部（副国级干部）半年的工资，一位普通办事员（行政21级）5年的工资。这笔钱上交政府，每年只按4%的定息，领取股息158.4元，约相当于一位行政11级干部一个月的工资，分四个季度发放。这笔股息在1953年转移到段盛业名下，但段盛业对这笔工资外收入，并未向组织汇报，一直到1966年被清算为止，领取了12年半的股息，近2000元，这并不算多，股息甚至比当时银行的年息5%还要低。股息的收取方式为，段盛业凭股息和印章形成收条，寄往上海商务印书馆总馆所在地，商务印书馆凭收条和股息证发放股息。

20世纪30年代，很多人都热衷于经营矿业，段廷珪也不例外，在那个大规模开发建设的年代，段廷珪也在政商界（资源企业）留下了足迹。资兴历来是湘南地区主要的产煤区域之一，地处耒河煤田区，不仅产无烟煤，也产烟煤（这是资兴地区的特产）。其煤产出多供当地用之，煤层颇浅，易挖掘，当地自17世纪之后早有开采活动。[②]1936年3月25日，他

---

① 参见《关于段盛业被清除的复查报告》，《湖南省郴州地区煤炭工业局文件》，1979年9月7日，（79）煤政字第085号。

② 傅角今编著，雷树德点校：《湖南地理志》，长沙：湖南教育出版社，2008年，第194—195页。1927年之前，资兴仅有两家煤矿公司。第196页。

成为永丰矿业公司的代表人，[①]此后又担任刚成立不久的湘盛煤矿公司董事长。[②]湘盛煤矿系1935年成立，原名大盛煤矿公司，官督民办。段廷珪以其在资兴的名声，理所当然地成为官方与民间共推的公司董事长。1945年日军入侵，煤矿停产，1948年，国民政府资源委员会收回全部商股，改名湘盛煤矿。1949年，湘盛煤矿收归国有，与资兴矿厂合并组成国营资兴煤矿，以后煤矿区又改为宇字煤矿，仍在经营，隶属资兴矿务局，地址在郴州资兴市三都镇。

我们现在已经无法知道，段廷珪是何时卸任湘盛煤矿董事长，其从商活动由于材料稀少，已经无从构建。但是可以看到的是，段廷珪的人生选择始终与时代潮流紧密相连，无论是投身教育、出版行业，还是矿产开发，都在为地区的发展乃至国家的富强贡献着自己的力量，这与他的实业救国理念、国民理念与教育理念息息相关。

（五）慈善活动

在进行商业活动的同时，段廷珪还热心公益，发起慈善救助活动，始终带有强烈的社会关怀。

1. 慈善救济

1920年《新华日报》载，当时京畿地区，天灾人祸（直皖战争），为了拯救黎庶，各热心慈善实业者，纷纷发起创办慈善救济会。段廷珪亦闻风而动，在《新华日报》上号召各界，接济妇孺。在他自己所办的女子职

---

① 《业部指令：矿字第一四〇九八号（中华民国二十五年三月二十五日）》，《实业部公报》，1936年第247号，第18页.

② 参见《湘盛煤矿公司董监联席会议纪录案》，1942年7月27日—1944年5月15日，台湾"国史馆"藏，典藏号：003–010101–0503。

业传习所之内发起了慈善救济团体京师服务团之妇孺救济会，尔后该会与1920年7月11日新成立的京师妇孺救济会合并。由于这是段廷珪作为公民的个人行为，其热心救助也受到当时《新华日报》与《民意日报》的特别表扬与称赞。①对弱势群体的关怀是段廷珪的终身理念，回乡之后，继续为资兴乡民做出了突出的贡献。

2. 修桥立碑

鉴于家乡蓼江市的横板桥错综逼仄，极不便利于手提肩挑的乡民，段廷珪带头捐资数百元，号召民众出资，重修横桥。该倡议得到积极响应，乡民组织桥会加以维护并立碑于街口，垂示后人。在国民政府褒扬的事迹中，段廷珪被赞为"平时救济贫苦及其他公益事业不胜枚举。"其夫人黄家淑亦是如此，被褒扬为"勤苦耐劳，安贫守道，凡有义举，靡不热心"②。

3. 捐资修建图书馆

据《中华图协会会报》第十一卷第六期所载，段廷珪担任省督学期间，借视察郴州地区学务之机，还曾返回资兴县，促使地方教育界人士李文郁等为家乡人民设立一所图书馆，并将自己历年所购的图书，价约数百金，赠送给图书馆，以供当地人民阅览。③

---

① 《京师妇孺救济会函》，《益世报》（北京），1920年7月13日第3版；《政争中之救济实业》，《新华日报》，1920年7月17日第3版（该报误认段廷珪为段碧江女士）；《妇孺救济会业已成立》，《民意日报》，1920年7月19日第3版。参见中国历史文献总库·近代报纸数据库（http://bz.nlcpress.com/）。

② 《褒扬段廷珪、段黄家淑》，1946年，台湾"国史馆"藏，典藏号：014-090501-1164。

③ 《湘资兴四区设图书馆》，《中华图协会会报》，1936年第11卷第6期，第41—42页。

以上为段廷珪在教育活动之外的主要社会活动。或许在段廷珪的一生中，还有其他很值得书写的社会活动，但是苦于材料的遗失与湮没，已然无从构建。不过需要指明的是，教育活动仍是段廷珪之于我们最大的贡献，他也留下了宝贵的教育理念。以下几章将论述他的教育思想与教育活动。

第三章
求学经历

　　在讨论段廷珪的教育思想与教育活动之前，有必要交代他在从事教育活动之前的求学经历。换言之，段廷珪之所以成长为一名教育家，也是有其自身成长历程的，而这份经历是其早年生平中非常重要的一环，刚好牵涉到晚清科举变学堂这一关键主题。段廷珪是晚清第一批新式学堂——京师大学堂师范馆——的学生，也是中国倒数第二批参加科举考试的士子。肄业京师大学堂师范让他取得了功名，也使得他以后进入了教育行政系统，改变了整个人生轨迹。故而这个经历不可谓不重要。但是，作为乡试失利的学子，他是怎样进入京师大学堂师范馆的？其中又有怎样的背景？这是本章首要关注的问题。本章第二、三节将梳理他在书院求学以及师范馆的学习生活经历，这些学习生活经历奠定了他以后部分思想的根基。

一、咨送进入京师大学堂之背景

关于段廷珪的早年生平，资料甚少。①据族谱、地方志的材料所见，只知其家中甚贫寒，祖上几代无人读书，其父以染布为生，为段廷珪供读不易。而他也展现了读书人的根底，奋发图强，致仕用功，至少在29岁之前已经成为秀才，这对一个没有家学渊源的贫寒学生而言，已属难能可贵。有清一代，童生考取生员的比率在1.5%上下，相当于100人中录取15人左右。②现存的最直接的材料是1902年底1903年初他进入京师大学堂师范馆之后对其登记在册的信息：

> 师范旧班第二类湖南省学生：段廷珪，字碧江，行一，年一十九岁，湖南郴州兴宁县，民籍附生，师范馆第二类分科习英文，前肆业岳麓城南两书院，曾祖玉府，祖克绪，父亮臣。③

资兴古称兴宁，在此段材料中，段廷珪年龄信息还有讹误，此时段廷珪应是虚岁29而非19，"一"当为"二"之误。他是家中长子，依然考中

---

① 从他退休回乡的时刻起，关于其生平经历的情况，就是一笔糊涂账，他自己也没写下传记或者回忆录，其亲族的回忆也是互相抵牾，不符史实之处甚多。在《庸盦游草》中，他留下些微线索："余家世居资兴北乡桃源关，桃源洞水绕山环，聚族而居，田亩鸡犬不减桃花源，少时曾以桃源旧隐自号，惜未能与世隔绝。"段廷珪：《庸盦游草》，页二三正。

② 参见张仲礼：《中国绅士：关于其在十九世纪中国社会中的作用的研究》，上海：上海社会科学院出版社，1991年，第75—90页。

③ 《京师大学堂题名录》，载房兆楹辑：《清末民初洋学学生题名录初辑》，台北："中央研究院"近代史研究所，1962年，第109页。当时师范旧班，也就是京师大学堂第一届学生，湖南有9人，分三类。

秀才，成为附生。在清代，附生已经是指初入官学的学生，此前在名满天下的岳麓书院和享誉湘省的城南书院读书，而没有就近选择郴侯书院，亦可代表其决心。1902年（壬寅年）参加补行庚子辛丑恩科的乡试，很不幸，名落孙山。①根据谭绍黄的回忆，当时的巡抚俞廉三选送当年秋闱失利但是成绩较优的一部分人进入京师大学堂师范馆，段廷珪通过了其中的资格考试，于是他有了京师大学堂的学籍信息。②学堂初设，人才培养，兹事体大，此事还被各大报纸争先报道，全国人民都在关注。这是反映其早年生平的唯一一份原始档案材料，非常重要。

就常理而言，在科举未废的情况下，士子秋闱失利，应该会选择再等三年继续期待高中的机会，毕竟功名之取得关系甚大，是晋身之标志；更何况1903—1904的癸卯甲辰新科就在一年之后，且在省城读书他应该也能继续养家，勿用太过担忧（关于生活成本问题详后），为何他还选择参加咨送考试而去京师大学堂？这恐怕与当时学制变革的大背景相关。

鉴于内忧外患的情况，清政府在1901年也就是光绪二十七年宣布实行"新政"，并于当年的八月初二日（9月14日）颁发"兴学诏书"：

> 除京师已设大学堂，应切实整顿外，着各省所有书院，于省城均改设大学堂，各府及直隶州均改设中学堂各州县均改设小学堂，并多

---

① 本来庚子年1900年，按例应是乡试之年，但该年发生庚子之变，一直到1902年才有补科乡试。清代科举三年一考，历代相沿，自顺治二年清廷依明制定以子、午、卯、酉年秋八月举行乡试，丑、未、辰、戌年春二月举行会试。在正常固定时间举行的称为正科。另外有加科、恩科都属于正科之外临时奉旨加开之科。皇帝登基、生日等因加开之科称为恩科。停科因政治原因暂停开科取士，谓之停科。

② 谭绍黄：《清末湖南的师范教育》，载中国人民政治协商会议湖南省委员会文史资料研究委员会编：《湖南文史资料选辑》第20辑，长沙：湖南人民出版社，1986年，第20页。

设蒙养学堂。①

中央政府率先放出信号，立即命管学大臣张百熙重整京师大学堂，制定章程，以为各地效仿。但考虑到大学堂初办，没有合格的生源，所以先办速成教育，开设师范与仕学两速成科："凡京员五品以上，皆准应考，入仕学馆。举贡生监等皆准应考，入师范馆。"②这两科的学生以后也成为京师大学堂的首批学生。仕学官为已取得功名的学子而设，相当于入国子监。

但师范馆情形又不一样，尚属预备力量，又是初设，根本没有根基，且兴学之本在于教师，为了增加吸引力，只能采取奖励措施：

> 师范馆三年卒业学有成效者，由管学大臣考验后，择其优异，定为额数，带领引见。如原系生员者准作贡生，原系贡生者准作举人，原系举人者准作进士，均候旨定夺。准作进士者，给予准为中学堂教习文凭；准作举贡者，给予准为小学堂教习文凭。③

而在1902年8月15日（光绪二十八年七月十二日）颁布的《钦定学堂章程》中，又将师范馆学习年限延长了一年，并进一步指出"师范出身

---

① （清）朱寿朋编：《光绪朝东华录第四册》，北京：中华书局，1958年，第4719页。诏书还强调，这些学堂的教法当以五经纲常为主，以历代史鉴及中外政治艺学为辅，务使心术纯正，文行交修，博通时务，讲求实学，庶几植基立本，成德达才。

② 张百熙：《奏为筹办大学堂大概情形折》，载北京大学、中国第一历史档案馆编：《京师大学堂档案选编》，北京：北京大学出版社，2001年，第104页。

③ 同上。

一项，系破格从优以资鼓励"①。《钦定学堂章程》发布的时间节点，就是在各省乡试之前，无异于在广大士子中间抛出一枚意在改革的重磅炸弹。很自然地也吸引到了学生。段廷珪的同学，后来的著名化学家、教育家、师范馆第一届学生俞同奎（1876—1962）的例子就颇值得玩味：

> 我是京师大学堂师范馆头班生。庚子第二年年底，光绪帝及慈禧太后由西安回来，因被黄发蓝眼睛的人吓怕了，所以赶紧恢复戊戌旧京师大学堂，替维新面目擦点脂粉，十一月回銮，十二月就任命张百熙京师大学堂管学大臣，筹备开学。我那时在苏州，听到这个消息，第二年春天海河开冻后，马上由海道赶来北平。那里知道内部虽在筹备，外面却没有招考消息。只好在东城某旗人家，暂作猢狲王，苦守好几个月，直到十月底，方有机会打进天宫，搬住那时所叫的公主府。②

俞同奎的回忆当然有些粗略，仿佛他早已获得内幕消息，但京师大学堂的开设确实也为学子提供了乡试会试之外其他可供选择的途径，为此，他甚至愿意苦等半年，寄居他人屋檐。好在他如愿在十月底通过了师范馆的考试，成为1902年底最先入学的一批学生之一。当时京师大学堂有三种选送途径：考试、咨送和译学馆选送。招生考试政策也和清廷颁布的《钦定学堂章程》一同出台，学子们定会获得此类信息招考信息。

不过，绝不能视广大学子积极入大学堂师范馆为理所当然。清廷在此

---

① 《钦定京师大学堂章程（节录）》，载璩鑫圭、童富勇、张守智编：《中国近代教育史资料汇编·实业教育师范教育》，上海：上海教育出版社，1994年，第563页。这个钦定学堂章程虽只是笼统地规定了师范毕业生的出身奖励和就业定位，还没有涉及师范毕业生的服务义务和年限，但它毕竟将师范教育列入议事日程。

② 俞同奎：《四十六年前我考进母校的经验》，载胡适编：《北大五十周年纪念会特刊》，北京：国立北京大学出版部，1948年，第11页。

时并未明确学堂是未来的发展方向，现在有研究表明，兴办学堂只是部分分量极重的改革大臣的要求，即便是1903年初还在积极筹备慈禧七十寿辰的癸卯甲辰恩科，以致张之洞、袁世凯都指出，科举不废，则人人有侥幸观望之心，无人肯上新式学堂。[①]而且各地大员在兴办学堂之时，很可能也只为完成政治指标，未必真心实意推动。学子在这种情况下，未必能做出符合潮流的选择。

虽然京师大学堂师范馆的招考对学子来说，又多了一条出路，但人之心理，向来不是能够立即倾向于接受新事物的。更何况对当时失利的学子来说，去京师大学堂这条路的前途未明，奖励政策还未出台。这只能算是黑暗中的微光，远不及科考中第之后的荣光。段廷珪的另一同学，后来成为北京四中奠基人的王道元（字画初），他的回忆将当时士子在面对新学堂的复杂心理说得很清楚：

> 在那个时代，科举虽近尾声，但尚未停废。而人情积重亦未尝尽忘科举，故虽身列，仍赶乡会试中式的，实大有其人，直到甲辰年，即光绪三十年，始废止科举。所以在当时如师范、译学、诸馆，规定毕业出身，为奖给举人，最优等为内阁中书，优等为中书科中书，中等为七品小京官，分部试用，此亦当时迎合一般士子心理，及制度蜕嬗之迹象也。[②]

可见，即便有出身奖励的情况下，也未必能让大多数学子安心在京师大学堂求学，很多人入学之后仍参加癸卯年的科举。王道元的回忆就颇值得玩味：

---

① 参见周振鹤：《官绅新一轮默契的成立——论清末的废科举兴学堂的社会文化背景》，《复旦学报》（社会科学版），1998年第4期，第53—54页。

② 王画初（王道元）：《记优级师范馆》，载胡适编：《北京大学五十周年特刊》，第8页。

在临近毕业时，有少数同学看穿了奖励是一场空幻，预谋出路，报销主事。我原系癸卯末科中过举人的，遂签分到吏部，孙昌短分入外交部，实际等于放弃了奖励。[1]

虽然很多人冲着出身奖励求学，但是未必能够全然兑现。在新制度给的美好画卷之前，时人定会比我们这些后来人所看到的要掂量得清楚。在这种政策摇摆不定的情况下，段廷珪不必闻风而动，立即参加京师大学堂的咨送考试。但是他却这样做了。这可能与当时湖南巡抚俞廉三正在如火如荼推行学堂新政有关。

地方政府面对兴学的谕诏，未必有那么热心，主政地方的大员，更清楚在地方兴办新式学堂的实际困难。但是在政府强令之下，各地纷纷开启改书院兴学堂的项目。此事牵涉甚大，一时间议论纷纷。仅以湖南而论，当时官绅的争论尤为激烈。现在的研究表明，湖南的书院改革是在革新与保守两种势力的冲突斗争中艰难前进的，步履维艰，困难重重。[2]当时的巡抚俞廉三，此前是湖南布政使，戊戌政变后升任巡抚，思想偏保守，即便是这样以为深受清廷提拔信任的地方大员，也是在接旨观望半年后才决心推动新政的。1902年3月，也就是兴学诏书发布半年之后，他已经在配合新政，将名气不及岳麓和城南的求实书院（此前的时务学堂）改为省城

---

① 王道元：《早期的北京师范大学——京师大学堂师范馆》，载中国人民政治协商会议全国委员会文史资料研究委员会编：《文化史料丛刊》第4辑，北京：文史资料出版社，1983年，第129页。同样的情况还有后来成为胡适同学的秉志，湖南人马象庸，他们都是癸卯科举人，都是已入学之后再参加科举的。

② 参见周秋光、莫志斌主编：《湖南教育史》（第二卷），长沙：岳麓书社，2008年，第234—239页。谢丰：《清末新政时期湖南官绅对书院改制政策的不同思考——以俞廉三、王先谦、赵尔巽的教育改革活动为例》，《湖南大学学报》（社会科学版），2006年第20卷第6期，第49—53页。

大学堂，开拓斋舍，增购图书，额定120名，按普通学堂分门设课，兼课中西。①但兴学堂需要师资，"惟学堂命脉所在，全在师范得人，向来帖括校士，但取评阅文艺。兹改为学堂，自期一洗从前锢习，力求实际"②。为解决师资问题，他决定采取多项措施培养教员：或派遣人员留学日本，在学习速成师范之后回省办理师范馆（曹典球即为师范馆第一届学生），或挑选乡试未中者送入京师大学堂及师范馆学习，或选拔贡生留学日本学习师范及理、法、工、农各专门，归备中小学堂及实业各学教习之用。③

　　这就是段廷珪被咨送进入京师学堂前的大背景。当时湘省主政长官意欲推动新学，已经在办新学堂，即便官绅未必与他完全一致，掣肘的情况有所发生，民间反对声音更是不少，但主政之人的政策导向所刮起的形势之风，有心人自会敏锐地捕捉到。尤其是俞廉三在自己批准开办的《湖南官报》中还大力报道兴学的内容，包括刊登兴学谕旨、兴学告示、办学情形，办学成绩等，这无疑就是政治上的风向标。段廷珪应该也会受这个官方新动态的影响，也颇有预见性地看到，兴学将会是个大工程，前景广阔，因此即便是来年就有癸卯甲辰科的情况下，他也选择经咨送进京师大学堂而获得举人身份。④以后视之明言之，段廷珪的选择是实际的，而且很有眼光。

---

① 俞廉三：《改书院为学堂并派人出洋留学折》，载中国历史第一档案馆编：《光绪朝朱批奏折》（第105辑），北京：中华书局，1996年，第480—483页。

② 俞廉三：《改书院为学堂并派人出洋留学折》，《湖南遵设师范馆折》，载中国历史第一档案馆编：《光绪朝朱批奏折》（第105辑），北京：中华书局，1996年，第480—483页。《湖南抚院俞遵旨改设学堂折》，《湖南官报》第12号。

③ 《留任湖南巡抚俞廉三折》，载中国历史第一档案馆编：《光绪朝朱批奏折》（第105辑），北京：中华书局，1996年，第592—595页。梁启超发表在《时务报》上的《变法通议》之"论师范"一节中，也早就强调，欲革旧习，兴智学，必须立师范学堂为第一义。《时务报》恰好是王先谦为岳麓书院订购过的。

④ 咨送入京师大学堂，相当于向国子监推荐生员，尽管后期只要赞助不菲的银款就能获得资格，但是优秀者才能有此待遇。

二、城南书院与岳麓书院的求学生涯

无论是段氏亲属还是《资兴市志》都声称，段廷珪1898年就进入京师大学堂学习，这可能是乡人认段氏为京师大学堂第一届学生为荣而刻意抬高的说法。不过段廷珪是京师大学堂师范馆的学生，相当于我们现在所谓的公费师范生，而师范馆是京师大学堂最早开学的。从这个角度，正是第一届学生。这一届学生1902年末开学，1907年正月通过考核而毕业。

想要厘清段廷珪的求学经历，还应注意到，他曾在长沙岳麓城南两个通省书院肄业读书。他是何时去的？他在长沙的求学经历是怎样的？又对青年时期的他产生了怎样的影响？这些经历已经没有直接的原始材料可以参考，甚为可惜。但是没有直接材料并不代表这一段求学经历属于完全空白的状态。我们可以依据岳麓城南两书院的材料，对段廷珪这段有趣的读书经历做一番推测。

一般来说，后人关于某事的回忆虽然未见得准确，却也未必空穴来风。鉴于1898年进士科考后就进入新一轮的庚子辛丑科考期，我们似乎有理由判断，段廷珪1898年离乡去的是长沙的书院肄业读书备考，而非北京。族人不辨而误，以为段廷珪直接去了北京。而计划赶不上变化，庚子年因重大变故，当年科考取消，故而段廷珪在长沙停留时间颇长，便有在岳麓城南两个通省书院读书的经历。

岳麓书院与城南书院（现天心区妙高峰上）隔江相望，双峰并峙，是湖南当时最负盛名的两个书院，都是千年学府。城南书院后来还被改成中路师范学堂，成为大名鼎鼎的湖南一师——恰好段廷珪也有师范学堂之缘，1912年他担任湖南三师的首任校长，该校前身就是南路师范学堂，与中路师范学堂一同创办。

我们无法确定段廷珪到底是先入学城南书院还是岳麓书院的。不过按照一般情况，应该是先在城南书院尔后进入岳麓书院。因为岳麓书院比城南书院质量更佳，名气更大。城南书院还面向现在的长沙地区招收童生（事实上道光以前，城南书院就是以培养童生为主），岳麓书院则只招收生员，而且生员的待遇更好，生员名额也历来比城南书院要多。因此，历来的传统，就是"城南书院生员中有佳者，送入岳麓书院"①。这虽然是城南书院改为通省书院之前的旧制，但是城南书院地位始终是低一点的，即便改为通省书院，短期内也没有办法超越。

故段廷珪似乎也会像李肖聃（1881—1953）一样，先在城南书院肄业（1898—1900），后来进入岳麓书院读书。不过李肖聃1902年未中举，未被咨送进京师大学堂，也未被送往日本学习速成师范，而是留在了书院，1903年最后一次科考失利之后与杨昌济同去日本留学。段廷珪与李肖聃极有可能是同学，但是李肖聃后来名气显然要比段廷珪大得多，这是后话。

若段廷珪是1898年之后进入省城两书院读书，那他的学友或者前辈学友当中就还有诸多后来影响中国近代史走向的人物，黄兴（1874—1916）、宋教仁（1882—1913）、范源廉（1875—1927）、杨昌济（1871—1920）、程潜（1882—1968）；也或许有一些地方知名人物，樊锥（1872—1906）、杨毓麟（1872—1911）、文斐（1872—1943）、曹孟其（1883—1949）、皮宗石（1887—1967）、曹典球（1877—1960）。尤其程潜和他亦都有城南书院与岳麓书院的经历（按照口述，1953年段廷珪被请去湖南省

---

① 梁洋：《清代城南书院研究》，湖南大学硕士学位论文，2008年，第20页。城南书院的生徒，按是否取得功名可分为生员与童生。生员、童生又分为住院生（正课生）、不住院生（附课生）。在享受膏火（灯火费，代指求学的费用）的学生中，生员的膏火比童生高。而享受膏火的等级与生徒入学录取时的名次有关，更与入学后的各次课试成绩有关。

文史馆，来自程潜的亲笔信，显然二人是老相识，或许友谊就是从青年时代的读书生涯开始，20纪世30年代之后又或许在一起共事）。

而透过时人对书院生活的回忆，我们也可以粗略了解当时书院求学生涯的情形，以及段廷珪可能的生活状态。

（一）入学、考核与生活

岳麓书院的生员，大概每年二月初入岳麓书院，照他同时代人之体验，入院时先由山长带领谒圣、拜师，礼仪极重，之后每有巡抚出的甄别考试，称为官课，考试成绩分为三等：正课、副课、额外。列额外者，不能领每月之膏火银（膏火银人日升米，煤钱六文，菜钱六文）。列前两等者，不仅有月例，如果学政的官课中成绩优秀者，还有其他奖励（分超、特、壹三等）。巡抚春初开课后，各大资助户藩台、桌台、粮道、监道、学政、长沙知县等也会各开课一次，之后秋末冬初的时候再由巡抚收课一次。其后诸生便可归家，回家过年享受假期与亲人团聚，此后乃闭斋门，打算留学者亦可申请。

院中分斋而居，各司其职。山长之下有监院，长沙县学官充之（由出钱单位盐巡道委派）。又有斋长二人，由肄业生担任，自我管理。诸生员居住的宿舍以斋冠名，每个斋内有房20间，每间住两人。半个月不来的话，则视为自动退宿，由其他人入住。因书院名声在外，有不少外省人前来求学。王啸苏记录到，直到清末仍可看到"川滇黔桂赣鄂之人居于院内，久而不归"[①]。

除了官方的考核之外，山长每月定期馆课一次，称为师课，成绩列

---

① 参见朱汉民、邓洪波：《岳麓书院史》，长沙：湖南大学出版社，2017年，第528页，注释3，王啸苏未刊手稿《岳麓书院一千年·清季书院状况数略》（藏湖南省博物馆）。

前者，均有奖励，但奖励甚微，或发学米，由官方供给。①山门内可容三四百人左右，满员的话，其他生员则需要旁居道乡祠、屈子祠。②对于生员来说，奖金最多的是学政的例行课考。根据结果，奖励分超特壹三等。所得月例，能够养家。住在斋内的，每日亦享受待遇。"院生及贫士能文者，岁得膏火，可以赡家"，"人日升米，煤钱六文，菜钱六文"。岳麓城南求忠三书院的官课，每年皆可轮流参加，只要中了就会有待遇。李肖聃言其"试三书院课，连不得奖，做八股文，仅取一次。题为南方之强……榜发，列超等第一，奖金十二元。同时岳麓官课三卷，皆列正取"，得享待遇。③

可见，在书院求学的待遇算是不错，吃住基本由官方供给，奖励也较为优渥。即使对贫寒学子也较有保障。段廷珪在20世纪20年代回顾教育制度时，还不忘其好，并拿当时"纯粹商品化的教育"做对比：

> 师生之间，除了物质交易关系外，无所谓道义，反不如旧时书院制，私塾制，有子弟受教育者，对于教师除了物资方面的束脩外，精神上亦敬礼有加。近来更演成阶级的流毒，师生间或不免成为仇雠。往昔书院义塾，于不收学费外，并有膏伙与奖金，贫而有才者，即使家无担石，亦可借其才能获得膏伙与奖金，用能自给。现制中等学校，非中产阶级之子女无力入学，高等教育，则更非较大的资产阶级不能问津。④

---

① 李肖聃：《星庐笔记》，载李肖聃：《李肖聃集》，长沙：岳麓书社，2008年，第567页。李肖聃1898年考中秀才，在城南书院肄业两年。

② 雷恺：《清末湖南三书院》，载中国人民政治协商会议湖南省委员会文史资料研究委员会编：《湖南文史资料选辑》第20辑，第1—3页。

③ 李肖聃：《星庐笔记》，载李肖聃：《李肖聃集》，第567—568页。

④ 段廷珪：《教育改进与三民主义教育》，长沙：湘益公司，1932年，第25页。

不过待遇较为优渥也容易滋生弊病。而这个弊病就是诸多生员居院应课，只为谋求膏火奖励，养家糊口，此类情况不少甚至成为常态。既只为糊口谋生，则考试也容易互相抄袭，试卷雷同，吴树梅在担任学政期间的一次官课中，就发现，有22份试卷雷同。生员的自甘堕落，让他大为诧异，乃至于震怒："此等恶习相沿，希甚微之膏奖，开无穷之停心，视严诫若罔闻，为士林之大耻，所关至巨"，他要求书院监院"务宜随时训伤，力挽颓风"。①可见，制度虽然能保障读书人无后顾之忧，但牵扯上利禄，也总会有变质的情况。

段廷珪家贫但刻苦，很有可能也是依靠此些膏火奖励得以在长沙生活，甚或养家糊口。他在郴州通过县试、府试、院试（院试由提督学政主持，每三年举行两次）三级的童试之后，成为附生，也就是秀才，正式取得入官学的资格。附生的资格取得亦不易，各府州有名额限制，郴州当时只有20个名额，这意味着段廷珪也是郴州各县学子中的佼佼者；童试考八股文与诗赋，需熟读四书五经与熟悉格律诗的韵律。成为附生之后，段廷珪还需要定期参加提督学政的岁试，按成绩优劣，享受不同的待遇（廪生是最高等级，段廷珪未成为廪生），岁试之外还有科试，列第一、二等及第三等前十名者，才允许参加乡试，称为录科。而段廷珪此时已去长沙，入书院读书，凭借自身能力，很有可能，在书院中的官课考核排在前列，不仅得享城南书院的膏火待遇（膏火为生活补助；除了书院定额的膏火与膳食之外，书院一般还给以成绩优秀者以奖赏），还通过岳麓书院的官课考试，得享更优渥的待遇（当时岳麓城南求忠三书院允许通试），居院读书而能自立养活。

---

① 吴树梅：《岳麓城南求忠三书院示》，载湖湘文库出版委员会编：《城南书院志略、校经书院志略》，长沙：岳麓书社，2012年，第135—136页；吴树梅：《行三书院监院扣除雷同各卷札》，载湖湘文库出版委员会：《城南书院志略、校经书院志略》，第137页.

但是真正的决定命运的考试——乡试（省南闱，大考）——竞争压力很大，三年一次（有时有恩科），以湖南贡院考试为例，一般 4000 多人应考（九天时间内三场考试，每场三日，农历八月初八考试，第一次八股文占比最重，第二场经义，第三场对策与诗赋），只取前 60 名（举人 40 名，副榜 20 名。这是时人回忆的书籍，其实录取人数应该会到几百人，各省不等），不到百分之一的录取比例①，堪比千军万马过独木桥。一旦中举，就意味着晋升。范进中举的情形，我们往往都以笑料或批判的眼光视之，但其实只要设身处地，中举之后的喜悦、扬眉吐气应该是溢于言表的，尤其是对那些屡试不中之人而言，显然段廷珪没有赶上科考致仕的末班车，时代将他推向了新式学堂，并借此取得举人身份，乡邻引以为豪。

（二）课程设置

在书院的求学时，段廷珪所读所学到的内容，未必全是以往的经史修身伦理等旧学问，尤其经历了戊戌改制时务学堂带来的冲击之后，接触西学、讲授实学在传统的书院里也慢慢成形。岳麓书院城南书院皆如此。岳麓书院在王先谦 1896 年任山长之后，出现了仿西学改章的情况，教学内容、教学模式、教学体制，都出现了某种程度上的更新。他不仅订购可以广开眼界、议论精审的《时务报》（上海），供书院学生阅读供诸生阅读，强调实学实论，还颁布出台《岳麓书院月课改章手谕》：

---

① 丰伯翰：《前清贡院和省考内容》，载中国人民政治协商会议湖南省委员会文史资料研究委员会编：《湖南文史资料选辑》第 20 辑，第 5 页。这一比例与晚近的研究大致相符，在 1850 年之前，生员考中举人的比率与童生考上生员的比率相同，都在 1.5% 左右。参见 B. Elman，*A Cultural History of Civil Service Examinations in Late Imperil China*（Berkeley: University of California Press，2000），pp. 146—157。

兹拟定经、史、掌故、算、译各学，列为五门，以舆地并归史学（舆地本史志一端，至环球舆图，论测绘须先通算学，论翻译须先通译学，故毋庸分别）。经、史、掌故由院长自行督课，算学别立斋长，译学延请教习。一切购书和制器及岁需经费，已由抚部院俯允筹给。为此通谕诸生知悉。

嗣后制艺试帖，每月由官长课试外，其院长月课，改用经、史、掌故，照拿给奖（住院诸生有曾讲习算学者，预先报名，增入月课）。算、译两学，以三年为课程，规条列后……

一、改章伊始，分列诸门，书院多人，才质各异，未必皆能讲习。且时文试帖，功令不废，房、无庸尽出一途。住院诸生，或非愿学，听其自便。

一、算学额定五十名，译学额定四十名，均以三年为一班，查照校经堂学会之例，愿学者这赴监院报名。每名预缴订学钱二十串文，算译兼学者，缴钱四十串文，由半学斋交存官钱局，三年期满退还。于报名之日缴足，领取收条为据。

一、算、译两学，不拘资格，准令童生报名附学，惟不得兼应经、史、掌故三课，致分生监奖银。

一、算、译两学，愿学者先将三代籍贯、年岁开送监院投考，由院长面试，时文、诗论不拘，取准方能入学，文理不通者，毋庸投考。[①]

这就相当于对原有课程体系进行了调整：新增算学和译学，着力培养新学新人。原来的舆地被调整到史学门类，官课减少，而师课增多，新学的力度大大加强，也开始分斋授课。月课以五门为主，经、史、掌故、算、

① 王先谦：《岳麓书院记事录存》，载湖湘文库出版委员会编：《岳麓书院志》，长沙：岳麓书社，2011年，第722—724页。

译。前三门山长亲自督课；后两门，学制均为三年，算学别立斋长，招收50名，译学延请教习，招收40名，分别自愿报名，且为了吸引童生或者生员报名，特意放宽了条件，但是却不能占用原来生员的奖银。岳麓书院的变革也带动了城南书院，书院官课"以内政、外交、理财、经武、格致、考工六门命题"课士，而"馆课仍课《四书》文，兼课时务"。①

到了戊戌变法期间，时务学堂的设立又给传统的书院带来一定的变化，虽然这些变革未能维持多久，但也产生了一定的影响。戊戌变法失败之后，书院改革几乎戛然而止，书院的课考内容，又基本回到了以前的旧制，仍以八股取士，除在求实书院保留部分新学内容之外，其他如旧。但念新学的情况，既已出现，书院讲实学、求实务的情况会慢慢常态化，生员的思想慢慢发生变化。

我们还可以从湖南巡抚俞廉三在课试城南书院肄业生童时的命题中发现此种情况，城南书院的生徒已然开始慢慢地接触西方的轮船、铁路、电线等格致之学。比如以下这道生监题与童题：

生监题：范升愿与姑党坐云台下考试图国之道论；轮船、铁路、电线三者，中国仿行已久，而行机取电，仍不免借材泰西，其故何与？试说善后之策。

童题：汉代得人最推孝武论；人之生也直义。②

岳麓书院的情形，想来当与此相埒或超过之。

而事实上俞廉三所出的题目其实已经在紧跟形势了，重论和策，而轻四书五经的义。辛丑年（1901）清廷颁布改革科举办法，与准备兴学堂一道，对科举考试形式做出重大变革：翌年即壬寅年（1902）起，实行新的

① 《第四十八号抚宪批示》，《湘报》第48号，光绪二十四年闰三月初十日出版。
② 《甄别纪题》，《湖南官报》第302号。

考试内容，乡、会试首场改试中国政治史事论五篇，第二场试各国政治艺学策五道，第三场《四书》义二篇、《五经》义一篇，其他考试例此。

以往第一场是考四书五经义，第二场试论，前两场最为重要，且需要用八股文写作；第三场才试策，只是作为点缀，当八股文无法决定胜出时才以策的高下作为取材的补充标准。现在策论的重要性提到四书五经之上，显示了取材标准的重大变化，务实、洋务的内容成为取士的重点。而1902年壬寅科的湖南乡试也马上遵照废八卦改试策论的宗旨，第一场的论便出了以下五道试题（当年的学监是光绪二十四年的状元夏同龢，此后也被派遣出国）：理财论、周礼六官与今六部同论、冯异愿国毋忘河北之难论、诸葛亮开诚心布公道论、唐太宗书督守之名于屏论，皆是看重实际才干、如何进行制度建设的论题，尤以第一题为甚；第二场试策，分别为：中西兵政策、议院利弊策、各国商战宜筹抵御策、欧美治河诸法可否采用策、中西算学异同策。从这些策题可看出，皆跟实学相关，且与西学大为关联，涉及军事、政治、商业、水利、数学等内容，非眼界宽广对西学深有了解者可做出好文章。第三场仍然讲四书五经的义，三题分别是君子博学于文约之以礼，保民而王莫之能御也，君子以辩上下定民志。[1]可惜的是，段廷珪因发挥不佳而名落孙山，极有可能对新学有接触，但仍不适应。

（三）接触新式书籍

不过除了开设新的课程之外，在岳麓城南两书院，段廷珪还有可能接触到大量的新式书籍。岳麓城南两书院在1898年之后已经开始大量购置新书。《湘报》曾陆续刊载了蒋德均、刘麒祥、熊希龄共同捐赠给岳麓书院的四百多本介绍西方制艺的包括数学、物理、化学、电学、军事、医学等方面

---

[1]《湖南闱墨：光绪补行庚子、辛丑恩正并科不分卷》，清光绪衡鉴堂刻本。该科宾玉瓒、郑业廷、胡子清分列前三名。

的新书。题名来看，主要有以下118种：

捐助岳麓书院书籍题名

《制火药法》一本。《航海简法》二本。

《化学鉴原续编》六本石印。《八省沿海全图》七十九张。

《地学浅释》八本。《缠离引蒙》二本。

《金石识别附表》六本。《器象显真连全图》三本。

《化学鉴原四本运规约指》一本。《四裔编年表》四本。

《各国交涉公法论十六本御风要术》二本。《恒星图表》一本。

《铁路记要（此册存堂）》一本。《克虏伯炮说（附表操法）》二本。

《防海新论》六本。《开煤要法》二本。

《海道图说（附长江图）》十本。

《克虏伯炮药弹造法（附弹药造法）》三本。

《汽机发轫》四本。《汽机必以》六本。

《水师操练》三本。《化学分原》二本。

《轮船布阵》二本。《汽机新制》二本。

《交食引蒙》一本。《行军测绘》二本。

《攻守炮法》一本。《算式集要》二本。

《绘地法原》一本。《冶金录》二本。

《微积溯原》六本。《海塘辑要》二本。

《炮准心法》二本。《测地绘图》四本。

《谈天》四本。《声学》二本

《代数术》六本。《儒门医学》四本。

《三角数理》六本。《兵船炮法》三本。

《井矿工程》二本。《光学》二本。

《格致启蒙》四本。《西艺知新》六本。

《数学理》四本。《营城揭要》二本。

《爆药记要》一本。《营垒图说》一本。

《西艺知新续刻》八本。《电学》六本。

《测候丛谈》二本。《东方交涉记》二本。

《平圆地球图》一副。《水师章程》十六本。

《代数难题》六本。《化学补编》六本。

《电学纲目》一本。《陷阵管见》四本。

《列同岁计政要》六本。《行海要术》三本。

《电学镀金》一本。《内科理法》十二本。

《宝藏兴焉》十六本。《水师保身法》一本。

《化学考质》六本。《水富秘要》六本。

《银矿指南》一本。《格致小引》一本。

《英俄印度交涉书》一本。《电气度镀》一本。

《兵船汽机》八本。《化学求数》十四本。

《西药大成》十六本。《开地道轰药法》二本。

《艺器记珠》一本。《航海章程》一本。

《考工记要》八本。《炼铜要言》一本。

《行军铁路工程》一本。《保富述要》二本。

《铸钱工艺》二本。《炮乘新法》六本。

《船坞论略》一本。《东方时局论略》一本。

《西药表》一本。《汽机表》一本。

《化学表》一本。《英国水师考》二本。

《行船免冲章程》一本。《临阵伤科》四本。

《炼石编》二本。《美国水师考》一本。

《法国水师考》一本。《海军调度要育》二本。

《工程致富》八本。《营工要览》二本。

《前敌须知》五本。《炮法画谱》一本。

《窒方立遗书》一本。《九数外录》一本。

《子药准则》一本。《勾股六术》一本。

《附开方表》一本。《英国水师律例》二本。

《公法总论》一本。《对数表》四本。

《佐治药言》三本。《数理精蕴》三本。

《弦切对数表》一本。《八线简表》一本。

《铁甲丛谈》二本。《算学启蒙》二本。

《衍元要义》一本。《类症活人书》四本。

《算法统宗》四本。《畴人传》十二本。①

这些书目基本以介绍洋务为主，包括西方基本的科技与文化知识，如数学、化学、电学、医学等基础学科，还有当时国内急需的航海、兵船、火药、炮法等军事方面的书籍。无论如何，新书籍既已经购置，岂能又轻易移出？故1898年之后，只要是在长沙这两所书院求学的士子，必然或多或少地接触过这批书籍。

段廷珪很可能在城南书院岳麓书院都或多或少地接触过算学、译学、内政、外交、理财、格致、考工等新式教育。但很可惜，在这些内容上，段廷珪没有竞争过别人，其在壬寅年乡试的失败，联系他后来几乎皆用文言写作，似乎也显示出他在西学上未达人之先。被咨送去京师大学堂之后，

---

① 参见朱汉民、邓洪波：《岳麓书院史》，第505—507页。书籍名原见《湘报》第61号（1898年5月16日）、65号（1898年5月20日）、69号（1898年5月25日）、70号（1898年5月26日）。

还被分去了史地科。值得一提的是，京师大学堂的入学考试对新学有要求，除了传统的修身伦理、教育学、史学、地理学的学问后，还需要考试算学、比例开方、代数、物理学、化学以及浅近英文论、日本文论一篇，[1]各省的咨送考试，本就由"大学堂拟定格式"[2]，想必段廷珪也考了类似的一些科目，并且名次靠前。按照刘岚荪回忆，湖南"咨送京师大学堂者，须算学、物理、舆地，均能及格"[3]。可见段廷珪已有一定的新学根基，至少三门均已及格。当然，咨送除学问成绩之外，还有出身、年龄限制及相貌要求，段廷珪都已达标。

因此在岳麓书院和城南书院肄业的几年，段廷珪应该已经有新学基础，只是并非很系统，其所长可能仍在于应试。但通过接触经济、科技等知识，他应该广开了眼界，这为他以后的发展打下了基础，等他到了京师大学堂师范馆，还有更广阔的新学天地。

三、京师大学堂师范馆的就读经历

段廷是京师大学堂师范馆的首期毕业生，以现在的眼光观之，他是中国近代意义上的首批大学毕业生，段廷珪在师范馆待了4年。4年的时间虽然不算长，但对于段廷珪的成长，影响是非常大的。本节关注段廷珪在师范馆的求学、生活经历。

---

① 参见璩鑫圭、童富勇、张守智编：《中国近代教育史资料汇编·实业教育师范教育》，第566页。各门60以上算及格，不及格者不录，代数英文日本要求放宽，但需要录取后补习。

② 《钦定大学堂章程（节录）》1902年8月15日（光绪二十八年七月十二日），北京大学校史研究室：《北京大学史料（第一卷1898—1911）》，第564页。

③ 《适园杂忆　科场小志　壬寅乡闱落第者复行考选》，《大公报》（长沙），1929年9月9日。

（一）学习状况

1.课程与师资

京师大学堂师范馆是京师大学堂最早开学的。早期毕业人数最多，是京师大学堂的核心和基础。①师范馆由管学大臣张百熙在1902年2月上奏朝廷始为倡议，是年12月招考后即于17日开学授课。这是京师大学堂复设之后，最早的一批学生，这一批学生入学时间不一。段廷珪是由各省咨送进入师范馆的，入学时间稍晚，至少在1903年年初之后。此时已经开学。

在师范馆，他大概学到的课程有以下科目，伦理学、经学、中国历史、中国地理、算学、物理、教育（心理学）、西史、外国文（西文、东文）、体操以及卫生学等11门。暂时取消章程中规定的博物、化学、习字、作文、图画等课程，增加了卫生学课程，教育学课程的教授内容由教育宗旨改为心理学。②对于这些新旧学夹杂的课程，段廷珪大概不会觉得有多陌生，段廷珪旧学根底不错，新学也早就有所接触，但也谈不上在新学上有多大造诣。

新学课程均用译本教材，由三类教员分别讲授：中文教习讲授传统经学伦理、日本教习讲授新学，外国文由各国教习及中国教习讲授。中文肯定能听懂，但这些外教教授的课业，不知段廷珪接受起来是否有困难。师范馆的学生要学的一门主要课程是教育学，教育学教授的有教育宗旨、教

---

① 1904年京师大学堂师范馆改为优级师范科，此前的第一届学生被称为旧班师范生。1908年京师大学堂优级师范科改为优级师范学堂，迁往新的地址。

② 参见张洪萍，胡韬：《服部宇之吉与京师大学堂师范馆》，《贵州师范学院学报》，2014年第30卷第7期，第55页。京师大学堂师范馆章程中规定的课程有14门，分别为伦理、经学、教育学、习字、作文、算学、中外史学、中外舆地、博物、物理、化学、外国文、图画、体操。但经调整，实际开设的只有11门。

育之原理和学校管理法等。除了发给课本之外还有讲义，第一届师范生，毕业之前讲义的统计多达39种。①学堂授课时间，每周36个小时。成绩考察，分月考（平日分数）、期考、年考。期考年考分数与平日分数平均计算，确定分数，百分为满格，60分者为及格，其余为不及格。段廷珪没有不及格的情况。

按师范馆的学制，第一学年要学普通科，主要以各国语言为主，英德法俄文，皆要学习。他大概会碰到以下教西语的老师。

德文教习：唐德萱、汪昭晟、薛锡成。

英文教习：聂克逊、安特鲁斯、古吉尔、魏易、杨书雯、全森、曹宗巩、李应泌、黄鸣球。

俄文教习：魏雅廷。

德文教习：沈德来、凯贝尔。

法文教习：贾士霭、周传经、李家瑞。②

在语言科目中，日语为必修科目。段廷珪日语应该学得不错。此种语言技能也为他以后逢凶化吉提供了条件。1944年日军肆虐资兴，段廷珪为日本人所虏，敌酋念其有学识，并没有为难他，据他自己所述，当时诸多地方老人被日寇所俘时，往往受到折磨，而他却幸免于难。这可能是语言能够沟通带来的好处：

随至寇酋住处，获晤寇酋不下十余人。晤谈尚属款洽，款待较优。

---

① 《大学堂送师范旧班讲义请学部甄择文》，北京大学校史研究室：《北京大学史料（第一卷1898—1911）》，第264页。

② 《教习执事题名录》（光绪二十九年至三十二年），北京大学校史研究室：《北京大学史料（第一卷1898—1911）》，第329—330页。

相与约二小时至三小时，请求回转，欣然首肯。①

几十年之后，段廷珪还能用日语与十几位日本军官对话，相谈两三个小时，足可见其日语有一定的功底。

这可能与师范馆内有为数比较庞大的日本教员有关。粗略统计，有如下14名日本教员：服部宇之吉（正教习）、严古孙藏、杉荣三郎（皆是光绪二十八年受聘进入京师大学堂的）、桑野久任（动物生物）、失部吉祯（植物矿物）、氏家谦曹（物理算学）、坂本建一（历史）、高桥勇（图画）、法贵庆次郎（伦理教育学教员）、西村熊二（化学）、太田达人（物理算学教习）、森冈柳藏（图书标本处助手）、土田兔司进（制造标本处助手）、铃木信太郎（东文教习）。

除了这些日本教员外，还有以下东文教习：

王宰善、胡宗瀛、吕列辉、江绍铨、卢绍鸿、周培炳、吴荣鬯、王守善。②

日本人服部宇之吉为师范馆出力甚多，以后被清廷嘉奖。服部宇之吉为东京帝国大学文科教授、文学博士，担任师范馆正教习，同时也担任万国史、教育学与心理学的教习。范源廉是他的翻译助教（当时称之为东文分教习），译述他的讲义。后来范源廉曾说过：

服部博士对于中国师范教育，可以说是很有关系的，十八年前北

---

① 段廷珪：《资兴西北区被日寇沦陷始末记》，载资兴市史志办公室、资兴市档案局、资兴市地方文史研究会编：《资兴抗战纪实——纪念中国人民抗日战争暨世界反法西斯战争胜利七十周年》，第11页。

② 《教习执事题名录》（光绪二十九年至三十二年），北京大学校史研究室：《北京大学史料（第一卷1898—1911）》，第329—330页。

京大学内设的"师范馆"教育学一科就是服部博士教授，当时我从日本回国，为服部先生译述讲义，教中国学生，相处有半年之久，现时忆起当时情形，恍如昨日一样。将来如有作中国教育史，叙述师范教育之起源，第一页就应当从服部博士所曾尽力之事业说起。①

他高度评价了服部宇之吉对师范馆建设所做出的贡献。我们现在所称的"母校"一词就是服部向师范馆第一期的毕业生讲的。此外在第一年段廷珪还需要学习经学大义、国文等。

第二学年直到第四年毕业，师范馆开始实行分科学习，分为四个门类：第一类以中国文学外国言语为主（学生可选修英法德任何一种外国语）；第二类以历史中外地理为主；第三类以物理数学化学为主，主要为我们所统称的理科；第四类以植物、动物、矿物、生理学等自然科学的科目为主。此举，方便学生根据性之所近，依兴趣爱好而任择一类进行学习。段廷珪选了比较传统的史地科，是第二类学生，主要学习中外历史和地理。他所学的课程表主要包括：

　　国文、经学、伦理、教育、心理、体操、教育法令、英文、法制、人

---

① 《本校欢宴日本服部博士纪事·范校长发表关于日本对华文化事业意见》，载《北京高师教育丛刊》，1924年第5卷第2期，第1页。范源廉的演讲时间为1924年，18年前为1906年，此乃其忆之误。范源廉担任助教是在1903年之初。时间可能如他所忆，只有半年之短。关于服部宇之吉在师范馆的地位，史学教习陈黻宸在1903年4月的一封家书中记载："昨与日本教习大争，而中国官场人均袒日人，我大怒，厉色争辩，几至闹到公使馆。后以同事调和而止……日人名服部宇之吉，权力甚大，全学堂事务均在他掌握，监督、提调但画诺耳！自我与之争，各学生见之无不壮气，但同事必不喜，未免相形见绌耳。"见陈德溥编：《陈黻宸集》（下册），北京：中华书局，1995年，第1067页。

伦道德、生物、外国地理、中国地理、世界史、亚洲史、中国史、地理。[①]

那么定然还会碰到以下老师：

经学：饶檀龄（湖南人）、孙文昺（湖南人）。

国文教习：郭立山（湖南人）、林传甲、杨绍楷（湖南人）。

测绘教习：邹代锋（湖南人）。

政法教习：陆世芬。

舆地教习：谭绍裳（湖南人）。

兵学教习：张孝准。

体操教习：樊得宽、丁启盛。

史学教习：冯巽占、李稷勋。

历史教习：陈黼宸、汪镐基。[②]

从历史教习陈黼宸留下的京师大学堂中国史讲义来看，有"海内师表"之称的陈黼宸，至少为段廷珪等学子讲授过读史方法、政治与社会原理（这两项都受当时新学的影响）、先秦时代孔子之学与老墨之学。[③]这些教员几乎都是当时的名流，其中湖南人更是不少。师范馆当时师资优渥，还有王舟瑶（中国通史）、屠寄（史学）、邹代钧（地理）、杨道霖（掌故）等知名学者。

郑丽芬女士整理了同为师范馆第二类学生伦明所上的各学年课程表以

---

① 《速成师范馆学科》，载朱有瓛编：《中国近代学制史料》（第二辑上册），第930—931页。

② 《教习执事题名录》（光绪二十九年至三十二年），北京大学校史研究室：《北京大学史料（第一卷1898—1911）》，第329—330页。此份名单似乎并不齐全。按照各当时人的回忆，至少还有袁励准、胡宗瀛、辜汤生、汤寿潜、梅光羲等知名学者。

③ 参见陈德溥编：《陈黼宸集》（下册），第675—713页。

及所任教师，可引述如下：林纾、法贵庆次郎教授人伦道德、伦理学；饶槙龄讲授经学；钱葆青教授中国文学及国文；服部宇之吉教授生理学以及东语；东文教员程家柽兼授生物学；法贵庆次郎教授教育学；王鸿年、陆世芬分别教授法制与理财；台树仁教授体操；而地理一科，谭绍裳讲授中国地理；坂本健一教授世界地理；历史一科同样分为中国历史和外国历史，李稷勋教中国史；坂本健一教世界史。[①]伦明本系举人出身，广东人，后来成为著名的藏书家，可谓段廷珪分专业之后的同班同学，这些教师也肯定教过段廷珪。毕业时段廷珪与伦明同列为一等，但是段廷珪名次更靠前。

在京师大学堂师范馆的四年之内，段廷珪先后经历了张亨嘉、曹光权、李家驹、江瀚等四任师范馆总监督，校长变动频率较大。在入学当年，吴汝纶为总教习，副总教习为张鹤龄（湖南人）和蒋式瑆，以后张鹤龄接任总教习。

2.考试试题

为了解段廷珪所学之具体内容，以下引史地、教育、伦理诸科试题，以窥其一般：

中国地理学题：

问：中国沿海之地如旅顺、如威海、如胶州湾、如舟山、如大鹏峡、如香港，均极好屯泊之处，试略言其形势。

外国地理学题：

问：中国京师与英国伦敦其水程几何？并沿途所经要地，能指其名否？

---

① 郑丽芬：《藏书家伦明与京师大学堂师范馆关系史实考源》，《山东图书馆学刊》，2016年第2期，第44页。

问：欧美各国京师之名并商埠之最著者。

问：亚细亚洲中间多高平原，试明其所在及联亘之势。

问：亚细亚洲之水分四向而流。试明何方之水流为最长？何方之水流为最短。

问：亚细亚洲有向南伸入海之半岛，在南者为阿剌伯、为印度、为后印度（即缅甸、暹罗、安南及马来隔等地），在北者为冈札德加。试以欧罗巴洲地势比之，与亚洲各半岛相似者为何地？

问：英吉利、日本皆称地球雄国，而其国内均无长河大川，其故何也？

问：英吉利据仰光，法兰西据西贡及河内，均承云南之下游，将来仰光等处商业孰盛衰，务详其原因。

问：英吉利据地中海之马里他岛为海军重地，又西据直布罗陀，以扼大西洋之口，论者谓英吉利能得地中海全势，其说然乎？

问：昔年俄罗斯据海参威，英吉利即欲据巨文岛。其后俄人借租旅顺口，英人复借租威海卫，试明其地之关系。

问：俄人常借朝鲜之马山浦为屯兵地。日人辄力拒之。试明马山浦地势及两国用意所在。

问：俄人常欲修铁路入阿富汗与印度铁路接，又欲得波斯海湾为出海之口，英人均力阻之。试明其关系。

中国史学题：

问：读《周礼》者，每疑其设官之繁，赋敛之重，施于后世，万不可行。及考泰西各国设官赋敛之法，乃一一与周官相符合。行之中国，则滋扰乱，行之外国，乃极平治，其故何？

问：卫文公务财、训农、通商、惠工、敬教、勤学、授方任能。此数语足以包括今西人政治之本原欤?抑尚属支节也?试纵言之。

问：子产以区区之郑介居晋、楚之间，徒以口舌争存。能言其要领否?

问：韩非子以儒侠同讥，班孟坚诋《史记》，序《游侠》，则退处士而进奸雄。日本变法之初，颇得力于侠，然则侠亦不可废歟。试言其故。

问：汉武帝盛击匈奴，厚遇突厥御外之求，故各有不同欤。试略言其得失。

问：西汉君臣用黄老致治行之，今日则病国废事，流弊无穷。能申明其故欤?

问：孙之翰唐论，谓张巡之败由房琯、李光弼不当图史思明，其说当否?

问：宋之重兵聚于京师而国势弱，唐之劲兵擅于蕃镇而国势强。盖推论其利弊之所在。

问：宋之均输，汉之平准，其法同异若何?

问：买田省饷建议于叶水心，而贾道公田流毒至今。能言其异同、得失否?

问：朱子晚年论人才颇太息于幼安、陈同甫。假如朱子当国用幼安、同甫为将，能恢复中原否?

问：才略并称，而胡文忠论人尤重古今来有略者，何人为最?试举所知以对。

外国史学题：

问：泰西史家谓国之能造文明极轨者，必海线延长而江河灌输，其说于古则征之×［原文如此——本书作者注］希腊、罗马，于近则验之英吉利。然亚洲、南洋诸岛及高丽南掌诸滨海国以便交通振古泊，兹未为上国，岂前例非软？抑亦有他故也。

问：大比得飞华盛顿、维廉第一功德孰？

问：欧洲名将三，其一曰亚历山大，其一曰罕尼伯勒，其一曰拿破仑。三者将略因时各有殊致而亦有所短长。能各疏其梗概否？

问：意大利建国三杰为谁？其所事之异同若何？

问：古者文物之国，治安日久则见因于塞野简质之民族，此不独泰东为然，希腊之于马基顿，罗马之于俄、日耳曼，其尤著也。自火器精而此事遂绝。能明其理耿？

问：回教兴于何地？始自何人？当中国何时，其教主开宗事迹见于中国古籍最详者何史？试约举之。

问：普鲁士之强由于胜法，其先尝用兵于附近之二国。能举其事略否？

问：波兰内政之腐败，未必过于土耳其，然波兰分而土耳其存者，其有故歇。

问：上古波斯、西腊交涉大略。

问：大秦国见中史乘肪方何出？为今欧洲何国？

问：普法战争本末大略。

问：美利坚建国本末大略。

教育学题：

孔子言上智下愚而不移，孟子乃曰人皆可以为尧舜，其旨异同。盖举其大义以对。

教育学以伦理学、心理学为根据，试阐其理。

伦理学题：

大学言治国之道，本于修身齐家。试论身家与国所以相关之故。

学校重智育，尤重德育，故议者为要开民智必先和民德。应用何法劝谕而联固以为国本而作人才。[①]

在这些试题中，无论是历史试题还是地理试题都与当时的国际大势密切相关，并非呆板古旧的试题。在外国地理题目方面，需要学生了解世界各国所处之位置、地势、地缘政治方面的内容。即便是中国史学题目，也是经世致用的题目多，多是历史上治国理政的题目及其与当今的关联。在外国史学题目上，段廷珪需要充分了解世界通史。这些试题覆盖的面很广，不仅有西方各国历史上变法图强的经历、主要历史人物的功绩及其比较，也有波斯、伊斯兰教方面的内容；覆盖的历史时段也较长，从古希腊古罗马一直考到了19世纪下半叶的普法战争。

师范生必然要学习教育学方面的知识，这些内容虽与伦理相关，但毕竟是新的学科门类。伦理学知识，应该是这些学生的强项。作为第二类学生，段廷珪必然考试过这些试题，但很遗憾的是，现在已经无从得知其作答情况了。段廷珪的一百多位同学中，国学基础都较为深厚，学习氛围也很不错。俞同奎晚年回忆当时师范馆的学习生活时，仍然对师范馆的学风感念不已：

同学中有根底者本来很多，再在各名教授熏陶底下，后来成名者亦有不少……回想当年在校读书乐趣，真使我至今神往。[②]

---

① 参见《师范馆各类考试题选》，载北京大学校史研究室：《北京大学史料（第一卷 1898—1911）》，第265—268页。

② 俞同奎：《四十六年前我考进母校的经验》，载胡适编：《北大五十周年纪念会特刊》，第11—15页。

而在授课过程中，至少中学各科教学多重视教学方法，普遍采用自由讨论的方式，产生了很好的效果。按照庄吉发的回忆，养成了师生间互相讲坐而论道的风气。

> 学生平日尤重写作札记，每日上课内容，课外阅读心得均须分经义、史事、政治、时务四类按日札记，自抒己见，不论篇幅长短，翌日上堂时须呈请分教习评阅，按月呈送提调转请总教习查阅。[①]

3.考试与毕业

除了上课之外，考试与成绩恐怕也是每一个学生最为关注的，师范馆的教学管理较为规范和严格，考试也同样如此。邹树文的回忆可以让我们了解当时考试大概的情况：

> 五个年头的功课，几乎样样都要考，都是从开宗明义第一章考起，到那门功课的结束为止。这比较现在学校所谓毕业考即是学期考试，其苦乐难易不可以道里计了。考的第一堂是国文，其中有一篇作文题，我还记得是"淡泊以明志论"。那天学部尚书荣庆到场监试，看了题目，无话可说，但是他听到我们上午除本场外，还有一场，下午还有两场，则为之称奇。在他的意思，还以为每天只有一场呢！一共考了七天，每天如此，等到考完，我们每个都瘦了不少。[②]

可见，每一次考试几乎都是一次挑战，每个人为准备考试都日渐消瘦。

---

① 庄吉发：《庄吉发记京师大学堂教材教法》，载朱有瓛：《中国近代学制史料》（第二辑上册），第944页。

② 邹树文：《北京大学最早的回忆》，载陈平厚、夏晓虹编：《北大旧事》，北京：生活·读书·新知三联书店，1998年，第9—10页。

考试既然要求严格，但恐怕更难的还是备考过程。段廷珪至少在校是非常努力的，没有出现单科不及格的现象，最后毕业的时候，考列为优等。这个成绩乃毕业考试分数与历次学期总平均分数平均计算得出最终结果。如此计算较为公平，这样就督促学生平时也要努力。为了考查学生平常上课的认真程度，了解老师讲课的效果，学部还检查学生的课堂笔记。当时师范馆还有官派留学生，也凭每次考试择优悬算。1903年选派了47位，但是段廷珪错过了，以后他还引以为恨，发出"一生未出国门之叹"。[①]

师范馆学生本来议定的是三年毕业，但1902年12月颁布的《钦定京师大学堂章程》规定为四年毕业。第一届学生的学习期限为1902年12月至1906年12月，在这四年期满之后，还需要参加毕业考试。1907年2月毕业考试如期举行，评出最优等18名、优等61名、中等21名、下等4名，共计104名，加上1907年5月因丁忧补考的3名学生，总共107名。段廷珪最后毕业的平均成绩，七十九分七厘二毫，名列优等靠前，[②]这也显示出其在京师大学堂应该也是较为努力的，至少没有拖后腿。

至于毕业去向问题，《优级师范学堂章程》早有规定。分类科毕业生，有效力本省及全国教育职事之义务，其义务年限暂定为六年，在六年中的前两年，无论被分配何种职位，都不应有怨言，不得规避。不过在1907年3月，学部又对师范生的奖励与义务章程又进行了相关的修订，义务年限暂定为五年。此五年中，经学部或本省督抚提学使司指派教育职事，不得规避。而且在义务年限内，各应尽心教育，不得营谋教育以外之事业，不得规避教育职事。段廷珪毕业之后以"师范科举人"的身份回到了湖南，"本该以中书科中书补用"，却在提学使司内任职，接受湖南提学使的分配（原来有官职的毕业生，毕业之后仍回原职，相当于又取得了一个头衔：

---

① 段碧江：《新女子职业教育》，北京：中华书局，1923年，"编例"。

② 《学部奏奖大学堂优级师范毕业生折（续）》，《新闻报》，1907年5月18日。

师范科举人）。

不过在毕业回湘之前，段廷珪应该还经历过一场盛大的毕业典礼，这是中国近代史上第一个现代意义上的毕业典礼。1907年3月13日，该日盛况空前。学部大臣、总监督、全体教习和学生悉数参加京师大学堂第一批毕业生的毕业典礼。毕业仪式开始后，由学部大臣、总监督、教习代表和毕业生代表相继致辞，而后由总监发给学生毕业证书。

段廷珪的毕业证书已然找不到原件，但是据1907年毕业的第四类学生于洪起的一张毕业证书，可大概窥知毕业证书之样貌（图5）。这是北京师大最早的毕业证书，长64厘米，宽54厘米，采用上等桑皮纸彩色印刷，证书四周分别印有两条浮游云际的行蟒，八条游蟒均为回首姿态，惟妙惟肖。上框正中为一颗火珠，四角和下框正中各有一个中空八角圆星嵌一篆字，合为"京师大学堂"，共同组成毕业证书华丽的镶边。①

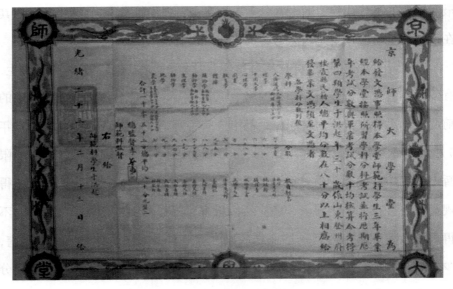

图5　京师大学堂师范馆最早的毕业证书

① 师范新班的毕业证书制作更为豪华。参见伯僑：《纸载春秋丨毕业证书上的百廿师大》，https://mp.weixin.qq.com/s/YxcHsHEVNDpn5cxpcT-nTg，发布日期2022年11月20日。

发完毕业证书，仪式即告结束。也有报纸报道了这场毕业典礼。据《寰环球中国学生报》载：

> 学部自堂官以下，莫不毕集。来宾中之最尊者，为衍圣公及贵胄学堂听讲之王公，并驻守之各国公使，均来观礼。是日跄跄济济，车马如龙。美之者比之金殿传胪，谓尚无兹荣幸，洵不诬也。[1]

典礼结束后，师范馆新旧生与教师聚会话别，教习林纾应邀当场作画，并撰《大学堂师范毕业生纪别图记》。他寄语说，列强环视，国家多难，爱国之士唯有忠贞务学才足以与之相抗，号召学生多学新学，奋发自强：

> 顾不治新学，徒慎守其门宇而将以祛客，客将愈求进而无艺。故国家日励士而盛资其学，即欲以所学淑天下，于是立师范之科。今诸君各怀宿学，归率其乡与州，所责亦兹重矣。[2]

段廷珪应该有幸亲耳聆听过这位后来以保守著称的中文教习的劝学新学的寄语。

---

① 见朱有瓛编：《中国近代学制史料》（第二辑上册），第929页。

② 林纾：《大学堂师范毕业生纪别图记》，载郑振铎编：《晚清文选》，北京：中国人民大学出版社，2012年，第581页。林纾一向被斥为反对新文化运动的顽固派，但于其时，见仍属新派人物。更值得注意的是，林纾最后借用韩愈的话，对师范馆学生提出了四点希望："为诸君祝曰：天下惟有国人，始伸眉与强者耦。愿诸君诏学者念国，毋安其私。又祝曰：凯成非成，惟力之贞。愿诸君勿以慧钝区学子，慎膈其衷，而本之以诚。又祝曰：愿郡将连帅，勿梗诸君事，各抒其所蕴，播其州。州之秀民，咸悦预与诸君游。又祝曰：振困起懦，惟相与师。师道获昌，善类遂多。愿诸君扶植稚弱，而同进于道。"

（二）生活经历

以上为师范馆学生的学习状况，段廷珪很可能过得很充实。在生活上，师范馆的学生更是待遇优厚。学堂不仅不收学费，而且每省每月还给津贴。除直隶、山东、河南外，各省似乎纷纷效仿湖北省的例子，每月给20两津贴，在京费用8两，安家银12两。[①]但湖南省财政拮据，每年只给咨送的五名学生共200两津贴银子，相当于每人每年40两。到了光绪三十一年（1905），因两位咨送学生被遣派出洋，湖南省酌情考虑将咨送省的津贴增加，但实际数字还是40两。[②]而且"京师大学堂师范馆、译学馆，均不收学费、缮金、并制与学堂必需之制服、书籍、笔墨，所以优待学生者，已臻其极"[③]。在此情况下，段廷珪照样可以以学养家。一人上学全家不愁，以致有学政官员，还以此为办学之沉重负担，如广东省就在逐步削减。[④]

对于当时学校的衣食住行，王道元先生有过比较深刻的回忆：

> 清……对于初期的大学生待遇却十分优异。一概公费，供给社会宿舍，每人一间楼房，自修室每二人共一间。早餐是粥和面食，午晚两餐，每桌八人，六菜一汤。冬季四菜一火锅，荤腥俱全。如提调舍监事务科长诸高级职员和学生一道吃饭，还坐在主座。这颇合古语所

① 《两广总督为学生津贴事咨大学堂文》，北京大学校史研究室：《北京大学史料（第一卷1898—1911）》，第368页；《河南大学堂为豫生津贴事咨商京师大学堂》，北京大学校史研究室：《北京大学史料（第一卷1898—1911）》，第373页。一般由本省汇款到京师大学堂，再由学堂转发。有些省份先由学堂先行垫付，随后再由各省财政补充。

② 《湖南巡抚为在京湘生津贴事咨大学堂、译学馆》，北京大学校史研究室：《北京大学史料（第一卷1898—1911）》，第537页。

③ 《两广总督决定在京粤省匀给津贴事咨学务处》，北京大学校史研究室：《北京大学史料（第一卷1898—1911）》，第371页。

④ 《两广总督为养士养志为先粤生津贴不可过厚由咨会大学堂》，北京大学校史研究室：《北京大学史料（第一卷1898—1911）》，第370页。

说国以"大烹士"了。又如每月有月考，考列在前的，有若干名给以数元或十数元的奖金。常用服装，当然自备，但每人冬夏二季，各有官发的一套操衣，随便穿着。[①]

可见在京师大学堂段廷珪的生活应该是非常不错的，不仅学习上的供应一概不用忧愁，生活上也颇为享受，住宿得享单间，不仅发制服操衣，伙食更可谓丰盛。王道元先生应对生活餐饮的回忆非常细致。而俞同奎先生的回忆也同样如此：

> 清政府虽然腐败，但对于初期的大学生，却也十分优待。我们不但不缴学费，并且由校供应伙食。每餐八人一桌，六菜一汤，冬天则改为四菜一火锅，鸡鸭鱼肉都有。有所谓学堂提调者，就是现在舍监或庶务科长这类职员，跟我们一起吃饭。如果饭菜不好，堂提调马上发起威风，惩罚厨子，倒用不着我们学生操心。有一次我记得因为某样菜偷工减料，堂提调大怒，叫来厨子，罚他长跪在饭厅阶前，后来反是学生替他求情，方才饶恕。我们每月有月考，名列前若干名者，都有奖金。数目虽只数元或十数元，但我们大半都是外省来的穷学生，有这笔进款，月间零用，始有着落，有时还可以约二三同学到前门外听听平剧，吃吃小馆。衣服自然是自备，但每人冬夏各给一套操衣。著操衣时脱去长袍马褂，作军队装束，自然感觉新奇。[②]

---

① 王道元：《早期的北京师范大学——京师大学堂师范馆》，载中国人民政治协商会议全国委员会文史资料研究委员会编：《文化史料丛刊》第4辑，第129页。

② 俞同奎：《四十六年前我考进母校的经验》，载胡适编：《北大五十周年纪念会特刊》，第14页。

想必他们都对当时学校的伙食印象深刻。俞同奎还对其他的生活细节进行了回忆：

> 又有一次集体到东城照像，约定排成队伍前往。那时候学生游行，尚不多见，这一列学生军经过东华门大街时，两旁铺户，都觉称奇，男妇老幼，一齐拥出来，观看热闹，一班顽固的满汉朝臣，亦即因此"谈虎色变"。①

除了生活上几乎无忧无虑之外，校园里还有丰富的课外活动。有体育设施，多数学生可能对体操也很有新奇之感。

> 那时候对于兵式体操，很感兴趣。虽然每人仍拖着一条猪尾巴，不过短衣窄袖，自顾亦以为有"赳赳武夫"气概，大可自豪。每天破晓，操场上就听见"向左转""向右看齐"各种口号。虽朔风凛冽，大部分学生倒也并不偷懒。记得有一次体操后，接着就要祭拜孔老夫子，职员们都衣冠整齐，翎顶辉煌，领导我们行礼。我们本该换衣服，但大家懒于这样做，就短衣一拥进去，参与典礼。孔老夫子那天如果在家，一定要气破肚皮，叫他的徒弟"鸣鼓而攻"我们了。②

师范馆也重视学生的身体健康，1905年还举办过运动会。"会场中高悬龙旗，旁列各国旗，并设男宾女宾客座……到者极多，座为之满"，甚至"墙外围观者不下千余人。"可见其盛况之极。当时举办了17项比赛，

---

① 俞同奎：《四十六年前我考进母校的经验》，载胡适编：《北大五十周年纪念会特刊》，第15页。

② 俞同奎：《四十六年前我考进母校的经验》，载胡适编：《北大五十周年纪念会特刊》，第14—15页。

以竞走为主，还有扔标枪。^①以段廷珪得享高寿而言，应是身体较为结实、爱好运动的。以后他在执掌湖南省立第三师范和省立第三中学时也非常重视体育，甚至还当过湖南省第八届运动会筹备处的副主任，这些可以看出他的体育经验。很可能这也是他在京师大学堂师范馆的生活经历所奠定的基础。师范馆有图书馆，图书馆藏有大量的图书，阅读非常方便，甚至还有学生借书不还带到工作场所以致被追缴的。^②

当时的师范馆的学生基本也都是关注朝政的。俞同奎如此回忆：

> 朝政得失，外交是非，和社会上一班风俗习惯的好坏，都喜欢研究讨论。有几位特别能按说的同学尤喜作讲演式的谈话。每天功课完毕，南北楼常开辩论会，热闹非常，高谈阔论，博引旁征，有时候甚至于争辩到面红耳赤，大有诸葛亮在隆中，抵掌谈天下事的风度。^③

这是那时京师大学堂的风气。所以，当1903年俄国霸占东北时，京师大学堂师范馆的学生还参加了一项轰轰烈烈的爱国学生运动。接到俄国霸占东北的消息，学生无不义愤填膺。师范馆的学生不仅直接向校方递交请愿书，还向学部直接上书，要求拒俄自强。段廷珪是上书的代表之一，加入了拒俄运动的队伍。而在上书之前，师范馆和仕学馆的学生还举行了大会，范源廉做了非常精彩的爱国演讲。

清廷压制了此次学生运动，但学生掀起的风波可谓不小，引起了不少

---

① 《光绪三十一年（1905）京师大学堂运动会》，载朱有瓛：《中国近代学制史料》（第二辑上册），第923—924页。

② 参见何玲：《千里追缴一本不能少——京师大学堂催师范馆毕业生归还图书事例》，《图书馆与图书馆学史》，2013年第3期，第122—125页。

③ 俞同奎：《四十六年前我考进母校的经验》，载胡适编：《北大五十周年纪念会特刊》，第14页。

报纸的舆论关注。部分师范馆的学生在日俄战争期间还继续义愤填膺，并将之付诸行动。段廷珪史地科的河北同学丁作霖，化名丁开山，组织了"抗俄铁血会"与"北振武社"，开展革命活动。①

这次主要由京师大学堂师范馆学生发动的强烈的反帝拒俄爱国运动，是我国大学生因国家外交问题向政府建议请愿的开端，是我国近代学生运动史上的创举，影响是巨大的。除了抵制俄国的运动之外，1905年又有爱国师生集体抵制美货斗争，编印了《广劝抵制美约说》，揭露美国迫害华工的种种事宜。鉴于学生运动可能产生的危害与煽动，京师大学堂不得不禁止学生开会结社。

这些运动对段廷珪的影响应该也是巨大的，以后他非常关注国家形势与民族命运，多次缅叹时局，希望国民都能够自强自立，有担当，这些关怀以后又完全体现在他的教育思想尤其是职业教育思想之中。段廷珪在城南书院、岳麓书院、京师大学堂师范馆的求学经历，为其接受西学如天赋人权理论、各类语言技能、教育理念等奠定了雄厚的基础，当然也为他以后的教育人生奠定了基础。无论他是办学还是在教育行政系统内任职，京师大学堂师范馆的首届毕业生的身份、师范科举人的身份，都为他的成长奠定了基础。

---

① 参见北京师范大学校史编写组：《北京师范大学校史1902—1982》，北京：北京师范大学出版社，1982年，第15—16页。

第四章
教育理念

  段廷珪一生办学经验丰富，也拥有漫长的教育施政生涯，"教育家"的称号是伴随其一生的。在乡民眼里，他是学识丰富、见识超群的地方绅士，"声望卓著"，"德高望重……方面大耳，神采奕奕，有教育家之风度"，[①]并且是资兴县"最早提倡民主教育、品学兼优的老教育家，深受教育界人士和莘莘学子的爱戴"。[②]段廷珪作为湖南地区相对边缘的教育家，其教育思想依然典型地反映了那个时代的潮流与大势，闪烁着时代的印迹。

  段廷珪一生历经晚清、民国以及新中国初期三个时段，这是一个波澜壮阔的时代，剧烈变动的环境让那个时代的大知识分子在社会上层引领着社会观念的转型，而段廷珪并不起眼，也不在潮流的风口浪尖上，但是作为边缘的知识分子，他的关怀与当时中国的领航人物一样，有着强烈的救亡图存的色彩，其教育理念代表着救国方案与对国家前途的思考。毫无疑问，作为晚清最后一批"士"群体中的一分子，国家甚至于天下的走向，

---

① 曾宪综供稿，唐振中综合整理：《资兴"国大"代表竞选闹剧》，载中国人民政治协商会议湖南省资兴市委员会文史资料委员会编：《资兴文史》第三辑，第53、55页。

② 袁觉民：《我和钟述孙的几次较量》，载中国人民政治协商会议湖南省资兴市委员会文史资料委员会编：《资兴文史》第三辑，第65页。

都是他所必然关切的，故而要对段廷珪的教育思想做全面的剖析，必然要结合其社会关怀与国家情怀来综合考量。

段廷珪接触过大量新学，但其一生几乎都用现在所谓的浅近文言写作，这代表了他的坚守，而从他的家国情怀中，也不难看到他一生几乎都是受孙中山、蔡元培等人的影响。段廷珪对国家前途的思考，对教育的认识，显然并不出名，也未必能够形成完备的思想体系，可供时人或者后代仔细深入钻研。但是，此等不处在中心位置的边缘地方人物的思想状况与教育救国理念，可能更会反映当时大量知识分子的真实情况，研究其教育思想能够呈现出不同的图景，而透过这些图景，我们或许能够走向历史的深处，拨开缠绕于其上之云雾，加深我们对于过去的理解。

一、以民为本的教育理念

教育的目的在于培养人，要使人得到更好的成长。而段廷珪对于人的强调，是将之放在国民的角度来考虑的。既然成立了所谓的中华民国，那么任何一个人都是这个国家的一分子。新型的国民，不同于以往的臣民，每个居于其间的个体都应该有发言权，都是国家之主人，否则中华民国之国民的地位就无从谈起。其实"国民"思想的出现是晚清以来思想界的重大变化，经梁启超的译介与提倡，其后的学子士人纷纷受其影响。国民意识的觉醒是清末启蒙运动的重要内容。

段廷珪的教育思想很明显首先也是国民本位的，也类似于西方所谓市民人文主义，既为城邦中的一分子，就要参与公共事务。事实上，这是段廷珪受西方思想的典型例证。不过这可能只是间接影响，段廷珪所接触到的乃是梁启超与孙中山等先行者的转译。段廷珪几乎一生都服膺于孙中山的三民主义，不仅在20世纪30年代写过《教育改进与三民主义》，主张在教育中贯彻三民主义，培养民众的民权意识，在民国初年的时候，就强调此种以民为本的民权主义思想，民众应该作为国家的主人，也就是现今所谓人民当家做主。在个人生命的发展过程中，很多想法观念，随着对世界、环境、社会的体认，很容易出现转型的情况。但是，就教育理念而言，段廷珪一直秉持民本主义并贯彻于人生各阶段。

（一）国民教育

欲讨论段廷珪的民本主义教育理念，首先应当探讨他的国家观念。清末民初鼎革之际，段廷珪正值壮年，彼时40岁左右，正是思想逐渐走向成熟之时，他受西学之影响，认为共和民主的国家才是世界潮流。国家、民族强盛的一个基本点就是在国际事务中，国家拥有自主决断之能力。但是在当时的情况下，中国的国际地位低下，处处碰壁，任人宰割，显然丧失了主人翁的资格。他以国际形势中，国之失去位置比之于民众在国家中的形势：

> 国者，人民集合之一大团体也。国之于民，犹人之于家宅，实不容有第二者干涉其间，苟住在家宅之主人翁不能行使主权，一任豪奴恶仆恣无忌惮，互相吞噬，家亦必亡而已矣。今欲维持家计，在扶植主人翁之能力，而主人翁尚属幼稚，亦唯有增进其为主人翁之知识，得以逐渐行使家督之权能。[①]

很显然，在段廷珪看来，当时就是因为列强干预，以至于中国的主人翁地位丧失。因此欲使国家强盛，必当从扶植民众的主人翁意识开始。何谓主人翁？很简单，就是家宅之内的事情，自己做主。这是一个很浅显的比喻，意为民众自己掌握主动权。但民众自己掌握主动权却并非易事，当

---

① 段碧江:《新女子职业教育》，第1页。

时是军阀割据的时代，虽"共和国家主权在民"，但当时的情况是"民不自主，致被人盗窃，遭其反噬"，完全被摧残于武人政客的权力竞争之下而"咎由自取"。①

因此，欲建立真正的人民当家做主的国家，民众应该自己成为自己的主人，自己成为主人之后，才能参与国家的事务，成为所谓的"国民"。这种国民意识，是一种个人自我塑造的理念，也是一种积极参与国事的理念：

> 国家观念，实则国家云者，即国与家与个人相连锁，个人不能离家而独立，即亦不能离国而独立，故世未有无国籍之国民，吾人既窃名国籍而为国民，即不可不明白自国与他国之关系，以谋增进国际之地位。②

其实国民意识的觉醒，是清末启蒙运动的重要内容，梁启超对之进行了充足的解释，段廷珪定然受到了这股启蒙之风的影响。究其本质而言，所谓民本主义的教育理念就在于培养国民意识，担当对国家的责任。他认为，当时中国的社会状态，因为传染了2000余年专制的余毒，一般的国民已经完全养成了一种"卑劣""苟安"的惰性，若没有知识青年、社会中坚的启蒙互助引导，社会断然没有起色。故他寄语已经升入大学的学生，做社会的栋梁，做社会的导引，积极回馈社会，为国家出力，起来帮助那些需要启蒙的人。尤其是，当时的中华民国：

> 人人知道是民主共和的国家，应当以国民为主体。那么所有国家的什么的内政外交，当然与国民合舟共济才行。因为国民完全是国家的主人翁啦，但是为主人翁的应当有主人翁的资格，像那普通的知识

---

① 段碧江：《新女子职业教育》，第1页。

② 段碧江：《新女子职业教育》，第14页。

啦，自治的能力啦，怎么能够与闻国家的内政外交呢。①

既然如此，那么只好听任军阀地方流氓用种种强权手段：

> 掠夺我们的主权，好像那幼稚的家主，自己没有管家的能力，一
> 任豪奴恶仆纵横出入，踩踏主权，或是勾搭外人，侵蚀财产。②

若至于此，则国民地位丧失，欲挽救则不能不扶植权能，协同一致而
监督政府。他希望的是四万万人即使不能全都成为主人翁，但是至少都要
有主人翁的意识与资格，然后起而监督国家的一切内政外交。如何才能有
主人翁的意识与资格？"最好是各人本各人的能力，协同一致地尽情做去，
做到什么地步，是什么地步，断断不可'瞻循''推诿'。"③

而这种国民意识不独体现在他20世纪20年代的作品中，还体现于其
他诸多的文字之中。从现存的材料来看，早在执掌湖南三师期间，段廷珪
就提出要着力培养新的不同于专制时代的国民。他说：

> 民国贵自立、尚求新，非具有世界观念以与时事潮流相应付无以
> 为教。盖专制教导之责在国家，民国则新以扶持国家（考），尤在国
> 民，故为专制之国民，（易）为民国之憾民，难为民国之国民，必饶
> 有民国之知识，民国之能力，然后能尽国民之天职而新新以完成国民
> 之知识能力，则特教育之（转）辗推溉与时俱进。④

---

① 段碧江：《八九班毕业训话》，《湖南省立第三中学校期刊》，1924年第1期，第41页。
② 同上。
③ 同上。
④ 段廷珪：《民国元年—民国四年三师同学录》序，省档案馆（校档案馆摘抄）全宗号6，
　　卷宗号6。

而欲培养国民，舍教育外，别无他途。而在《教育改进与三民主义教育》中，他也提到教育是培养国民的必由之途：

> 教育为文明之母，万化之源，毋论政治，学术，技艺，及国家社会，种种事业之推进，皆根源于教育。故国家之强弱，社会之文野，悉准据国民受教育之程度以为比例差。[1]

此时正值国民政府1928年定鼎之际，百废待兴。但当时的情况是，虽然已为民国，民众之面貌实未革新，所受的压迫也较"未革命前尤为痛苦"，故他欲结合三民主义与教育的宗旨，进行彻底的教育改进与国民改造，提升所谓的国民性。他认为经过所谓的大革命之后：

> 一般意志薄弱之青年学子，被其诱惑，堕入于催眠状态之中；其年事稍高，号为智识分子，在社会稍有声望，或握有政权者，多半不脱腐化官僚习气，只图目前私利，不顾民族的死生，国家的存亡，其所称为乡党自好之士，则又老守"各人打扫门前雪，休管他人瓦上霜"之旧说，以不与闻世事为清高，认国家存亡于小己无丝毫责任，准备作亡国顺民而不知惜，其余一般农工乃更风从草偃，苟有变乱，举皆盲从盲动，罔所率循，正如巨舰随风，漂泊重洋，失其指针，管驾者既已乏统治能力，水手舵工各怀怨望，互相推诿。一般乘客乃更恣意纷扰，或则诘责舵工，或则归咎水手。或竟乘机捆载，从中掠夺，希图逃脱。[2]

可见，当时社会各阶层国民意识之薄弱，知识分子不作为，而下层民

---

① 段廷珪：《教育改进与三民主义教育》，第1页。

② 段廷珪：《教育改进与三民主义教育》，第127页。

众则随波逐流，茫然不知去向。因此他希望借一套新的理念与传统旧道德接轨，而完成国民革命，使得每个人都成为自己的主人，参与国家事务。民众独立自主之后，再实现国家的富强，列于世界民族之林。这是中华民族每一个同胞的责任。他说：

> 我们要能够齐家治国，不受外国的压迫，根本上要从修身做起，把中国固有的知识，一贯的道理，先恢复起来，然后我们民族固有的能力，一齐都恢复起来，还要去学欧美之所长，然后可以和欧美并驾齐驱，如果能够迎头去学，十年之后，虽然不能超过外国，一定可以赶上他们，末了我们要将来治国平天下，便先要恢复民族主义和民族地位，用固有道德的和平做基础，去统一世界，成一个大同之治。这便是我们四万万民族的大责任，四万万民族都能担负这个责任，才是我们民族的精神。①

这些观念不正是孙中山先生民族与民权思想的体现么？

（二）互助主义

通过以上论述，我们很可以看到，段廷珪具有强烈的救国想法，而作为教育家，一种教育救国的理念始终停留在他的关怀当中。20世纪前30年，中国内乱仍频，虽然经过了"五四"新文化运动与轰轰烈烈的大革命的洗礼，但是在他看来，始终还未曾找到出路，教育方面仍然未上轨道，困难重重。因此，他写就了《教育改进与三民主义教育》，试图正民心，通过改变民众的教育观念，来达到教育问题的根本解决。

此时他完全服膺于孙中山的三民主义，认为革命者首在于革心，而欲

---

① 段廷珪：《教育改进与三民主义教育》，第125—126页。

革心，则在于以何种理论植入之。在段廷珪看来，孙中山言论中出现的互助主义与知难行易说乃最佳植入之良药。他援引孙中山的说法：

> 进化者自然之道也。物竞天择，适者生存。不适者淘汰，此物种进化之原则也……进化时期有三，其一为物质进化时期，其二为物种进化时期，其三为人类进化时期……人类进化原则与物种进化原则不同，物种以战争为原则，人类以互助为原则，社会国家者，互助之体也，道德仁义者，互助之用也，人类顺此原则则昌，不顺此原则则亡……人类自入文明之后，天性所趋，已莫之为而为，莫之致而致，向于互助之原则，以求达到进化之目的，人类进化之目的，即孔子所谓大道之行，天下为公，耶稣所谓尔旨得成。[①]

可见他认为，在物竞天择，竞争激烈的情况下，唯有互助，才能达到大同的理想。他说：

> 人类进化在互助，以社会国家为互助之体，以道德仁义为互助之用，与马克思主义学说主张阶级战争，绝对相反……马克思学说尚不脱物种竞争时代之窠臼……审此人类因为求生存，人类因为求不间断的生存，所以人类要互助，人类能互助，社会能进化，人类有不间断的互助，社会才有不停止的进化，人类不能互助出于战争，已大背乎求生存的道理。马克思以阶级战争求社会进化，不明人类互助真理，及求生存原则，祖其说者甚有主张不间断的革命战争，使人类社会无一日之安宁，总理谓马克思只见到社会进化的毛病，认为是一个社会病理家，犹恕词也。[②]

---

① 段廷珪：《教育改进与三民主义教育》，第119—120页。

② 段廷珪：《教育改进与三民主义教育》，第120—121页。

因此，使民众通过教育而皆有互助的理念，乃其社会问题的根本解决方案，段廷珪谓之心理建设之根本。但若教育所有的民众，此事非易，时有悲观论调的出现。于是他又借助孙中山的知难行易说以正之：不在于片面地强调困难，而在于脚踏实地去做。但是如何去做？段廷珪找到了一条调和主义的路径，那就是与传统接轨。

他强调要接续传统，保存固有道德。除了构建新的互助原则以外，还必须与传统的一些道德观念接轨，如此方符合国情，不至于没有根据。于是大同的美好社会理念，正心诚意格物致知，内圣外王的修齐治平的儒家观念重新得以弘扬，并与互助主义实现接轨。于是在段廷珪的教育理念中，我们又可以清晰地看到，人生哲学与互助论的结合，传统的性善论与西方的国民个体论和自助助人理念的完美结合。事实上，段廷珪也一直秉持着，教育上"要本人生哲学为解放一切之方针"，"以徐图进展"，不必全然欧美。[1]

关于互助主义，此处要多谈谈背景。自清末之后，克鲁泡特金的互助主义就在影响着中国的思想界；新文化"五四"运动时期，互助主义成为一股强大的社会思潮，不仅文化保守主义者、孙中山及国民党早期领导、李大钊、恽代英等共产党早期领导人物都受过其影响并且组织过互助社团，发起过社会运动。如恽代英还曾组织学生社团"互助社"，提出"改造环境，改造自身"。1920年创办《互助》杂志，恽代英还声明是"取克鲁泡特金新进化论的意义"。以《互助论》作为自己"社会主义的社会主义"理论基础，在《论社会主义》一文中更是预言："世界的未来，不应归于个人主义的无政府主义，乃应归于共存互助的社会主义。"[2]而现在的研究

---

[1]　段碧江：《湖南省立第三中学校校友会期刊发刊词》，《湖南省立第三中学校期刊》，1924年第1期，第7页。

[2]　恽代英：《论社会主义》，《少年中国》，1920年第2卷第5期。

也确实表明，克鲁泡特金的互助论是"五四"时期很多中国知识分子通向马克思主义的一个桥梁。也为传播马克思主义奠定了基础，成为当时广大知识青年接受马克思主义的启蒙介质。①

而段廷珪也并非守旧主义者，自1917年之后重回首都北京，自然也暴露在这种思潮的影响之下，并积极接受了此种社会理念，1924年回到衡阳执掌省立第三中学之后，他还将这种自助助人的互助精神带入学校的管理之中。段廷珪在湖南省立三中担任校长期间，就强调学生要以互助的理念互相协助：

> 关于本校的一切应兴应革，本互助的精神，作为协同的商榷……我个人平素多主张互助主张爱群，此系一种很好的心理。②

但是他也主张，互助的前提得是个人自助。个人的自助，则是独立自强，自己有主人翁意识，养成独立自助的精神，然后可以互相帮助达到社会之大同。他强调：

> 我们青年的同学，应当抱一种各自为谋，各食其力，不依赖他人，不依傍政府的决心，即在此修养时期的当中，对于知识的方面，道德的方面，各各振奋自己的精神，切切实实的践履，将从前种种"虚

---

① 邹振环:《20世纪轰动中国的〈互助论〉》,《民国春秋》,1995年第6期, 第11—13页;
吴浪波:《互助论在清末的传播与影响》,《中州学刊》,2005年第2期,第154页;吴浪波:
《互助论在近代中国的传播与影响》,湖南师范大学硕士学位论文,2005年;曹世兹:
《清末民初无政府派的文化思想》,北京:社会科学文献出版社,2003年;焦亚妮:
《克鲁泡特金及其互助论在五四思想界的流行与影响》,华中师范大学硕士学位论文,
2020年。
② 段碧江:《新班始业式训话》,《湖南省立第三中学校期刊》,1924年第1期,第37—38页。

荣""矜骄"的旧腐败观念，一律扫除而刷新之。[①]

而在当年的毕业讲演中，他也强调，毕业的学生应该进入社会成为中坚力量，本着互助的精神帮助需要帮助的人，能够做"社会的导引，各本互助精神，和那团结的力量，把从前种种'卑劣''苟安'的惰性，痛自铲除，协同一致的为国家服务，替社会效力"[②]。

平心而论，段廷珪试图将古代的思想传统与互助论结合从而达到接续传统的目的，写得较为肤浅，不具备太强的条理性，说服性并未那么强，但这却是段廷珪讲关怀的一种体现，体现的是人与人之间携手并进，而并非残酷的竞争，这是其所谓"社会主义"之理念，以此育人是他的追求（1924年之后还强调互助主义，似乎并不那么切合潮流）。在他执掌湖南省立第三中学期间，衡阳乃至湘南地区的学生都已经发起社会主义的全面改造运动，虽然运动本身的内容或许太过激进，但是希望通过根本的改造，求得一条新的出路。这也是段廷珪此类知识分子的一个局限性：相对保守的立场，无法紧跟时代最新潮流。

二、职业教育理念

前文已述及，段廷珪一生信服三民主义。如果说，民本的教育理念体现的是他对民族主义与民权主义教育的理解，那么职业教育理念则体现的

---

① 段碧江：《五月七日国耻纪念会讲演》，《湖南省立第三中学校期刊》，1924年第1期，第37页。

② 段碧江：《八九班毕业训话》，《湖南省立第三中学校期刊》，1924年第1期，第41页。事实上省立三中的学生对于自助互助这些概念不会陌生，湖南三师的学生早就组织过"学友互助会"。湘南学联的学生自《端风》杂志创办之后，或多或少接触过互助论的思想。互助是当时非常时髦的，湘南地区的一些先进学生也能紧跟时代潮流。

是他对民生主义的贯彻。段廷珪将自己在家乡资兴县的居所称之为"二亩半园"，意为一个五口之家，每人半亩地，半亩园，合起来五亩地，平均每人一亩；不仅接续传统，合于孟子的观念，也合于民生主义"平均地权"的关怀。他还深感教育资本化带来的弊端，强调教育要为穷人服务。其向下延伸关注民间百姓疾苦的心态，体现的是他巨大的人文关怀，故他所从事的教育路线，也可以称之为下层路线，这是他教育路线的核心特征，希望扎根基层教育，惠及最普通的民众，希望他们都能获得一定的教育，从最需要做的地方做起，从而实现每个人都可以独立自强的理念，民富民强则国家富强。而职业教育是其教育理念的必由之路。

段廷珪对于职业教育一直有自己独特的看法，认为其是解决民生问题的关键：职业关乎个人的经济问题，而经济问题则不仅涉及人的独立自主问题，更关乎民族前途。他说：

> 现在是生存竞争时代，同时又是受经济压迫被经济势力支配时代，选任人才寻找职业，于个人生存，社会经济，国家贫弱，均有巨大关系。[1]

晚清以来，日货日益充斥也强烈刺激着段廷珪的心灵，一股想要振兴实业、拯救国家的民族主义情绪油然而生，因此他选择贯彻职业教育的道路，他坚信唯有此，才能扭转局面。他曾自述关注职业教育的缘起：

> 我们中国的现在，贫到这样的地步，实在不能不想法子。鄙人平素有一种主张，觉得非从事职业教育不可啦，世界各国各民的生存竞争，大多数趋重职业的方面，至贫极弱如我们的中国。处此二十世纪优胜劣败的天演当中，岂容一日把职业教育缓图吗？因此在京师方面，不惜私人的什么精神啦、金钱啦，创办一务本女子职业学校，因为办

---

[1] 段廷珪：《教育改进与三民主义教育》，第98页。

这个学校，并著有《新女子职业教育》一书，申述个人的意见，用职业的方法救济女子，直接地可以辅助那男子，间接地可以裨益国家，不过办理数年，无多大的成绩，表面上似乎完全失败，其一种从事职业可以救国的观念，始终未曾打消，设若我人能够各自为谋，各食其力，不倚赖他人，不依傍政府，综合我们黄帝子孙四万万同胞，齐心一致地从职业前途奋斗，那么，结果不怕无昂首伸眉之一日。[①]

故而，职业教育是所谓民生主义的出路，解决民生问题的关键，同时又是塑造民主国家之国民，养成自由独立精神之关键，也是实现国家强大的民族主义的关键。这是段廷珪核心教育理念之一。

（一）对职业教育的认识

要探讨段廷珪的职业教育理念及其对办理职业教育的实际指导意见，仍需从他的两本著作里去发现端倪。《新女子职业教育》里有不少篇幅讨论了其对职业教育的看法，但更多的论述、更切实的理念体现于《教育改进与三民主义教育》之中。在后一本书中，他谈到了职业教育的重要作用。

1.职业教育体现实用主义的目标

段廷珪认为民国之后当时的教育宗旨既然以实用主义为目标，改变了以往"用非所学，学非所用"之弊端，那么职业教育就是贯彻这一方针的最好途径，所以在民本的理念指引之下，全力主张实施职业教育，实现人民的独立营生。他说：

> 职业意义就字面诠释，职者守也，业者务也，其主义在使人各有

---

① 段碧江：《五月七日国耻纪念会讲演》，《湖南省立第三中学校期刊》，1924年第1期，第36—37页。

一定之义务，以为职守也，质言之，即人人当尽各人应尽之天职，履行各人本分内之业务，庶几无忝于国民，反是则国蠹耳，民贼耳，故上自执政官吏教师，下自舆台走卒至于苦力，大而农工医商各专门技师，小而烟突扫除（德国有烟突扫除学校），一切末艺，凡可资以独立营生，皆在职业范围之内。是职业教育之主旨在养成能独立自营，其目的在使国无弃人，人无弃事，苟有一人失业，以职旷废，是不仅个人小己之损失，其影响于社会国家实大，现时，欧美诸先进国对于职业教育，特加注意，各为有系统之组织，无论从事何项职业之国民，皆使之受该职业相当之教育，以资乐利，并设种种补习学习桥，使已失学之国民，从事职业者，皆有受教育之机会，以补充其普通应具之知识，则职业教育又可利用以期成教育普及之一种手段也。[①]

可见，段廷珪认为职业教育也是培养国民的重大手段，职业教育的推行，一方面使国民有了从事各行业的机会，另一方面，又可以在接受职业教育的同时，学到文化知识，不至于大部分民众还处于完全未接受教育的情况之下。

2. 职业教育成为普及教育的重要手段

段廷珪认为，当时中国教育里面最大的弊端在于，还有大量的学龄儿童从未接受过教育，所以实施义务教育、推行教育普及是当时的重大关切。他明确指出：

教育普及为共和国家最紧要元素，亦即教育行政的唯一要务，中国自民国四年颁布义务教育施行程序以来，迄今已历七载，除山西业

---

① 段廷珪：《教育改进与三民主义教育》，第29页。

已推行外，其余或因兵荒水旱，完全停顿或仅讲求书面而未实施。①

而当时的情况是学龄儿童的入学率不及发达国家的十分之一。除了所谓国民学校之后，最易推广普及的就是职业学校，尤其是针对女性的职业教学，可以推动女性学生的入学率，尤其是平民女性，将会因推行职业教育而看到希望：

> 职业教育则不必问境遇何若，质性何等，能本独立之精神举教育之实效，盖中等以下之子弟，欲使其具有普通常识、相当技能，且为简捷之独立自营，莫如职业教育为最便利，而于教育未普及之国家，尤有特别之价值，以可以促成普及之实现也。②

（二）办理职业教育的方法

纵观段廷珪的职业教育的具体办学指导意见，其突出特点就是，切中时弊而又"接地气"，颇为务实。他认为自办学堂以来，职业教育体系本身就出了问题。虽然清末以来就有了实业学堂的设立，但几乎全仿照日本；而民国之后，虽有职业思潮的产生，并欲使一切教育职业化，中小学科目里面也设立了职业陶冶科目，但也只是照抄美国的制度，虽有改良，却不甚符合国情，故未能产生多大效果。既然国民党的三民主义中也有民生的提法，那么他也很快领会到了，职业教育将会是解决民生问题最直接的方式：

> 职业教育，实为解决民生问题之基本工作，对于国民个体，应当

---

① 段廷珪：《教育改进与三民主义教育》，第31页。
② 段廷珪：《教育改进与三民主义教育》，第38页。

使各尽其能，各食其力。对于国家，尤当使国无弃人，人无废事。①

因此他也提出了自己办职业教育的四条实际办法，这四条实际办法，前两条涉及职校创办，后两条则针对职校学生的就业问题。在当下大学生就业困难之际读之，颇可见其功力，也能读出当代价值。

第一条办法，办职业学校不可盲目，得根据地方物产及需要办理：

职业教育之目的，在地尽其力，人尽其才，物尽其用，因此职业学校所在地，必先调查当地之原料产品，以何种为最丰富，及某种工业品为当地所需要。然后筹设某种职业学校，专办某种学科，使当地实业有发展之希望，自然从事教育者，毕业出校后，依所学之技能，从事职业，再无失职之堪虞。②

而且办理职业学校不得像普通中学那样，不计效率随意设立，职业学校的目的在于，学生毕业之后能从事相关的职业，拥有一技之长，若随意设立，学生毕业之后尚欠自营能力，则贻误青年，社会问题滋生。

第二条办法，由工厂附设职业学校。段廷珪认为：

办理职业教育，应当调查原料产品物品需要后，厚积资本，先从事工厂之组织，俟办理稍具规模，再组设学校，先开讲习班，使在厂工作人员从事各该科之讲习，一方实地工作，一方研究学术，著有成效再招收正式学生，研究较为高深之学理，以期改良各种技艺。③

此法甚良，读之也亲切，仿佛当下流行之"产教融合"之缩影。很明

----

① 段廷珪：《教育改进与三民主义教育》，第88页。
② 同上。
③ 段廷珪：《教育改进与三民主义教育》，第89页。

显，此举不仅可以解决职校的办校经费问题，工厂也可储备后续力量，颇类似现在企业搞得研究院与研究中心，自主生产，培养后续人才，产学研相结合。而培养的学生也可以学与用结合，精进技艺，即便脱离学校，亦有一技之长。不过，此法得要求工厂有一定的资金与规模才能实施，未必都能办理。彼时的职业学校，面临的更为迫切的局面是，在校学生如何适就业的问题。因此便有第三条、第四条办法。

第三条办法，加强对学生的职业指导。当时的情况是，传统社会在外来经济的刺激与冲击之下，变得日趋繁复，各行各业，眼花缭乱，涌现出诸多新兴行业。为了帮助学生更好地根据自己的兴趣与能力选择职业，必有赖于加强职业指导，帮助学生认清现实，不至于出校时，茫茫然不知所终。而加强职业指导，首先应做的就是职业调查，先把社会上有哪些职业搞清楚，再研究如何适应之。如何更好地帮助大学生择业就业，仍然是目前高校面临的问题之一。现今手段多样，能搜集到的职业信息也五花八门，但万变不离其宗，仍不外乎段廷珪所言：

（1）某项职业的内容

（2）某项职业的环境

（3）某项职业的机会

（4）某项职业的工作时间

（5）某项职业的工作状况

（6）某项职业的薪资

（7）某项职业入门所需要的资格

（8）某项职业入门考验的事项

（9）某项职业所需要的训练

（10）某项职业劳工团体的条件。①

依照这些原则，可以再编制调查表，供学生参览，不仅学生不会毫无头绪，也可使"职业与学校互相联络，免使学校与职业界，致蹈所学非所用，所用非所学之弊"②。

除了职业调查之外，段廷珪认为，还可以下列方式帮助学生择业：

（1）请各行业内的专家于校作演讲宣传，非毕业生也应去听，早作预备。

（2）实地参观实业机关，提前感受。

（3）开设职业指导课程。

（4）增设工作课程，提前实习。

（5）学校购置尽可能多的与职业有关的书报供学生浏览。

（6）寓职业思维于普通课程之中。亦即现行所谓加强职业观教育。

（7）教学生自己动手搜集相关职业信息。

（8）学校特设职业指导员。③

从这些内容中，我们不难看到现在普通大专院校鼓励帮助学生就业的影子。这是隐藏着现行教育体系里面的常用之法，类似于本专科生的《职业规划与指导课程》和《创新创业课程》。

第四条办法，设立职业中介平台，开办职业介绍所，帮助学生解决就业问题，增加就业渠道。段廷珪在当时敏锐地察觉到，学生就业困难，很多人苦于没有平台，只能依靠广告与熟人介绍。但这种方式，问题丛

---

① 段廷珪：《教育改进与三民主义教育》，第91—92页。

② 段廷珪：《教育改进与三民主义教育》，第91页。

③ 段廷珪：《教育改进与三民主义教育》，第92—93页。

生。不仅人才需求方有很高的试错成本，对于毕业的学生也有诸多不利影响，会导致很多学生毕业之后都未能从事自己之本行。他特意举了诸多例子说很多本是学理化的，"从机会所得到的职业又往往是科学界"；又有许多同学"习文科的变成洋行职员，学理科的却做了公安局长，学法学的充当国文教员，习社会学的教数学。而他把这种种可怜的怪现象，称之为"在人才方面无组织无秩序的结果"[①]。既无组织无秩序，那么中国目前职业界也可称之为"实在太可怜"了，"不论谋事者和招人者都在黑暗中摸索"[②]。

因此，需要设立职业中介所，办理各处的工厂职业需求信息登记与学校的人才登记，这样做就可以把就业市场上的双方联系起来，把双方的需求搞清楚了之后，学生就业会变得更方便，就业率也必然会提高：

> 若果能用科学方法组织职业介绍所，使人人得到相当职业，各效所能，既可以免却今日中国职业方面无组织无秩序的状态，并可减少许多用人者觅才难，谋业者找事难之痛苦，对于目前一般深深地感觉觅事无路的青年是一个极大的光明。[③]

现在我们职业信息登记已经做得相对完善，各大平台的职业信息也都可以很方便获取。但在当时，此类工作刚刚起步，职业需求信息登记不甚完善。尤其是人才需求方的需求信息登记工作，需要与诸多工商业及教育机关接洽，由他们给出数据。这就需要有交际能力、精明干练的人才去办。

除了办理职业教育的途径之外，段廷珪的职业教育理念，还有增进货物销售的一面。这与当时国货凋敝的背景大有关联，他强烈地主张振兴国

---

① 段廷珪：《教育改进与三民主义教育》，第97页。

② 段廷珪：《教育改进与三民主义教育》，第96页。

③ 段廷珪：《教育改进与三民主义教育》，第98页。

货，抵制洋货。他说，人人从事职业以谋独立自营，此为必要之手段，但从事实业生产之后，若货物无法销售，则犹如无水之鱼，人民生计无法维持。"今欲振兴职业，非特别设法筹销，未易挽回，而筹销之法，不外提倡奖励与保护三者，使国货日渐行销驱逐外货也。"[1]为此他提出了三种办法，这三种办法都与我们当代提高产品销量之法如出一辙。

其一，拓展销售渠道。比如"在名城市镇多设国货陈列所，俾各职业学校各工厂各家庭将出品自由陈列，即以该所为销售场"。再比如，"在各通商大埠开出品展览会，征集国内各职业学校各工厂与家庭工业出品开会展览"[2]。

其二，创新形式，增加营销方法。比如，用抽奖的方法奖励销售。"设种种奖励方法，购买货物至若干则赠予奖券，即以陈列所有之货物为奖品。其奖品之量以抽签法定之。此提倡销售法也。"[3]

其三，贸易保护，增加关税。"凡国产品之行销内地，除奢侈品外，只征印花税，俾成本轻而销行易。其出口国货，除原料品一律免予收税。若系奢侈品，并应特别奖励，俾得畅销于外。对外货入口则当随时设法解除关税条约，得以自由征收，庶免长受外货之压迫，国货反不能畅销。此保护与抑制法也。"[4]

对于办理职业教育，段廷珪还有两点重要理念。一是中等学校亦应办理职业教育。在段廷珪的教育理念里，对中等学校的批评是很多的。他说中学教育培养效果不佳，而又花费大量金钱。在他看来，中学教育培养出来的学生，大多意志薄弱，所学过于庞杂，无专门之技能，升学率又低，

---

[1] 段碧江：《新女子职业教育》，第40页。

[2] 同上。

[3] 同上。

[4] 同上。

除少数升学者之外，大多数学生又无法找到合适的职业，"无所事事，所谓普通中学，实一中等游民之制造场"，而又占用资源。就算找到工作者也大多是狡黠的人，善于"钻营奔竞"，不过滥竽充数的公职人员。回到乡间充当士绅也是力不能及，武断乡曲，意志薄弱，奔道于生计。因此当时的中学教育在他看来就是培养了大批对社会没用的人，高不成低不就，成了社会的闲散人员，成为社会的隐患。

有鉴于此，他主张除在学制上设立职业学校之外，还应该在中学里设置职业科。他说：

> 普通中等学校亦未尝不着眼于各个独立，使在社会有优越之智能。即亦不能专注重精神方面，使关于物质之技术完全离弃，养成一种空虚无裨实用与社会格不相入之人物，如中国学生现状，亦岂教育之始愿？顾现今多有主张中学文实分科，以蕲补救者。实则普通中等学校应亦须含有职业之旨趣，以谋与社会相接近。[①]

此类想法与我们当下大力推行职业教育也颇为类似。经济上实业要发展，离不开扎扎实实从事实业工作之人员。在百余年前，段廷珪就看到了这个弊端，教育上若培养太多只讲精神追求、空具一些华而不实的知识的人才，将会出现大问题，势必实体经济空虚。故而他全力欲纠正这一弊端，在中学时就应该推行职业教育，以免人员闲散。

二是利用商人团体办理职业教育。这一点，亦是段廷珪参考美国职业教育得出的一条办法。商人是教育的直接投资者，且社会能量大，要想办好职业教育，这批人的能量很大，为了发挥商会在办职业教育上的能力，他提出了如下八种办法，以引起一般青年对于职业之兴味。

---

① 段廷珪：《教育改进与三民主义教育》，第36页。

（1）于商会内组织委员会。

（2）常开会议引起地方人士对于职业教育之兴趣。

（3）筹备各种小册述明本地所有关于工商业之教育。

（4）倡始或协助关于职业教育之考查。

（5）协助组织商家咨议委员会。

（6）协助设立免费学额及奖金，以便在职业学校外的研究及增进其经验。

（7）设立位置调查处，为职业学校生徒谋适当之位置。

（8）于商会中设青年团。

此外他认为为加强职业学校的办理，商人还应当推动立法，使职业教育普及于全国。

（三）职业教育与教育民生

如上所述，段廷珪的职业教育理念并非只停留在理论层面。他提出了具体的指导建议，始终紧扣国计民生，希望民众生活得更好，个人各有其业，实现自立自强。根据现在学术界的研究成果，近代以来中国教育界自始至终一股民生教育的社会思潮，到1936年之后，甚至还形成了民生教育会。[①]民生教育的推进者，将目光转向普通平民百姓的日常生活，强调教育要为改善民众生活所用，强调"教育即生命""教育即生活"，由此催生各类其他教育改良运动，深入乡村基层。段廷珪的职业教育正是教育民生理念的体现，教育的目的，正是谋个人权利之发展、为个人谋生做准备、为个人服务、为社会服务做准备、甚至为国家及世界增进生产力做准备。

---

① 参见徐雪莲博士对中国民生教育的最新研究。徐雪莲：《中国近代教育民生思想研究——以晏阳初、俞庆棠、邰爽秋为代表的考察》，安徽师范大学博士学位论文，2020年。

应当要注意的是，不独段廷珪一人拥有此种理念，事实上当时还有所谓的中华职业教育社在大力推进职业教育的工作。现存的材料显示，段廷珪似乎与以江浙沪一带为中心的中华职业教育社之成员没有什么关联，比如黄炎培、杨鄂联等人。中华职业教育社在推动职业教育的发展上，显然比段廷珪的贡献更多也更大。但不可忽视的是，段廷珪的职业教育理念，正是当时实业救国思潮以及职业教育思潮的典型体现，这两种思潮，并非仅由关注顶层设计的那些教育家们在主导，事实上这些教育改进的工作，离不开以段廷珪为代表的这些普通的教育工作者的身体力行。

段廷珪的职业教育理念放在整个社会大潮上来看，似乎并没有太多新意，与诸多知名教育家如黄炎培、杨鄂联、晏阳初、陶行知、陈鹤琴、高践四、傅葆琛、俞庆棠、邰爽秋、甘豫源等（他们的相关理论频频见于《教育杂志》《中华教育界》《新教育》《新教育评论》及各省级教育期刊和各种教育团体创办的教育期刊）相较，影响也比较有限。

但是我们要识识到，这些教育理念渗透着段廷珪的民本主义思想，尤其是其强调通过教育改善下层民众的生存状况，采取有针对性的措施和方法对弱势群体进行救助，力求最大限度地改善民生，这些都是非常积极的。而且就教育服务的方向上而言，他坚持面向全体民众，以全体民众的生活需要为原则，努力实现教民、保民、养民、裕民、济民、新民的举动，也值得我们注意。这是中国传统教育民生思想的近代形态。

当然，段廷珪的职业教育理念还有另外一面，他还一直在关注女子解放问题。他所希望的是，通过职业教育不仅解决国民独立的问题，还能够达到女子解放。

三、女子职业教育理念

女子职业教育是段廷珪教育理念的典型体现，他写有一部《新女子职业教育》，该书不仅是谈他根据自己的办学经验而对女子职业教育提出的看法，还重点阐述了他对女性、女子教育问题、女子解放问题的看法，故而是了解段廷珪女子教育思想的必由之作，该书让他至今在中国近代史性别教育研究领域内仍然不断被提起，有必要对其女子教育思想进行全面而深刻的解读，进而剖析其独到之处。

《新女子职业教育》一书首版于1923年，由中华书局发行，蔡元培为之作序，历时三年而成。此后还有5次再版，可见其享有一定的阅读量。蔡元培为之写序的时间是1922年11月15日，显然成书的日期当在此之前。该书总共分为8章，前5章段廷珪阐述他对女性性别问题的认识，指出职业教育是实现女子解放的必由之途，后3章阐述女子职业教育的实施方案，并附有各种女子职业学校开办的课程设置指南。这显示出此书实际上是一本指南性的书籍，同时对女子问题也是论之颇详。这也反映了段廷珪对女子解放问题的关切。

在此书"编例"中，段廷珪曾自叙写作缘起，"兹编起源于教育部采集教育资料委员会女子职业教育，即采集资料之一目，编者以委员资格兼创办一女子职业学校，欲借此稍事研求"，并很谦虚地表示，只是"用以自镜，非敢出而问世"[1]。可见段廷珪是当时教育部采集教育资料委员会的委员，并专职搜集女子职业教育方面的资料。段廷珪肯定接触过各地大量的女子职业教育原始资料，于是结合了他的办学经历，勒成此篇。

他可能没想到的是，书成之后竟然成为近代国人写的第一部，也是当

---

① 段碧江：《新女子职业教育》，"编例"第3页。

时篇幅最大的一部有关女子职业教育的专门论著。他曾自叹"一生未出国门"，也自谦"见闻固陋""于东西文化均属隔膜"，但是只要认真读过此书的人，都会发现其思想亦不乏真知灼见。比如他对道德观念的看法：

> 男女道德条件，不外为两性在同等之地位合意共筹得之一种公关生活规则，演绎其应为之本务之条件也。苟男女之间废去共意，由一方面生出要求停止对手的人格独立一适于一部分人的生活规则，则道德之本义丧失而所存留之物但有权力而已。顾今日欲求解放此等不平等不正确客观的判断片面的要求条件，自不能不排去而代之以新要求。[①]

"五四"之后讨论女子职业教育的文章，现在所存所见，已然汗牛充栋，段廷珪的思考和观察构成了"五四"之后讨论女子职业教育思潮的重要一部分，现在研究女子职业教育，此书是必然要参考的，只是此书还尚未引起重视，只有部分研究者草草引述了这本被忽视的著作。[②]这是非常遗憾的。因此本章意欲以《新女子职业教育》和他的办学经历探讨段廷珪的女子职业教育思想。

（一）《新女子职业教育》编写的时代背景

要谈论段廷珪女子教育思想的背景，应从他自己强调的写作背景开始。"现在中国女子解放已成为问题"，且"职业教育又为世界各国所趋重"，于是段廷珪认为，女子的"职业教育为女子解放的前驱"[③]。此观点，只要检索全国近代报刊数据库"五四"运动时期关于女子教育的文献，就可以

---

① 段碧江：《新女子职业教育》，第27页。

② 参见任菲菲：《唐群英女子职业教育思想及其实践研究》，浙江师范大学硕士学位论文，2017年。谢长法：《中国职业教育史》，太原：山西教育出版社，2011年，第175页。

③ 段碧江：《新女子职业教育》，"编例"第3页。

看到，几无任何新意。几乎所有知识界的人士都在强调这是女子解放的必然之途——女子有职业，就意味着有收入，就能够自立。

就算是晚清以来一直强调贤妻良母主义的知识界人士，也强调应该要让女子自立。只是所谓的独立，来自男性对于女性的"赐予"，尚不是男女平等观念之下的女子自立（因此时的男性知识分子并不主张男女平等）。梁启超是这种所谓贤妻良母主义的首倡者，他从亡国保种、国家富强的角度认为，女子作为母教之本，关系甚大，不仅应该受教育，而且学成后还应该自谋生路。在梁启超看来，中国积贫积弱，实业不兴，"生利"之人太少，而女性传统上又属于所谓"分利"者，成为拖累男性的负担。因此，就必须培养有众多生利技能的人而减少那些只会分利的人。为此，梁启超主张振兴实业，通过发展实业，培养生利之人。而两万万女性也可以成为"生利者"。女性如何才能成为生利者？必得要兴女学，普及女子教育。[①]

---

① 梁启超：《论女学》，载全国妇联妇女运动历史研究室编：《中国妇女运动历史资料（1840—1918）》，北京：中国妇女出版社，1981年，第74—80页，该文原载1897年《时务报》。梁启超关于女学救国的观念其实来自郑观应。郑观应在当时报纸的言论中，影响了梁启超。郑观应在《致居易斋主人谈女学校书》中，认为"女学校乃当今急务救本之始基"，"女学与男学必相合"，美国差不多已到此等境界，故"女学最盛"，因而"其国最强"。究其原因则在于，女性在家庭教育中所发挥的作用，女学衰，则母教失，由此愚民多而智民少，则国力大大衰减。中国"欲富强，必须广育人才，如广育人才，必自蒙养始"，而"蒙养之本则始于母教，母教之本必自学校始"，于是女子教育成为国家兴衰存亡之所系。参见郑观应：《致居易斋主人谈女学校书》，载全国妇联妇女运动历史研究室编：《中国妇女运动历史资料（1840—1918）》，第83页。当然现在的研究也表明，郑观应、梁启超等人一方面提倡的贤妻良母，一方面提倡的女子自立（职业教育）都受到了西方传教士的影响，尤其是，美国传教士林乐知《万国公报》的影响。参见程郁：《二十世纪初中国提倡女子就业思潮与贤妻良母主义的形成》，《史林》，2005年第6期，第66—78页。

当时的维新派女士裘毓芳，在《女学报》中也响应梁启超的号召，强调女子养成独立的职业，"为工为商，为医生为教师"，为国生利。"女子谋生可减男子分利之忧，而即为国家生利之助。"西方国家的富强，不仅"富于工，富于商"，其要者还在于"又富于女子之自能谋生也"。[①]而另一位维新派女士蒋畹芳也认为女性"行事谋利"，当"以富强立见"。[②]这是近代以来女子职业教育思想出现的背景。

民国时期，关于女子解放的思潮愈演愈烈。民国初年唐群英等人发起的女权运动，大力推动了女子解放思潮的形成，此后虽有反复，但是随着新文化运动的蓬勃发展，一批思想家的颠覆性观念，开始影响潮流，传统的妇女观、妇女教育观，出现天翻地覆的变化。此时在学制上，也有不少女学、女子职业学校的出现，从1912到1927年出现了所谓女子职业教育的飞跃期。[③]

而胡适关于女性需要自立的观点，将此种潮流的影响推向了顶峰。

这种"超于良妻贤母的人生观"，换而言之，便是"自立"的观念……"自立"的意义，只是要发展个人的才性，可以不依赖别人，自己能独立生活，自己能替社会做事……男女同是"人类"，都该努力做一个自由独立的"人"，没有什么内外的区别的……男女同有在社会谋自由独立的生活的天职。[④]

---

① 裘毓芳：《论女学堂与男学堂并重》，载全国妇联妇女运动历史研究室编：《中国妇女运动历史资料（1840—1918）》，第98—99页。该文原载1898年《女学报》第7期。

② 蒋畹芳：《论中国创兴女学实有裨于大局》，载全国妇联妇女运动历史研究室编：《中国妇女运动历史资料（1840—1918）》，第100页。该文原载1898年《女学报》第7期。

③ 参见陆慧：《中国近代女子职业教育思想的变迁与启示》，《中华女子学院学报》，2014年第6期，第98—102页。

④ 胡适：《美国的妇人》，《新青年》，1918年第5卷第3号，第9页。

因此，从女子职业思想史的角度而言，自郑观应起，女子应该走出家门接受教育的观点就一直屡经时人强调，历40余年而不衰，到"五四"运动之后，女子解放思潮愈演愈烈，终于成为社会运动。女子自立的前提在于经济独立，而经济独立始于有固定的职业，几乎成为"五四"以后讨论女子问题之人的共识。当时的各大期刊报纸都在发起有关于妇女或者女性职业问题的讨论，这一点只要检索全国近代报刊数据库，就能发现时人对此进行的铺天盖地的讨论。而"妇女职业问题，在职业教育和妇女运动中，实在是最重要的部分"①。

于是段廷珪也希望将女子的经济独立与职业教育两大主题结合起来讨论，以期促进女子解放的实现。不过段廷珪的女子职业教育观仍自有其特色。这首先来源于他对女子性别问题的认识。

（二）对女性的认识

1.天赋人权观念下的生物个体

段廷珪首先从生物学角度认为，女性与男性同为脊椎动物中的高级生物，在原始时代，女性和男性除了在生殖官能之外，一切初无差别，同样具有各种机能，因此女性也和男性一样天生就有权利。他极力强调天赋人权，认为女子和男子同禀天地之气所生，"在天之所赋予两性体力与智力之权能，乃完全一致，初未尝因为性的关系而有所轩轾也"②。而且他还借用西方的概念，"原始社会""母系时代"，说明最早的政治权利出自女性之手。这是段廷珪思想受西方影响的典型例证。

但是女性随后因为所谓的"第二天性"——妊娠哺育——独立地位丧

① 刑知寒：《妇女职业问题的研究》，《教育与职业》，1927年第10期，第449页。

② 段碧江：《新女子职业教育》，第7页。

失，并变成了男性的附庸。这个第二天性，在段廷珪看来绝对不是因为女子本身之天性如此，而是后天人为养成的，属于后天的堕落，纯属"受男子之压迫，经几许变迁遗传与环境之所激荡而成"①。这是历史的悲剧。社会越进化，而女子反而越堕落，几乎无复人理。

也正因为第二天性，女子养成了几大习性，这几大习性有正有偏。若要对女子施以教育，他认为应该从这几种天性入手：

正：坚忍、慈和、优美、直觉

反：嫉妒、残酷、反荡、猜疑。

2.承担各类责任的社会个体

从天性上认识到女子的特性之后，他接着论述女性在社会中的情况，女子应当承担社会各类责任。他说女子是人类之母，无论是在家庭、社会、还是国家都负有重大责任。女子在原始时代因体力等原因只能从事家内职业，但是女子仍然为社会生活的重心。很多守旧人士对此认识不清，以为女子只在家内，对社会毫无责任，然则段廷珪极力反驳了此点。他说女子确实经常在家内，但是女性对家庭操持得越好，家也就越健全，从而在很大程度上影响社会与国家。

（1）家庭责任。女子应负之家庭责任是段廷珪论述最详的，从大家族到一夫一妻之小家庭制，即便是现代最先进之女性，也不能脱离家庭而独立，小到饮食居处、衣服、卫生、出纳，大到伺应老人，教养儿童，驾驭仆隶，皆女子应尽之天职。他也引述海伦·凯勒（Helen Keller）和杜威夫人（Alice Chipman Dewey）关于女子应该主内料理家庭的名言，以说明女子应承担的家庭责任。要而言之，有三类责任：1.主持中馈。2.教养儿女。

① 段碧江：《新女子职业教育》，第7页。在18页他还提及，男子与女子未受与男子同等之教育，这是引起女性堕落的又一根本原因。

3.调节家计。

（2）社会责任。女子占世界人数之半，也必须得承担社会责任。段廷珪以欧洲妇女从事社会职业为例，认为中国的妇女也必须承担起社会责任。欧洲的妇女在中古之世，也和中国妇女一样，局限于家内，但是近代以来，随着教育的解放，女子也能代替男子在社会服务。尤其是"一战"期间，大量男子移步战场，一些职业由女性填充，女子的技能与知识也得到大幅度增长，一旦获得职位，便不肯放弃。从社会进步角度而言，文明发展进步的动力就在于男女分业。若社会经济全体解放，则女子基于自身天性所分到的职业也必然增长。有了职业，则女子在社会上必然有一定地位。

（3）国家责任。国家责任即政治责任，女子有参政的权利，对国家事务有发言权。段廷珪从国家观念出发，首先认为，国家即国与家是也，国与家与个人有非常紧密之联系，个人不能脱离家庭而自立，也不能脱离国而独立。吾人既是国民，而国民则是包含男女而言的，也是立于男女所集合之社会基础而言的。政治责任是社会责任的延伸。女子同为国民，对国家有相当之职责耳。

在阐述女子的政治责任时，段廷珪还举了一个德国学者的一段话，大意是，德国男性服兵役是受了女性的驱使，所以女性实在是政治之母，女子深刻影响于政治，既然同为国民之一分子，对于国家，女性也必须要负起女性的责任。他强调女性是政治之源：

> 女子之感情及趣味是一个大雕刻家，质言之，是一种铸造的后继国民的大模型。女子之真义是作成根本的内部政治，至于男子不过在女子所作成的内部政治上面加以外形的衣服而已……能将世界大势缩

影于家庭，预示国民以应准备之，积极为国家前途谋福利也。[①]

段廷珪关于社会责任、政治责任的论述，未必见得有多严丝合缝，逻辑性并不太强，跳跃性很大，确有东拼西凑之感，但是我们也应该看到其对女性地位的尊重与女性作用的重视。

3. 女子走向社会应该具备知识

女子既然有各种各样的职责，于是必要具备相应的知识，否则不能胜任。若女性没有知识，不仅不能自立，家庭、社会、国家都无法达到圆满的境地，牵涉非常深，所以段廷珪认为，"今日女子地位，当以求知求能为第一历程"[②]。

段廷珪对女性知识的强调还有两个非常重要的特色：其一，不要求女性在家庭社会政治方面的知识有多深，不需要那些"钩深致远的奇技异能"，只需要具备普通日用的知识即可，就可以成为普通健全的国民。换言之，不求深入，只求面广普及，就有利于社会国家的改造。其二，据性之所近，选择专门的知识。女性应该就各自的性之所近，学习专门的知识，谋一种相当的知识，独立自营即可。如此，男女就可以获得协同一致的全体的进步。他列出了女性必备的一些技能知识，除此之外，还应加强人格教育。国文、修身、伦理、地理历史这些人文素养也是女性应该掌握之主要科目。

4. 女性应该有自我意识

对于女性的自我意识，段廷珪论之颇详，他主要以"人生的目的"作为切入点而加以讨论。他说，人生之目的在求安宁幸福，这几乎是人最大

---

① 段碧江：《新女子职业教育》，第15页。

② 段碧江：《新女子职业教育》，第16页。

的愿望。但是，中国的女性素来没有自己的人生目的与立场，在过去为一种贤妻良母主义所羁绊，女性没有独立的人格，完全受男性的支配。段廷珪写作此书的年代正值"一战"之后，欧美女子大量走出家庭走向社会参与政治之际，女子解放之大势已经形成。故他认为中国也应该跟上潮流，实现女子之解放，恢复本身的天赋人权，他将女性地位的丧失，归结于中国数千年的阶级制度。而现在正是打破阶级束缚的最佳时机，实现女性与男性的平等。既然女性和男性平等，女性必须培养属于自己的人生意义。从这一点看，段廷珪对女子教育问题的认识，又不仅仅是女国民路线，还有强烈的性别平等意识，希望女性依据自己的人生目的，形成女性的自我意识。

5. 女性应当解放

而实现女性解放，是其女子教育思想的核心，所有对女性的认识都围绕此中心论点而展开。不过对于女性解放，他是一种持衡的立场，所谓女子解放要达到的状态就是，男子既不能再像世纪之前的那样，施压于女子；女子也不能放纵肆意恢复其原始时代母系制度的威权。男女两性同具天赋人权，各自独立，应该"互爱互助互相扶持以期进展"，协同一致，为全人类之进步共同奋斗。"促进女子与男子最后平等一事，诚吾人唯一之最大责任。"①而且女子的最终解放，应该由女子主动争取，主动推进，男子不能代劳，而只能是协同而助之。段廷珪当然做了很多的协同工作，但是欲在社会层面全面推进女子解放工作，还有三个前提条件需要满足与解决。

（1）经济问题。经济为人的第二生命，经济不能独立，即不能谓之有人格。女子一直处于依附状态，故欲解放，首先得经济独立。"诚以经济

---

① 段碧江：《新女子职业教育》，第25页。

不能独立，一切一直不能自由，欲望无从满足，所谓解放徒虚语耳。"[1]

（2）道德问题。欲实现妇女解放，男女平等，还有绝大的道德问题要解决，这就是要打破传统的贞洁贤良的道德观念，这些观念是男性施加于女子的，极大地束缚了女子。在段廷珪看来，所谓道德就是：

> 立于人类生活共求一适宜于公共生活的规则，演绎吾人所当为之本务为目的者也。质言之，即男女道德条件，不外为两性在同等之地位合意共筹得之一种公关生活规则，演绎其应为之本务之条件也。苟男女之间废去共意，由一方面生出要求停止对手的人格独立一适于一部分人的生活规则，则道德之本义丧失而所存留之物但有权力而已。顾今日欲求解放此等不平等不正确客观的判断片面的要求条件，自不能不排去而代之以新要求。[2]

可见段廷珪对道德的定义在当时是非常新颖的，根基于男女平等。于是，以往传统的那些以男子为道德中心的要求，应该全部废止，代之以新的要求。而女子欲解放，这些新的道德观念应该在全社会推广，于是就牵涉到道德教育问题。

（3）教育问题。女子应当受教育，是段廷珪认为的女子解放问题的中心问题。他认为以往的两种教育标准——以男子为标准的旧式教育与基于男女差异所施行的教育——都已经很不适宜：

> 吾人既认女子与男子具有同样之人格，同等之精力与同情之欲望，即当在同事情之下启发指导其天赋能力使跻于男女两性在社会生活上

---

[1] 段碧江：《新女子职业教育》，第26页。

[2] 段碧江：《新女子职业教育》，第27页。

一律平等。①

　　如若非然，则并非女子解放之道也。

以上是段廷珪认为的、应该以女子职业教育来推动女性解放的论述逻辑，为了实现女性解放，必须对女子施行职业教育。如果说，女子教育是女子解放问题的根本，而职业教育又是女子教育问题的根本。

（三）对女子职业教育的认识

剖析段廷珪的女子职业教育思想，首先必要从其女国民教育思想谈起，这是其思想的一大特色，也是其女子教育思想之前提。

1. "女国民"思想作为前提

在《新女子职业教育》的绪言中，他提到，民国虽然成立，但是因种种原因国民放弃责任，"民不自立"。②自立意味着自己独立当家做主，即主人翁意识。而女子更是家庭中的另外"半边天"，也应该是主人。亦当有同等的权利与责任。他写道："国号民主共和，一切主权在民，责无旁贷，即女子与男子同为国民，同样与主人翁之资格，应与男子同负家督责任，行使家督权能。"现在女子教育薄弱，应当给予女性"同等之知识，同等之能力"，若无，则另一半主人翁资格丧失殆尽，不能配合家督权能之行使。③

在1933年出版的《教育改进与三民主义教育》中，段廷珪仍在强调，女性应当成为女国民，同享家督之权利。他说：

---

① 段碧江：《新女子职业教育》，第28页。

② 段碧江：《新女子职业教育》，第1页。

③ 段碧江：《新女子职业教育》，第2页。

究竟女子是否为国民份子？是否与男子有同等之人格？是否应同尽国民份子之义务与同享国民之权利？则解放女子，提倡女子教育，实我们先觉的男子目前最重要最迫切之责任，与其将二万万三千余万之女子，闭锁家庭，一切衣食住行，仰赖男子，加重男子之负担，不若将二万万三千万之女子，解放出来，使各能受相当的教育，养成其普通应具之知识与能力，一律与男子服务社会，效力国家，不失为健全国民份子。①

从以上论述来看，按照现今学术界论及女子教育思想的一般脉络，段廷珪走的并非是"五四"之后女性自身所要求的男女平权、完全平等的道路，而是民元之后，着力要求把女性培养成女国民的道路。这不是从女性视角出发的立场，而是男性施舍女性地位的立场。②

2. 实施女子职业教育是女性解放的初级阶段

段廷珪当然是赞成女子解放的。只是他认为，若还像国外妇女运动所主张的那样，女子解放运动将误入歧途。正因为当时女性解放运动节奏太快，他认为"一般受新思潮所鼓荡之青年男女，复不惜牺牲名誉，滨厥藩篱，悍然为轨道外之行动"，于是"家庭革命，自由离婚，潜逃自杀种种传说日震动于吾人之耳"，一些受鼓动的无知妇女"恣其肉欲"而产生道德问题，反而给了"死守尊男卑女三从四德等旧观念"之守旧人士以口实，以此来非议女子解放运动。

因此自由恋爱、解放改造、家庭革命等女性解放观念虽然波及全国，

---

① 段廷珪：《教育改进与三民主义教育》，第83—84页。

② 舒新城：《近代中国女子教育思想变迁史》，《妇女杂志》，第14卷第3号，第2—17页。舒新城在1928年将当时谈论女子教育思潮的各种讨论，分为4类：1.贤妻良母教育，2.女国民教育，3.男女平等教育，4.女子教育。

也被很多人强调，但其实负面声音居多，家族、社会、国家为之不宁。女子解放运动虽然前途光辉灿烂，如若指导无方，则有如出生之小儿，尚未脱父母之怀抱提携，就想驰逐追奔，必然"竭且蹶"也。①因此推行女子解放，必须要有步骤。而施行女子职业教育则是女性解放的第一步。

就本意而言，段廷珪是希望男女受同等教育的。但中国的当务之急不是这样，大多数女子都还尚未走出家门，智识未开；已经走出家门的，则又势头过猛，受鼓荡过度，演化出的行为又不为国人接受。故应先因势利导，让女子先获得独立的地位，再图缓进。

这是非常务实的做法。他说："为一般妇女计，现在所悬之目的似不宜太高，要以能各个独立自营，不依赖男子，脱其羁勒为第一阶段。"②所以，应向一般女性大力普及职业教育，待广大女性能独立之后，再开始以女性参政为目的的第二阶段。若"反是，则凌躐忘等，殆如却行求前，未可幸至"③。

因此段廷珪认为，女子职业教育的推进，应该因地制宜，循序渐进，根据中国社会的实际情况，因势利导来推动女子解放运动。他特别强调教育应该循序渐渐：

> 不过教育实施，须含有历史观念，适合于国民性，然后教育始有进步，一切政治，学术，技艺，始能发挥光大，收文明的效果。若完全抛弃历史，不顾国情，不求适合于国民性，一味模仿他人，恣意盲从，虽甚优良，鲜克有济。恰于窭人子学富家儿，饮食起居，日与相争逐，其结果未有不遭失败者。④

① 段碧江：《新女子职业教育》，第42页。
② 段碧江：《新女子职业教育》，第22页。
③ 同上。
④ 段廷珪：《教育改进与三民主义教育》，第1页。

《新女子职业教育》一书更是此种理念的体现：

> 兹篇因研究女子职业教育，用特专就各职业学校之合于女性能力者抉择而取裁之，借资观摩，以备从事女子职业教育者之参考，唯所列各职业学校之学科课程，大多属于高等专门为多。在吾国中等学校学科程度，容有未逮。若骤令素乏教育普通教育知识之子女，实习此等学艺，未免限程过高。[①]

于是在这第一阶段，尤当以职业教育导引之。若仅仅是使一般妇女完全与男子受同等待遇、同等教育，一律施以普通的或高等的文化，不谋其所在社会生活上应准备之知识技能与技术上应具之能力，则仍不能自立。他说：

> 盖今世已成尊崇实用之经济的世界，对于女子若仅授以普通的或高等的文化教育，毋宁直接予以急切要于环境之生活上必需之技能。则职业教育又为女子教育之最重要问题也。故今后女子教育之旨趣，一方面打破旧有习惯，衷心献好意于男子与一切无意识的家庭教育之锢积，一方面当增进女子之地位，启发女子之能力，为道德经济解放之前提，则舍职业教育无他途也。[②]

是故必须有意识地多照顾女性，多多设立知识技能类的教育，以使女子走向社会时，不至于不适应。段廷珪还把职业教育与当时的劳动神圣思潮与功利主义者的幸福观结合起来，认为欲达到所谓安宁幸福之最大目的，女性也应该积极工作，"以人人须作工，教育平等，权利平等，即世人所指目

---

① 段碧江：《新女子职业教育》，第44页。
② 段碧江：《新女子职业教育》，第28—29页。

为洪水猛兽之劳农均富学说为确失"。他认为，"欲实行此等劳农均富学说之主义，舍从事教育俾人人有劳动之知识，有劳动之能力，其道无由。而女子职业教育尤为实行此种主义谋人类一般之幸福之不容易日置为缓图也"①。

女子职业教育的开展，是女子通过劳动实现社会自立的前提，也是迈向女子解放的第一步。经过这第一步，借助于"五四"新文化运动的启蒙之风，则经济问题、道德问题、教育问题、婚姻问题、参政问题皆可迎刃而解，最终达于女子解放之目的，女性实现自我价值。

3. 女子职业教育乃教育普及之手段

上文已言及，在段廷珪看来，职业教育本身就是一种教育普及的手段，既可以解决受教育的问题，又可以解决平民子弟的出路问题，这主要是针对男性而言的。就女子解放问题而言，职业教育更是教育普及的一种手段。因为中国学龄女子上学的比例极低，犹如凤毛麟角，还有大量普通学龄女子未曾受过系统教育，因而女子必须要接受教育。但是问题的重点还不在于"少数女子与男子受同等教育，养成特殊能力"，而在于"一般女子与男子受普遍的教育，造成国民应具之智能"。故而他强调："并不必强求一般女子与男子受普通的文化教育而在使全国女子受各自独立的职业教育。"②

在普及教育的问题上，女子始终是一个大问题。这里有传统观念——女子素无教育的必要——作祟，也有女子学校太少、入学女校学生太少的现实。他认为欲普及教育，需要多方面共同用力，但是职业教育始终是最便捷的手段，因为"职业之目的在养成独立自营，虽平民子弟多所乐就"，而且非常适合女性，"可使大部分素无教育之女子均可利用时机，得到独

① 段碧江：《新女子职业教育》，第24页

② 段碧江：《新女子职业教育》，第3页。

立自营的能力，并借以补国民应具之知识"。而且女性学成之后，又可以教养子女，使得家庭教育日益改良，补学校教育之弊。[①]

因此他主张通过职业教育实现国民素质的提高：

> 吾国教育之未易普及，以女子素无教育之必要，亦属最大原因，现虽鉴于世界潮流，提倡男女同校，然除吾国民学校外，各校女生殆如凤毛麟角，其专为女子特设之学校，复可屈指数，依现在进行程序，欲达到教育普及，一时大难，非多方设法，同时并进，未能日起有功，而职业教育实所以助成普及，前已具言之，而尤以倡导女子职业教育易为拓展也，盖职业教育之目的，在养成独立自营，虽平民子弟，多所乐就，毋待强迫，女子职业教育则更使大部分素无教育之女子均可利用时机，得到独立自营之能力，使家庭教育日事改良，用以补助学校之所不逮，再照前述设各种补习学校或夜校，使已失学之青年男女均有受教育之机会。[②]

可以看到的是，段廷珪的女子职业教育理念一开始就是针对社会下层，带有鲜明的平民教育的特色。他要解决的不是上层女子受教育的问题，他更关心的是大多数弱势群众的利益，要使所有的女子都能够受到一定的教育，并且能够自力更生。他说："职业教育之目的在于使资力缺乏之子弟获得相当之技艺，能在社会独自营生。"[③]这种向下关怀的情愫，扎根基层，通过教育给予民生以关怀的精神，更值得颂扬。

---

① 段碧江:《新女子职业教育》，第32页。对于那些未入学之青年男女,已失学之青年男女,应该广社补习学校或者夜校。

② 段碧江:《新女子职业教育》，第30—31页。

③ 段碧江:《新女子职业教育》，第37页。

（四）女子职业教育的推动方案

段廷珪希望的是教育能够惠及所有的女性，不是空谈女子解放的口号。那个时代要求开展女子职业教育的呼声很多，但实际上只是"雷声大雨点小"，真正办女子职业教育的人很少。诚如蔡元培所言："今日提倡女子职业教育者固有其人而实心实力办理此事者尚寡，倘亦口惠而实不至者与？"[①]蔡元培的观察是准确的，段廷珪就是这样一位办实事的人，因此在《新女子职业教育》中不仅有关于女子职业教育的理念，还有根据办学经验得出的如何开办女子职业教育的具体方案。

1.大力兴建女校，普及女校

每县至少应有高等小学四所，初级女子职业学校二所，几县应有联合中学。其中，高等小学绝不能听任女子退学，乃养成女子知识能力的根基所在。而女子职业学校，则为养成女子生活技能而设，女子问题的根本在于经济独立，虽女性在法律上已享有继承权，但恐财产不能守，务必得加强职业教育。故每县都应设立女子职业学校。

2.强制推行女子义务教育，加大惩罚力度，增加女子职业学校的生源

"本来义务教育，实行强迫，儿童届入学年龄，未曾入学，对于该儿童之父兄，应有相当之惩罚，将来还须特别规定，凡有已届学龄之女童，未曾入学，应照男童加倍处罚，以期促进义务教育之真正普及，借谋男女教育机会真正均等。"[②]在初等小学和高等小学毕业之后，大部分女子是可以再直接进入女子职业学校的。

在如何办学上，他的想法更为具体。段廷珪根据他所调查到的情况，

---

① 蔡元培：《序言》，载段碧江：《新女子职业教育》，第1页。

② 段廷珪：《教育改进与三民主义教育》，第86页。

也根据各行各业的实际情况，为办理各类职业女学校提供了翔实的办学指导意见：大到办学宗旨，小到科目的设置、时段等。他详列了15类职业学校的办理，分别是：

第一，裁缝业学校；第二，蚕丝业学校；第三，染织业学校；第四，烹饪业学校；第五，庭园师及室内装饰匠学校；第六，装饰画工及薜绘师学校；第七，理发及鬘制造业学校；第八，医药业学校；第九，药种商业学校；第十，写真师学校（附绣像及画）；第十一，石膏细工及雕刻业学校；第十二，音乐家学校；第十三，印刷业学校；第十四，商业补习学校；第十五，补习学校。[①]

可以看到的是，这几类学校都是适于女子从事的，也都跟女子的体力与天性相对适应，从家庭手工的裁缝、蚕丝、染织、理发、园艺到各类艺术类的职业，甚至商业都是女子大有可为的一些领域。

段廷珪的女子职业教育推动方案有以下几点特别突出的内容。

（1）突出家事教育。女子从事家事相关的职业是天然的性之所近，将之利用好而实现独立是第一步。他认为，女子职业教育对家庭工业亦非常有促进作用，妇女为家庭之主要人物，无论如何解放，终不能脱离家庭而各自独立。家庭轻工业又素来是中国轻工业行业中之优势产业，其中妇女之功，功不可没，为当时的社会国家增加了收入，如果此时再尽量扩充，则家家富裕，"劳农均富"的主张可以实现。这也是扩充女子职业教育的重大意义。

（2）女子要有工作之尊严。在接受职业的同时，普及女子人格教育，故而办理学校时，要有修身、国文之类的学科的设立。

（3）女子的职业教育要提前与社会接轨。比如提前开展岗前培训，在

---

① 段碧江：《新女子职业教育》，第44—73页。

家或在工厂中实习。

（4）在办学方法上，他强调要有意识地利用女性的心理办学。段廷珪认为，由于当时的教育宗旨已经是实用主义的了，目的性很明显，不宜搞人物养成教育。若按此办理只会养成清高而没有实际能力之女子，找不到工作，容易成为废人。但是女子又有虚荣心理，认为职业教育属于低端教育，也想接受普通的或高等教育。有鉴于此，在实际办学过程中，应该特意把名字起得高端一点。这也是日本职业学校的做法，各类学校，经常冠以实科高等女学的头衔，但其实仅是从事技艺教育。这也是因地制宜的办法。此外，则是因势利导，利用男性的储值购物心理，把女子进学校当作投资手段，开展女子职业教育。由于当时女性没有独立地位，女子若能得以上学，取决于家庭中父亲或兄长的态度，由于上学又需要缴纳学费，很多男性不愿意将女性送往学校，认为其读书无用，仅是浪费钱财而已。针对这种态度，段廷珪特提出此法，以职业教育毕业之后的前景而诱惑之。他说：

> 盖职业教育固属女青年出值购物之绝好场合，断无折本懊丧之虞，而又能自树立，有利可图……本此场合，导以新机则所谓解放，庶能彻底，不至茫无涯涘。且女子而欲求解放尤必以智能曾否充实经济能否独立为先决问题。而所以从事职业教育即所以达智能充实之的，树经济独立之基，故职业教育可视为女子解放之唯一途径也。[①]

（5）加大师资培养力度。办职业教育，必会涉及师资问题，当时的情况是，师资特缺，情况特别迫切，苦无良师，因此为配合职业教育的开班，也还得先进行职教老师的师资培养。根据美国全国工业教育实进会的讨论结果，段廷珪也认为有以下三种方式：其一，特设夜班，紧急培训。其二，

---

① 段廷珪：《教育改进与三民主义教育》，第4页。

专科养成。在各中学及师范类学校里，各设专科，着力培养之，待毕业后去往职校任教。其三，检定方法。对师资进行考核。对于中国女子职业教师，应该采取从速的办法，特设夜班培训，同时从已有经验的学生中招募加以训练指导以期简易速成，中国女子素习手工缝织刺绣图画家事烹饪，当不难办此。

（6）加强对毕业生的职业指导。学生的出路问题始终是教育界的核心关切。这一点上一节已经有详细的论述。

（7）在普通中学中，针对女子，也应广设职业科。普通中学不能脱离技术，专注精神层面，以免出现走向社会之后完全没有实用之才。但是他也主张因地制宜，以各地的实际需求为根据，职教科目应当根据地方风俗，酌情设立，使学生因所用以为所学。毕业后可以充分利用本地物产，弥补该地需用之缺乏，贯彻学为所用之本旨，促成社会之进化。

（8）增加产品的销路。办理女子职业教育还将面临产品应该如何销售的问题。由于女性生产的多是手工业产品，其竞争相当激烈，段廷珪自己的办学实践中，就有销售问题的思考。他说，产品出路与销售事关职业的成败，若无法销售，犹如死水无源。当时的国货销路面临着外货的激烈竞争，外货充斥"各种职业停滞，国民生计日趋困苦"。鉴于现状，段廷珪秉持着民族主义立场，意欲振兴国货，这就产生了如何竞争与销售的问题。他提了四个建议。其一，在各城市镇多设国货陈列所。其二，在各通商口岸开设上篇展览会。其三，改定税率：国货销售内地，除奢侈品之外，少征印花税；若出口，则免税；对国外商品则解除关税条约自由征收。其四，各商会应该积极发挥作用，帮助各职业社筹划出路。这些建议尤其适合女子职业教育的开展。

值得一提的是，段廷珪并没有专为学龄女子提供入学的具体办法，他还强调，失学的或者成年女性都可以去上补习学校，补义务教育之不足，完成国民应具之知识，包括读书、作文、数学、乡土科、生活心得、手工教授等。

综上所述，作为一个有着办学体验女子职业教育推动者，段廷珪的职业教育思想很接地气，不仅有教育理念的论述，还给出女子职业教育具体办学方案。他所期望的是，通过女子职业教育，促进对所有女性的教育普及，进而实现女性解放，而不是简简单单地走上层路线。换言之，他走的是女子教育的下层路线，带有明显的教育普及的色彩。这是段廷珪女子职业教育思想的典型特色，也是"五四"运动时期中国职业教育思想的重要组成部分。

四、教育普及理念：义务教育与民众教育

（一）义务教育

教育普及是段廷珪一生追求的主要工作之一，他希望所有人都能成为国民公民，自然是需要每一个人都能受教育。但是实际情况又往往事与愿违，1912年之后，政府名义上要建立惠及所有人的教育，但往往流于形式很难达到，而且教育体系上也出现了很大的弊端。

弊端之一，教育变成纯粹的商品化教育。段廷珪认为当时的教育体系之下，师生之间，除了物质交易关系外，无所谓道义，反不如旧时书院制。在私塾制之下，以前的学生，不仅在物质上养活老师，对老师精神上亦敬礼有加。近来更演成阶级的流毒，师生间或不免成为仇雠。

弊端之二，贫者子弟无力上学，教育为有钱者独占。段廷珪说，往昔书院义塾，不收学费外，且发有膏火与奖金，贫而有才者，即使家无担石，亦可借其才能获得膏火与奖金，用能自给，这是他的切身体验。但是现在的中等学校，非中产阶级之子女无力入学；高等教育，则更非较大的资产

阶级不能问津。并且科举未废以前，私塾书院，遍设乡间，乡人子弟均可就近入学，学有专长，考试考得好还能冒出人才（至科举考试科目之不当系另一问题），子弟就学的机会比较容易。但现在中等以上学校，均集中都市，因国内交通不便，都市与乡间的生活程度，常相差数倍以至十余倍。往昔力能负子弟数人就学的责任者，现则供给二人或一人，每感经济负担力不足，致遭荒废。[1]

弊端之三，人才培养堪忧。段廷珪说以前的学堂采取考试制，以学力为标准，修学无年期的限制，天才常见。就算是劣等生，也可各依其能力自由发展，以后有所成就；对读书没有根柢不堪造就的，也可以早早选择其他生路。但是现有学制因为年期的限制，一个班上的学生姿性各异，有学得好的，有成绩差的，却都还要一概教下去。所以这是"徒以年级的关系，彼此互相牵制，虚耗光阴，未易充分发展其真实才能"[2]。

在段廷珪看来以上种种情状，都是一味仿效日美资本主义教育制度带来的问题：资本主义化，资源越来越向少数人手里集中，穷人的孩子越发得不到教育的机会。有感于此，他在自述《教育改进与三民主义教育》的写作动机之时，就是希望在这一层面上打破教育垄断，让资源分散，实现教育普及，让下层百姓可以享受到教育的福利，从而在底层也塑造成真正的国民。当然，他的教育改进计划分为好几个层面，本节专论义务教育的推行与民众教育。这是普及教育的两个基本层面。

对于义务教育的理念和推行，段廷珪是不遗余力的，其女子教育与女子职业教育亦是其中的两个重要抓手。在《教育改进与三民主义教育》中他详述了推行义务教育的想法。对他来讲，推行义务教育就是让全国所有的学龄儿童都有学可上。他看得很清楚，当时南京国民政府新政权初兴，

---

① 段廷珪：《教育改进与三民主义教育》，第25—26页。
② 段廷珪：《教育改进与三民主义教育》，第26页。

为推行三民主义纲领，解决教育商品化资本主义化的问题，"首在谋义务教育之普及"[①]。

虽然自晚清厉行新教育制度以来，军政当局一直在推行教育普及，但是效果不佳，直到20世纪30年代仍然有八成的国民完全未受过系统的教育，有必要重新拟定周详的义务教育普及。当时国民政府教育部已经拟定了新的教育普及办法，预计在20年内，实现全民四年的义务教育，实现教育普及。但他根据《上海教育附刊》所载之《实施义务教育初步计划》进行了补充说明，着重强调了具体如何普及义务教育的方法以及如何解决经费问题。

按照计划，1915个县将于五年内设立城市和乡村义务教育实验区1500处。如此的庞大的计划，面临着诸多具体问题，段廷珪积极为此出谋划策。主要的问题如下。

第一，学龄儿童数量。以四年义务教育为期，人数大概4700万，到他写作时，大概还有4000万学龄儿童尚欠义务教育，这是非常庞大入学儿童数量。

第二，师资问题。办如此多的学校，师资力量从哪里来？这是头等问题。以每一教师教学人数40人计，全国20年内须增加各级学校教师140万人。他依据此前收集的数据估计，全国师范学校、师范讲习所共301所，每年毕业人数只万余人。因此培养师资的力度得大大加大。

第三，学校硬件如校舍及教室设备如何添置的问题。若要使每一教室容纳学生40人，4000万学生，至少须增加教室100万间，场地问题如何解决？资金在哪儿？这都是非常重要的问题。

第四，经费问题。以义务教育每名学童所需负担费用按7元计算，4000万儿童就是2.8亿元，此中还不包括建筑教师、培养师资以及购置设备的费用。这笔钱如何筹措？中央和地方又该怎样协调？这都是急需解决

---

① 段廷珪：《教育改进与三民主义教育》，第43页。

的关键问题。

针对以上问题，段廷珪提出了五点解决方案。

第一，培养师资计划。当时提出了培养140万教师的计划，这项计划又分城市计划与乡村计划。城市20万，由现有的师范师资培养；乡村120万，则需另谋渠道，专门设立乡村师范学院及乡村专修科，进行培养。其中乡村师范学院分省立和县立两种，县立乡村师范，至少应在五年内设立1500所。并且想方设法鼓励学生尽早毕业服务乡村。

（1）登记各省师范学校及全省师范讲习所毕业生，劝其分赴各小学服务。凡未有工作之师范毕业生，一律由教育厅分发各县充当小学教员。

（2）厉行师范毕业生服务规程，凡受师范教育者，须在小学服务三年。

（3）凡非正式师范学校毕业之教员，一律重加检定，取其学识经验合格者。分别聘用以补师资之不足。并规定教员暑期修学办法，切实执行，俾其学识时有进步。

（4）凡检定不合之小学教员，分别送入县立乡村师范学校，使之受一年或二年之师范交运，俾成合格之教师。

（5）考试私塾教师，凡及格者准其充乡村师范小学教师，并使暑假期中，补受师范教育，其考试不及格之塾师，则劝其入县立乡村师范，受二年以上之之师范教育。①

第二，乡村学龄儿童分期入学。因乡间农忙时需要儿童帮助工作，如一律四年恐不能办到，可采取变通法。

---

① 段廷珪：《教育改进与三民主义教育》，第62—63页。

（1）入学正式小学四年。

（2）入正式小学三年以后，改入补习学校。每晚修学二小时，俟修满二年后，即可认为初小毕业，义务教育完满。

（3）入正式小学二年以后转入补习学校。每晚修学二小时，俟修满四年。亦得认为初小毕业，义务教育完满。

（4）入正式小学一年以后转入补习学校。每晚修学二小时，修满六年。亦得认为初小毕业，义务教育完满。

（5）凡入正式小学一年以内，不能毫无间断者，可以每年入学半年，两年之后，再入补习学校。完成其初小教育。[①]

除此之外，还应该为不能正式入学之儿童设立补习学校与自修制度，由学校加以考试，如能及格，则可免除其入学义务之一部分。

第三，尽量利用现有之公共场所，增加教室。如乡间的家庙、学宫书院、庙宇寺观、私人别墅（给予出让者奖励）、旧式房屋改建等。

第四，想尽办法增加教育经费。教育经费始终是办学的最大问题。如，利用英俄退还的庚子赔款发行公债、利用盐税办学（段廷珪认为，义务教育实施，亦必须普及于全国人民，以全国人民普遍负担之盐税，办全国民众普遍享受之义务教育，其理由亦至当）。

第五，中央与各省、各地方协同解决教育经费。面对经费困难，中央与省里应该协同解决之，在经费问题上，中央承担45%，省里承担20%，地方承担35%。地方财政虽竭，但可利用田赋税、土地税、契税附加、房捐、屠宰税、营业税、遗产税等税种之一部分用于义务教育经费。

后来，段廷珪担任省教育厅督学期间，还专门视察过郴州"郴永宜资

---

① 段廷珪：《教育改进与三民主义教育》，第63—64页。

汝桂"①各县义务教育实施情况，并在汝城考察时形成过一篇报告，篇名为《汝城县短期义务教育概况》，载于1936年7月的《湖南义务教育》。该视察报告对于义务教育在湖南偏远地区的实施情况，在经费、设备、入学人数、教师人数及教材使用情况等五个方面有较好的反应。

汝城县义务教育分为十个区，1934年筹办，该年12月开学，开办时有一两个义教区，系强迫开办的。当时的一些民众认为，筹办义务教育，需要筹钱，虽然有一笔巨款，但是担心政府的"别有用心"，恐怕还会摊派抽丁。具体视察情况如下。

（1）该县义务教育经费主要由钨硝捐每担收取法币一元办理，后经协商改为六角，经费紧张。

（2）设备：各教学设备如讲台、讲桌、凳子、黑板皆系新进购买，尚属齐全，校舍为借用公屋，其他如算盘等教学用具短缺，且购置不易。

（3）学生人数。每班名义上40-52人不等，9岁以上的多，9岁以下的少，而且不足额，实在到校受课人数，每班只有30人左右；因视察日期正值早稻分秧时期，学生请假者多。

（4）教师数量尚属合格，但是苦于校舍有限，教师不能住校，导致有迟到的现象。教师授课也较为卖力。

（5）教科书采用部编教材，但是多数乡村区域购置困难，教学进度缓慢。②

---

① 《湘资兴四区设图书馆》，《中华图书馆协会会报》，1936年第11卷第6期，第41—42页。

② 段廷珪：《汝城县短期义务教育概况》，《湖南义教》，1936年第28期，第7—8页。

（二）民众教育

义务教育，是使已届学龄之儿童，均有受教育之机会，能得到相当的知识与能力，相与担负国民一分子之义务，准备监督政府，实现民有民治民享的最终目的。除了义务教育的学龄儿童之外，还有大量的失学青年和成人未曾受过教育，这一数字几乎占了全国人口的一半。如此庞大的失学青年及未受过教育的成人，令段廷珪非常担忧，若任其蒙昧无知，不仅个人丧失权利，还会国民整体知识蒙昧，能力薄弱，阻碍国家进步与发展。

但是这一点，军政当局根本未暇顾及，未能有经费支持。因此他极力号召新成立的国民政府扶植民众，一心一德，拿出经费积极谋划民众教育，"一方面使一般民众都能得到求学的机会，和享受教育的利益，他方面养成为民众谋幸福的人才，相与打破严格的阶级制度"[1]。如此才能推动教育之普及，才是提升整体国民素质的正途。而推广民众教育也是当时如火如荼的社会活动之一，主要由晏阳初主持的平民教育促进会在多个省份都有分会，向大众普及知识，提高大众文化水平与修养正是国民强基计划之一部。

因此，若欲谋教育普及，对于成人以及失学青年的教育就刻不容缓。为此他提了六点方法，都颇为可行。

第一，普设民众学校。无论任何机关及学校，均应附设民众学校，其组织分内外二部。内部针对该机关的员工或学生，每星期一、二、五开讲两小时；外部招收附近之失学青年和成人授课开讲，教其简单的千字课及粗浅算术白话作文，使日常生活能够应付，另一方面则灌输普通国民具备的常识，"俾能了解所担负之责任，与其应尽之义务，期于养成健全之国民份子"[2]。

---

① 段廷珪：《教育改进与三民主义教育》，第33页。

② 段廷珪：《教育改进与三民主义教育》，第73页。

第二，每县的义务教育实验区附设民众补习学校一所或两所。

第三，推行义务教育阶段增设的教室除入学儿童外，附设民众补习学校。

第四，各机关学校和一切公共场所，普设民众问字处。

第五，特设民众教育机关或委员会专调查推广民众教育，包括：

（1）订定强迫民众教育规章。

（2）规划民众教育之课程标准及教学方法。

（3）举行大规模之识字运动，并规划按年推广此运动办法。

（4）遵照中央决议普及教育案所编成之成年补习教育计划规程也事实程序。

（5）依照前条计划，制定预算及筹措方法。

（6）调查全国12岁以上50岁以下不识字男女概况。

（7）调查全国民众补习教育事宜及现行状况。

（8）规划分年培植民众教师及实施人才之办法。

（9）规定农工商妇女补习学校办法大纲及各种职业补习办法。

第六，推行注音符号，提高民众的识字率。他认为，给汉字注音，为统一语言的利器，可以提高识字率不论，还可以提升全民族的认同感。他还举了日本的例子，加以说明：

> 日本人无论妇孺，下至车夫走卒，均能读片假名之书报，借以激发普通一般国民之爱国心，虽推行义务教育有念，然因字注音之功于民众教育，要为不可掩之事实。[1]

---

① 段廷珪：《教育改进与三民主义教育》，第76页。

五、科学教育与人才理念

段廷珪是一个深受西学影响的晚清士子，虽然还保留了很强的传统观念，但他对于西方科学，也就是"赛先生"带来的魔力是非常清楚的。段廷珪对科学教育非常尊崇，他清醒地意识到中国贫弱的最大原因，就是由于没有实施科学化的教育。因此，他也主张在教育中渗透进科学的理念，使得教育应面向生活，改善人们生活。他认为，中国儒家历来重视教育的实用性，但晚近以来停滞不前。西来之科学，使一切生活改良，物质文明大为向前发展，因此他主张科学教育，而科学必将带来实利，促进人们生活水平的提高。

> 欧美各国，既均由教育改良生活，教育特别注重科学，研究科学，至于发明精进，结果科学愈发达，技术愈精良，各种机械，日新月异而各不同，因此各种物质产品，由天然的进为制造的，由原始的化为精炼的，由手工的变为机械的，以致各种物质产品日日改良，产量日日增多，产品愈改良，产量愈增多……因此我国教育，当前急务，一方在抗战，一方在建国，所谓抗战教育，实在后方民众，维持固有生活，一切人力物力财力集中，以接济前方，使无丝毫欠缺，以争取最后胜利。所谓建国教育，就现有各教育机关，切实整理，侧重科学，加紧训练技术专门人才，利用机械，改良各种生产，增加产品产量，并积极扩张武备，本我国固有道德文化，以忠孝仁爱信义和平即礼义廉耻为中心信仰，采取欧美学术技艺之所长，迎头赶上，以期自给自治自卫，不再受人家的经济的侵略，政治的侵略，武力的压迫……①

---

① 段碧江：《教育与生活》，《湖南教育月刊》，1940年第2期，第24页。

（一）科学教育理念

要讨论段廷珪的科学教育想法，首先应该搞清楚的是他对科学的感知。他认为：

> 关于科学的定义，言各不同，迄无定论。从广义方面说：精密而有系统的知识，都可以称为科学。从狭隘方面说：科学是指，以直接经验的事实为根据，用归纳法和演绎法，所构成的体系记录及说明。[1]

但是，这种对科学定义的认识，并非他强调的科学观念的关键，他所注重的是，科学的实用性。他敏锐地看到：

> 欧美各国国势之所以富强，物质文明之所以发达，一切一切的所以日新月异，光怪陆离，这完全是科学发达的结果。反之，中国国势之所以萎靡不振，工业之所以不发达，一切一切之所以远在欧美人之下的，就是科学不发达的必然现象。[2]

因此，有感于中国科学观念的缺乏、技术物质上的落后而造成的贫困落后状态，他着力强调科学观念的教育。这其实是他民生主义教育理念的又一体现。他说：

> 中国现在教育所感受的不是科学没有进步么？因为科学没有进步，生产工具不能改良。遂使物质安于固陋，致感物不能尽其用，因为物不能尽其用，产业不能发达，遂使人才无出路，致有人不能尽其才，因为生产工具不能改良，人不能尽其才，遂使地不能尽其利，因

---

[1] 段廷珪：《教育改进与三民主义教育》，第39—40页。

[2] 段廷珪：《教育改进与三民主义教育》，第40页。

为科学不能进步，一切建设事业，交通机关，不能积极改良与发展，虽欲尽地利，殖货财，亦未能畅其流，因为地不能尽其利，人不能尽其才。物不能尽其用，货不能畅其流，遂使人民生计日即于困穷。三民主义的教育，是解除人民的痛苦，改良人民的生计，增进人民的福利。欲达到此种目的，在使地尽其利，人尽其才，物尽其用，货畅其流，其改造的方法，是在产业的革命，其所取的途径，是谋生产事业的发达，因为谋生产事业的发达，不能不改良生产的工具，与交通的便利。改良生产的工具与交通的便利，非积极的研究科学期逐渐进步不为功，因此科学教育，与人才教育，实现在三民主义新中国的国家所亟待整理，急须养成，具有此项科学知识，富有此项科学知识，富有研究的专门人才，以谋各种物质的建设。[①]

可见，科学观念不仅是技术上和文化上的，还和人民的生活水平紧紧联系在一起。推行科学教育是为了改良人民的生计与增进人民的福利，欲达到此种目的，非大力加强产业发展不可。要使产业得到发展，就不能不改进生产工具与交通手段，而生产工具和现代化的交通手段无一不和科学观念发展带来的技术发展紧密联系在一起，故欲改进技术手段，首先要有科学观念的教育，而科学观念的推行离不开一批专业人才，因此科学教育和人才培养是当时百废待兴的国民政府所急欲推行的，也是段廷珪积极主张的。为此，他提了四条办法：

第一条，刷新政治环境，发展有用科学。这是段廷珪基于实用主义与现实情况得出来的办法。他说：

---

① 段廷珪：《教育改进与三民主义教育》，第99—100页。

我们知道欧美各国国势之所以富强，物质文明之所以发达，一切一切的所以日新月异，光怪陆离，这完全是科学发达的结果……我们看中国的科学。自张之洞开始讲究所谓声光电化的西艺。以至现在我们实际得到者，还只是几本科学教科书，所谓学生，还是进不能使国富兵强，退不能得到相当的职业。就是在西洋留过学得有博士硕士头衔的专家，也是一样的进不能使国富兵强，退不能得到职业，到底怎样才能进可以富国强兵、退可以得到职业呢。仍非刷新政治发展生产事业不可。[①]

可见，根据过往的经验，只从技术上去学科学思维，仍然不能够解决中国的现实问题，重点在于造成贯彻学习科学观念的社会氛围，这是发展有用科学的起点，而其实施，则离不开教育。为此便有第二条办法。

第二条，要养成学生富有科学的精神与态度。他说，中国人做事总是没有条理，没有严谨的分析能力，缺乏精密的思考力。因为没有养成科学的精神与态度，所以无论什么事体，总难得完满的成就。因此，今后的教育，要训练学生用科学的精神与态度去改造社会上的一切事务。除了科学的态度以外，还要学以致用。

第三条，要训练学生应用科学增进生产力。他说，中国贫弱最大原因，是由于生产力不足，实业的幼稚，这是无可讳言的。如果要增加生产、振兴实业，那就非得以科学为基础不可。既然是实业，那就必须得实干。如何实干？"今后的教育，应该要训练学生能够应用科学的知识和方法，改造社会的生产力，解决社会上一切问题，以谋三民主义真正的实现。"[②]仅在学校中推行科学教育还远远不够，要培养公众的科学观念，得让更多的

---

① 段廷珪：《教育改进与三民主义教育》，第100页。
② 段廷珪：《教育改进与三民主义教育》，第42页。

民众接触科学，看到其功效，以增加说服力，造成整个地崇尚科学的社会风气，为此他提了第四条办法。

第四条，普设公共科学馆。鉴于以往学校教育中科学仪器、设备和科学书籍似几乎已成为摆设，不仅浪费金钱，还不能发挥作用，因此他说：

> 今欲谋科学进步，与其糜巨额经费，添置各种图书仪器，闲置各校，不能发生丝毫效力，不如搜集整理各级学校图书仪器，并设法扩充，普设于各城市镇，成立为公共科学馆，以便各公私立学校及私人延聘专门教授，一律准其来馆自由研究，并公开讨论。[1]

为了使想法得到贯彻，他还补充说明了五点。

第一，各市县至少设立普通公共科学馆一所，仪器设备起源。并设专人管理，面向所有公众开放。

第二，督学区内的高中或师范也得设立公关科学馆。

第三，每省或特别市设专门的公关科学馆，供私人团体或学术团体使用。

第四，奖励到馆参观学习者。

第五，原先各学校之图书仪器一律收归公有（工业专门除外）。

当今，不仅科学观念已深入我们的教育体系与教育理念，政府还大力推行科教兴国战略，其效果也是肉眼可见的：既提高了经济发展水平，又改善了国计民生；既让教育普及基本实现，又使多数家庭安居乐业。立足当下，再去观察一个世纪之前段廷珪对于科学观念的极度强调，我们就能明白其深刻用心，这是于国家和民族都功德无量之事。推行科学观念，离不开当时高层教育工作者的推动，也离不开诸如段廷珪此类一线教育工作

---

① 段廷珪：《教育改进与三民主义教育》，第101页。

者的共同努力。他们不仅在推行科学理念上居功至伟，在人才培养上也给出了非常具体的建议，以改善教育质量。

（二）人才培养理念

在段廷珪的教育理念中，科学观念又和人才培育紧密联系在一起。对于人才培养他也给出了非常具体的建议。

首先，依学生天性和职业需求培养专门人才，学有专长者，不必设限制，一律考试。允许各私人团体，自由研究，公开讨论。大学的专门科也只设讲座，不设学额，由学生自由选择。但是应该严格考试制度（段廷珪非常推崇考试制度，认为这是中国政治史中一种最优良的政策，也被诸多欧美先进国家所效仿，因此在书中，他单列一章而详论之）：

（1）杜绝徇私舞弊和考试泄题，若发生之，除以重罪。

（2）分门别类考试人才。

（3）考试技术人才应该注重学生的实际能力，不能仅凭表面功夫。

（4）若考试合格，应立即予以擢用，不要徒以虚名。

（5）考试资格不必限定毕业文凭。意即人才培养听任自由造就、培养学生的创造力，造成一种真实学问与技能。

当时是正是百废待兴需要人才之际，此举可以让专门人才心安，考试合格立即得以使用，不仅符合兴学育才、才期致用的本旨，也可以做出一个榜样，使"未能及格仍得各自振奋"①。

其次，对于人才培养，面向贫寒学生和学有专长者，特设奖学金奖励制度。

---

① 段廷珪：《教育改进与三民主义教育》，第115页。

最后，为办学效果计，限制普通中学的设立，不应多设。

> 每省市至多设一高级中学，并附设初中一校至三校，专收各市县之贫寒优秀生，一切学膳书籍用品等费，概予免收，由公家备给，以示栽植，其余普通一般为谋生而求学者，尽有乡村师范、工农商各职业学校以资容纳。实无多设普通中学之必要，对于业已设立核准备案之中学校，如认为办理不善，应严格取缔，以免再滋贻误。①

这样，节省下来的经费可以用于其他专门教育和义务教育。

以上为段廷珪教育思想的具体剖析。很明显，其教育理念比较全面，但是有一个共同的特色，即带有明显的下层色彩：他希望教育向所有人普及，希望所有的中国国民，不分男女，统统得接受教育；并且，由于教育还是改善民生的一种手段，故而他极力强调职业教育，希望所有人都能够有职业，都能够养活自己，尤其对女性而言，此点是女性解放之前提。段廷珪是一个接地气的教育家，他出身贫寒，自然也希望教育能够解决下层人民的问题，这是其伟大关怀之体现。

---

① 段廷珪：《教育改进与三民主义教育》，第108页。

第五章
教育实践

段廷珪的教育家身份是与其丰富的办学履历紧密相连的。清朝覆灭之后，他不仅担任过湖南一所颇有名气的中等师范学校的第一任新校长；以后在北洋政府教育部任职时期，还依据自己的教育理念，自行办理了一所私立女子职业学校，为当时的女性解放贡献了一己之力。此后又回到衡阳担任一所中等学校的校长，时值国共第一次合作。在执掌这三所学校期间，段廷珪都可谓恪尽职守，尽到了教育家的本分，其诸多工作是开创性与奠基性的，为当时地方教育事业的发展，做出了自己的贡献。

一、湖南省立三师时期的办学实践

段廷珪是改名后的湖南公立第三师范学校的首任校长，该校前身为1904年筹办的官立南路师范学堂，其后改名为省立第三师范学校，段廷珪因此前在京师大学堂求学、在湖南省提学使司任职，对于这所筹办的新式学堂应该并不陌生，该校后来因其巨大的革命贡献而在湖南近代史中声名显赫，被誉为"湘南革命的摇篮"：在"五四"运动和大革命期间，涌现了诸多的中共党员烈士，如蒋先云、贺恕、黄静源、陈芬、陈为人、蒋啸青等，他们在湘南地区开展的学生运动、工人运动、农民运动推动了湘南共产主义革命的蓬勃发展，构成了一道亮丽风景线。该校也为湘南起义、井冈山革命根据地提供了大量的起义人员，也有诸多学生成为以后中共党史中的显赫人物，如黄克诚、曾希圣、张际春、张经武、张平化、周里、伍云甫、谷子元等。

在湖南三师的校史中，段廷珪被评为该校1912—1927年最有作为的三个校长之一，正是在他的掌舵之下，实现由"师范学堂"向"师范学校"的转变。这不是简简单单校名的变化，背后反映的是国家体制的变化，其中的一些转型时期的工作，我们当代人仅用常识就应该能想象得到，要处理很多错综复杂的关系。段廷珪也确实是很有作为的，他在任时间不算太长，却把晚清一所转制而来的学校办得有声有色，走向正轨。

段廷珪是民元以后在谭延闿的任命之下接任省立三师校长的，1914年12月离任。作为蔡元培可能教过的学生，段廷珪确实热心贯彻南京政府关于教育方面的政策和主张，对于学校教育和管理进行了大胆的改革。作为一校之长，段廷珪对于本校之内的所有事务有决定权，大到教师的聘请、教学内容的制定，小到学生的着装等都有赖于他的意志。一位好校长将会是一个优秀的舵手，1916年的《省立三师概览》，记载了当时校长应该承担的工作：

第九条 校长之职务：1.统治全校，主持一切事务任免全校职员。2.规定本校法令，并执行行政官厅所颁布之一切法令。3.督率全校职员忠实尽职。4.研究教育力图改良进步。5.主持全校训话。6.规定校舍之设备。7.核定预算计算。8.视察管理教授之状况并核定学生操行学业身体之成绩。9.酌定学生之入学退学升级留级毕业即褒赏惩罚事项。10.稽核一切表簿。11.主持各项会议。12.提倡课外运动讲演游艺等会之演习。①

此外，学校有校长不得在外有兼职、本校上课每星期开课不超过8小时、须常住校（周三晚、周六晚才可离校）等规定。这些工作，段廷珪可谓基本都做到了，其治校作为有如下几点。

第一，明确国民主义教育的办学理念。他着手制定学校《规程》，根据临时政府教育部《师范教育令》和《师范教育学校规程》之旨趣，明确以造就国民学校和高等小学师资为目标，明确以国民主义教育为办学理念，他强调：

> 民国精神与专制异，其学术迥殊，即教育亦相远。在专制精神，在人文安分守己，学说主拘章文艺，故施教与受教大都以利禄为依归。民国贵自立、尚求新，非具有世界观念以与时事潮流相应付无以为教。盖专制教导之责在国家，民国则新以扶持国家，尤在国民，故为专制之国民，易为民之憾民，难为民国之国民，必饶有民国之知识，民国之能力，然后能尽国民之天职而薪新以完成国民之知识能力。②

而养成的国民，不仅在于为己，还在于为国家做贡献，他接着说："师范之实在于警觉"，培养的学生应"负担国家完全责任，则我第三师范之教育……在校诸君，盖为国家谋福利"③。这些理念完美地释了师范的意义及学生应负之责任。

---

① 《湖南省立第三师范学校概览》，1916年，第16—17页。

② 段廷珪：《民国元年—民四年省立三师同学录序》，1912年，衡阳师范学院档案馆（摘自湖南省档案馆）。《民国元年—民四年省立三师同学录》，湖南省档案馆，全宗号6，全案号6。

③ 同上。

第二，突出民本主义的办学思想（道德教育），定"公勇勤朴"为校训，以"诚"字为中心。

第三，扩大招生规模。南路师范学堂以湘南25县为招生范围，民国之后，本省之他县学生（居住该县两年以上）亦可收入。

第四，选定校歌。校歌曰："衡之阳兮湘之干，佳气自往还。笃生圣哲濂溪兮后船山。温故知新为师，如金在镕曰范。景仰先贤，陶铸后进，责任兹惟艰。愿吾侪服膺校训，'公勇勤朴'勿等闲。"

第五，严肃校纪校风，统一着装。学生在校期间一律身着校服，并且用本国的布料缝织，夏季校服为灰色，冬季为青色，帽子也为灰色。衣领和帽子上统一缀上"第三师范"字样。

第六，扩大校舍。增添音乐教室和手工教室，建设附属小学校舍，扩充操场，为开展课外活动提供便利。1914年续修了曾熙定下的"南学津梁"的牌匾（南路师范学堂初定的教育思想是"南学津梁"，这一教育思想为首任监督曾熙提出。1907年，他还将这四字手书于一块横匾上，悬挂在学堂门前通道的桥头上，每字约一米见方，字迹刚劲雄浑，赫然在目。他还两次精修通道，定名为"南学津梁通衢"）。将原来的木桥变为石桥，并续修通衢，将该校打造成当时湘南环境最好的学校。1913年前来视察的湖南省视学宾建极，就对三师办校规模的气派颇有记述。他说江东共三校，"就中以第三男师范款项较足，规模宏大，洵为南路大观"。可见三师的气派让他印象深刻，随后他又将外界对三师的"非议"归结为校舍的宏大：

> 特风潮亦与之成正比例，推原其故，皆由权利所在，人争趋之，内部之攻击常闻，外界之评论各异，热心者转多，齿冷旁观者借以开

心。大好规模，反多非议，良可慨也。①

此后蒋维乔考察参观湖南三师时也感叹道：

　　校舍系特别建筑，规模甚宏大，附属小学亦系特建，与师范学校别为一区……每月大扫除一次，故校舍教他处清洁。②

　　1920年来衡参观的长沙代表也还惊叹于该校的环境：

---

① 宾建极：《省视学宾建极视察衡州教育报告书，二年上学期》，《湖南教育公报》，1913年第10期，第146页。湖南三师的新校舍建在合江套对岸之晒金坪，前临湘江，后倚八甲岭，地面开阔，环境幽美，是读书学习的好地方。1907年3月落成。4月19日，南路师范学堂正式迁入新校舍。新校舍的规模宏大，设施齐全，除了教室、寝室、大厅、礼堂外，还有教员室、事务室、自修室、外操场、内操场、饭堂、储藏室、图书仪器室、阅读书报室、接应室、疗养室、理发室、洗刷室、浴室、厨房、校役室等，总计房屋170多间，建筑面积为657.49平方文。刘国武等编：《衡阳师范学院校史》，第12—13页。

② 蒋维乔：《特别记事湘省教育视察记(续)》，《教育杂志》，1916年，第8卷第5期，第31—32页。蒋维乔还记录道：

　　现有学生，预科二班，百二十人，本科一年级二班，八十八人，四年级三班，百五十人。经费由省支给，常年三万八千元。

　　余至是校参观时，师范生已在暑假前实验期内，大概停课温习预备实验，故于教授未及观，仅观设备并询问校中情状而已。

　　校中所用表簿，有学校日志，学级日志，操行考查表，成绩分数表，褒赏惩罚录，稽查学生缺课表，学年历，毕业学生履历簿，时间表，存记通知，惩罚通知，褒赏通知等，课外作业，学生组织月进会，分讲演图画，书法，剑术，拳术，架梁，蹴鞠，庭毬，野毬，音乐十部。

　　管理训练上，每月一日，校长在礼堂集合全校学生，训话一次。

　　每月大扫除一次，故校舍教他处清洁。学生每人年须纳杂费十元，除英文数学用现成教科书外，余皆取通行课本，用旧活板翻印，分给学生。据吴校长（翻岗）言，其费较购书为省。

其后蒋维乔重点记述了参观附属小学的观感，此处不表。

校内各处都算整洁，学生本有四百七十余人，现在到的只有二百人，校址的宏大，和四围的风景，然是教育的机关，读书的场所，只可惜受着军事上的影响，不能应时的改良，然后我于这校的希望，还是无穷，要看学生的觉悟如何，和大局解决的迟速。[①]

第七，养成学生思想自由的习惯，不被传统的思维所束缚。段廷珪主张学生"思想自由，兼容并包"。故而三师的风气很新。在他手上，学校成立了自进会。自进会是以研究学术、练习技能，借以陶冶品性，适于劳动创作主义为宗旨。其会务完全由学生自行组织，虽然资金由教职员工还有校中公费补助之，但仅受教职员之监督指导。[②]自进会内部组织有体育部、言语部、游艺部。各部经常组织学生参加辩论会、讲演会、文艺、书法、图画、手工、音乐以及各种体育活动。这些活动，有益于学生获得多方面的知识和爱好。这些活动对于培养学生的活动组织能力、阅读表达能力等方面收到了较好的效果。段廷珪也创办了校刊，学生可以在校刊上发表文章，表抒思想。可惜刊物及文章都已亡佚，未能保留下来。

第八，课程设置上，偏向新学，突出知识技能教育，减少传统读经课的时间。三师的师范本科大概有这些科目：修身、读经、教育学、教授法、国文、习字、外国语、历史、地理、数学、博物、化学、法制经济、图画、手工、农业、乐歌、体操。除法制经济是增加的以外，其余的课程基本继承了南路师范学堂的课程。但法制经济科正是讲新学的重要体现，越来越偏向实用性。以前的外语课未列入正式课程，现在开始作为基础课程，以增进对国外知识的了解，此外减少了读经课程的时间，由每周9个点钟减少至5个点钟。[③]

---

① 《衡阳各校参观记》，《民国日报》，1920年5月8日。1906年4月，湖南巡抚端方奏准拨购买新校址费用白银3万两。

② 《实验湖南第三师范之设施》，《湖南教育杂志》，1915年第4卷第7期，第11页。

③ 校史编写组：《湖南省立第三师范学校校史》，内部资料，1994年，第30页。

第九，教学方法上，亲自审定各级学年教授案，各科照标准实行，以图每一科教法之统一。每学期定开教务会议，教员共同研究讨论之。至于教材的订购，余地相对较大，有学校统一配备的，有官方审定的，还有教员自行编订的。①

第十，基本的成绩之外，注重对学生操行的考察。严肃学生的平时行为，学生须默记基本的守则，期末进行评比。段廷珪以身作则，积极推动全校的训育。②

第十一，聘请优越的师资。从1914年24位教员的统计情况来看，受过高等教育和师范教育的有19人。段廷珪自己是京师大学堂优级师范毕业，教员王凤昌亦然，其中监学零陵人唐昭钰和教员谢瑞光、颜文详都是从日本留学回国的，其余的教员诸多毕业于湖南优级师范或者南路师范学堂优级选科，这批新式学堂毕业的大多被前清赐予过举人身份，其余未从新式学堂毕业的教职员起码也具有秀才身份，至少饱读诗书。③

第十二，积极争取经费。段廷珪到任之后即为省立三师被拖欠的经费问题向大都督谭延闿呈请，争取办学经费，甚至债主"德大钱店叠次追逼，兹更跟踪来省，据称巨款久悬，心实难安"，三师停止付息之后，损失已在千金之外。有鉴于此，谭延闿似乎答应了段廷珪的请求，才指示财政司给予办理，教育司即转发此条公牍。④

第十三，重视体育锻炼。除定期用中西医的方法检查身体、保持良好的身体健康之外，段廷珪还注重学生的体育锻炼，着重注意体操及各种体育运动，还召开了三师第一次运动会。⑤

---

① 《实验：湖南第三师范之设施》，《湖南教育杂志》，1915年第4卷第7期，第9页。

② 《实验：湖南第三师范之设施》，《湖南教育杂志》，1915年第4卷第7期，第9—10页。

③ 《民国元年—民四年省立三师同学录》，湖南省档案馆，全宗号6，全案号6。

④ 《财政司奉都督令据第三师范呈请发给历年积欠银两》，《湖南教育公报》，1913年第1年第3期。

⑤ 《实验：湖南第三师范之设施》，《湖南教育杂志》，1915年第4卷第7期，第10—11页。

第十四，编制第一份同学录。这是段廷珪在师范馆求学经历之所得，当时他就经历了《北京大学堂同学录》的编撰，认为把所有学生之信息集中在一起，更有利于学生毕业之后互相提携发展。

段廷珪的掌校经历对于以后湖南三师的发展影响很大，很多工作是基础性且开创性的，奠定了自由学风的基础。应该说，湖南三师之所以成为湘南革命的摇篮，跟段廷珪主张的自由民主的学风是有一定关联的。没有相对宽松的环境与学风传统，"五四"时期各学生社团的组织与学生运动的蓬勃开展是很难想象的。

二、北京务本女子职业学校的办学实践

1919年段廷珪以教育部秘书的身份创办务本女子职业传习所。这多少有些令人意外，因为在此前关于其生平的材料中，几乎都没有与女子教育有关的内容。或许是因为"五四"新文化运动之际，女子解放成为当时最热门的话题之一，段廷珪身在思想潮流的中心，忍不住也欲在此问题上一展身手，或许是因为受范源廉等的影响，而关注女子教育问题。总之，因为该校的办学经历以及根据该校办学经历写出的著作，使得段廷珪在女子教育领域内青史留名。今天我们谈论民国时期的女子教育问题，尤其是女子职业教育问题，恐怕都绕不过段廷珪这个名字。

按照段廷珪的办学初衷，该学校主要向女子传授各种职业知识技能，以期日后可自食其力。[1]建校时，资金困难，段廷珪特向教育部请求特别津贴

---

[1] 《指令七月十六日》，《京师学务局教育行政月刊》，1920年第1卷第11期。"令京师劝学员长呈一件为送北京务本女子职业传习所备案表及简章等件请予鉴核备案由。呈暨附件均悉查该所专为传授女子各种美术工艺之知识技能，借以养成其独立自营之能力用意，颇堪嘉许。经局复查，成绩优异，教管有方，核阅简章大致亦可应即准予备案以示提倡。"

补助，①卒获批款洋500元。②《民国北京大中学校沿革》中，对女子职业传习所的简单介绍，则从宏观上勾勒出了女子职业传习所历史变迁的基本脉络：

> 民国8年（1919）女子职业传习所在马市大街（今西四东大街）9号设立，所长为湖南资兴人段廷珪。1921年4月改办女子职业学校，1922年3月31日北京政府教育部第670号指令备案。校址移丰盛胡同。1924年8月，浙江金华人、日本法政大学毕业的邵振青出任校长。大约存在到1928年。③

由上可知，段廷珪最初创办的女子学校规模较小，故名之"传习所"，办学层次比女子职业学校稍低。随着经营管理不断成熟，学校成绩日益显著，学生人数逐渐增多，学校规模不断扩大，遂于1921年4月改组为"北京务本女子甲种职业学校"④，次年在教育部备案。段廷珪或是因为经费问题⑤，所以1923年9月北京务本女子甲种职业学校由胡默青（又名春霖）接办，并在原址附近的北京内右四区阜成门内大街创办"务本女子大学"，后迁校址于内右二区西四南丰盛胡同，原来的办学地点——北京西四马市大街仍然继续办学。1924年时，北京务本女子大学附设两个学校，分别为

---

① 《呈教育部八月三日》，《京师学务局教育行政月刊》，1920年第1卷第12期。"呈为北京务本女子职业传习所业经本局核准备案……据该所所长段廷珪称，珪前以所款支绌，恳特别津贴，具呈教育部沐批。"

② 《局令：训令：第三号（十年一月十五日）令北京务本女子职业传习所》，《京师学务局教育行政月刊》，1921年第2卷第4期。

③ 参见李铁虎：《民国北京大中学校沿革》，第221页。

④ 《呈教育部（十四年七月十四日）》，《京师学务公报》，1925年第1卷第4期，第13页。

⑤ 《妇女日报》有报道载："组织尚称完备，经费虽不充足，幸该校职教员热心为怀，得以维持至今。"且职业学校因机械设备消耗巨大等其他原因，常常经费不足，难以为继。见《北京务本女学演剧筹款》，《妇女日报》，1924年5月30日。

位于西四马市大街的北京务本女子甲种职业学校和办学地址尚不明确的务本女子大学附属小学。①胡春霖后"因诸力不胜,学校趋向停办"②,1924年8月由(著名的进步青年)邵振青(即邵飘萍)出任校长,不仅使该大学得以续办,且"获得更坚实的经济基础"③。1926年邵飘萍被害身亡,务本女子大学办学日益艰难,最终于1927年左右停办。从务本女子传习所发展

---

① 北京档案馆编:《北京档案史料(1999.2)》(北京:新华出版社,1999年)第217页载:"务本女子大学。1923年9月成立于内右四区阜成门内大街,后迁校址于内右二区西南丰盛胡同,约在1927年停办。"华德韩:《邵飘萍传》(杭州:杭州出版社,1998年)第240页载:"务本女子大学原创办人胡春霖,因诸力不胜,学校趋向停办,飘萍乃就职于危难之时,筹捐经费不遗余力,复得政府辅助而使该大学续办并获得更坚实的经济基础。"1924年5月30日《妇女日报》,《北京务本女学演剧筹款》载:"现闻由该校教务会议,公推胡君默青职掌斯校,胡君亦慨焉允诺。"由上可知,胡春霖于1923年9月创办了"务本女子大学"。1923年9月15日《时事新报(上海)》,《北京务本女大近闻·举行新生试验》载:"前经富有学识经验各专门人才,竭力经营规划,期于逐渐发展之北京务本女子大学……闻该校未改大学前之旧有学生,业已实行开课云。"可知务本女子大学非完全新办之学校,而是由旧有学校发展而来。《京师教育概况:民国十三年—十四年》(1926年)第6页"在北京务本女子大学"后备注"十三年度。有甲种实业及小学见各该部",第14页在"北京务本女子甲种职业学校"后备注"务本女子大学附设",故知在胡默青担任校长时期,在原来北京务本甲种职业学校的基础上,创办了务本女子大学,并将务本女子甲种职业学校作为附属职业学校,并设一附属小学。1924年《京奉铁路旅行指南》第四期载:"务本女子职业学校,西四牌楼马市。"1926年《北京游览指南》载:"务本女子甲种职业学校,西四牌楼马市。"故知,务本甲种女子职业学校仍在原址办学。至于学校的名称冠以"甲种"之名,也是因为段廷珪考虑到女子的喜好虚荣的天性,甲种显得更加尊贵,他在《新女子职业学校》一书第31页中有言:"即编者创设之女子职业学校,完全以养成女子各种技艺能独立自营为帜志,亦因在学女生对于普通文科兴趣特浓,于各种技能科多淡漠视之,因时势之权宜,不能不改定名称,又须保成原来设学之主旨,标名为甲种职业,此亦迎合女子虚荣心理不得已之苦思也。"

② 华德韩:《邵飘萍传》,杭州:杭州出版社,1998年,第240页。

③ 华德韩:《邵飘萍传》,第240页。

为务本女子大学，到最终瓦解，该校虽然只存在了短短10年左右的时间，但是前后的办学体制、管理方式、组织形式等却发生了巨大变革，故本章暂且只论述段廷珪任校长时的办学实践。

（一）办学实践与办学特色

1.办学实践

（1）办学经费

务本女子甲种职业学校系私人创办，其办学经费来源可考的有二。其一，创办者个人出资。这也是务本女子甲种职业学校的主要经费来源。段廷珪自言："不惜牺牲私人的什么精神啦，金钱啦，创办一女子职业学校。"[①]女子职业学校与普通学校不同，机械设备是女子职业学校不可或缺的教学设备，而这些设备不仅购买时需花费大笔资金，而且投入使用后，仍耗费大笔资金对设备进行维护。因此，女子职业学校的开销是十分大的，个人之财力往往难以长久维持学校的正常运转，故不得不向政府寻求帮助。

其二，政府补贴。这是务本女子甲种职业学校非常重要的经费来源，从办校伊始至发展壮大，务本女子甲种职业学校几乎一直都接受着政府补助。由前述可知，务本女子职业传习所创办之初，段廷珪便向教育部请求特别补助津贴，并获批准，得到大洋500元的补助。此补助为一次性补助，虽非长久之计，然亦可缓解办校之初经费拮据之急，为务本女子职业传习所的开办奠定了重要经济基础。除此之外，京都市政公所对京师各私立学校亦有补贴政策。据《市政月刊》（北京）记载，经京都市政公所审核通过的私立优良学校，每月可获得一定经费补助。从1921年春季起至1926

---

① 段碧江：《五月七日国耻纪念会讲演》，《湖南省立第三中学校期刊》，1924年第1期，第36页。

年秋季止，京师共38所学校受此补助，其中便包括务本女子职业学校。且为了敦促各校严格办学，将经费用到实处，公所于1926年夏季特派专人前往受补助的各校进行调查，"审核优者继续补助，不及格者停止补助，并将停止之款另补助其他优良学校"①。务本女子职业学校通过了此次审核，每月的补贴是48元。②

大概到1922年11月之前，务本女子职业学校"校款奇拙"，已快"无力支持"，段廷珪向当时教育部（崇文门）具呈请款，要求从小学办学经费中每月划拨300元，但是没有得到批准（教育部自1921年之后屡屡发生基层部员讨薪事件）。③

（2）学科设置

根据杨鄂联在《京师之职业教育》中的记载，务本女子甲种职业学校设置普通科和职业科，普通科分本科、预科两种，且附设一个平民小学班；职业科设有刺绣、缝纫、织机、化妆等，并附设一出品发卖所。学习普通科目的时间占三分之二，学习职业科的时间仅三分之一，故职业科的成绩不多。④起初的女子职业传习所"完全以养成女子各种技艺能独立自营为职志"⑤，重点在于向女子传授职业技能，而非学习普通学科知识，然"因在学女生对于普通文科兴趣味特浓，对于各技能科多淡漠视之，因时势之权宜，不能不改定名称，又须保成原来设学之主旨标名为甲种职业，此亦迎合女子虚荣心理不得已之苦思也"⑥。

---

① 《考查各补助私立优良学校成绩》，《市政月刊（北京）》，1926年第9期，第1页。

② 《本公所按月补助各学校成绩情形调查报告表》，《市政月刊》（北京），1926年第9期，第114页。

③ 《教育部批示》，《益世报》（北京），1922年11月22日，第7版。

④ 杨鄂联：《京师之职业教育》，《教育与职业》，1923年第46期，第5页。

⑤ 段碧江：《新女子职业教育》，第31页。

⑥ 同上。

可见，普通科学习时间占据主导地位主要是为了满足在校女生的学习需求，并非段廷珪的办学初衷。随着各科发展的不断成熟，普通科、职业科和附设的平民小学班从务本甲种职业学校中独立出来，发展成为三个不同的学校，即前文提到的务本女子大学、务本女子甲种职业学校、务本女子大学附属小学。由于趋向于学习普通科的人数较多，故以由普通科发展而来的务本女子大学统摄之，其余二校均属附属学校。

关于普通科的具体所学内容，虽然没有直接的材料，但是可通过段廷珪依据自身经验所作的《新女子职业教育》进行推想。在该书的附录中，他详列了办理各类职业学校应设的科目，其中第一类为裁缝业学校，恰好属于"务本"之列。在裁缝业学校的设置中，段廷珪认为，修业年限应该为三年，三年之内都应该开设这些科目。姑且认为务本女子职业学校的学生会学到这些内容：修身要义、作文及读书，数学及簿记、材料及器具学、图画、实验教授、体操。对于这些科目，段廷珪还有进一步的解释：

（甲）修身要义，授生徒以持身处世及公民知识。

第一年级：校则；礼仪；作法；卫生学；人体构造；呼吸营养及血液循环；生活费；衣服及居住；劳动及休养；工场之卫生保护；业务上之疾病；伤之处理；应急手续。

第二年级：职业历史；裁缝业之成立；裁缝工场；切断室（因调制衣服切断织物之室）；中古衣服之规定；团体独立；手艺历史的发达；竞争的及物品价格；机械之意义。

第三年级：市乡制度；自治团体；市乡选举法；省县组织及行政工会组织及选举；公民之权利义务；职工之权利义务；职工与职长之关系；劳动者保护及社会的立法。

（乙）作文及读书，使生徒熟达公私日用文。

第一年级：普通用文（致朋友亲戚家族文）；就业申告；契约；照会；定货单；物品运送拒绝；依赖拒绝；招牌；广告。

第二年级：债务日用文；收受便条；借用便条；交付凭证；督促书；请求书；期限承认书；汇票结算书；介绍书；照会及问答；关于运赁书式。

第三年级：支给书式；现时支给；分赋给；官厅往复文；裁判所；工业裁判所；军署；税务署；商号登记；商店通告书；买入契约；委任。

读书当与处世及公民心得相关联，养成善良风俗，使知文学趣味，并阅读模范文及专门诸书。

（丙）数学及簿记。

第一年级：注意裁缝业之简易决算；职工之利息及生活费之计算；个人或家族之家计及一月并一年之收入；赁钱表；贮金及利息。

第二年级：业务计算；物品购入；利益；损失；折算杂费及其他事业费；物品换算；货币换算；衣服一着之计算；一部分计算（例如胴衣着等）；物品保险；汇票及期票有价证券之卖买。

第三年级：单式簿记（多额购入之计算与直接关联及外国生产地之关系上货币换算）；疾病意外之灾害及养老保险；责任保险及其他之保险；事务计算。

（丁）器具及材料。

第一年级：对于裁缝业当使用之物品器具机械及其他裁缝用品为观察及实验。

而于第二年级则授以裁缝之切断法、火熨斗等必要之裏件、钮之种类及流派等之知识。

于第三年级：授以织物之知识；织物之纤维（梳丝及丝纺绩之预备工事）；木棉；绢；亚麻；麻织物；关于纤维之化学；织物之整调（出光泽使体材美丽等）；洗染。

（戊）裁缝图画，使生徒得裁缝工艺所需之知识，并参照历史上之风俗与现代之衣服，如色之调和、形之善美等，使感其趣味。

第一年级：关于缝法之装饰；结纽；穴之穿法；袴之各种衣囊；妇人服；妇人所用上衣之肩；衣缘；襟。

第二年级：袴之各部分；衣囊各形体；饰带；胴衣各种；襟形各式；妇人用上衣之各种袖饰；妇人用上衣及胴衣。

第三年级：男女各种礼服之形式；晚餐服；西式大氅；雨衣式；军衣军帽各种款式。

（己）实验教授，使生徒以能力所及，依标本为作业，并为工场之补助。

第一年级：各种缝法；纽穴；带对于表面及角之火熨斗使用法。

第二年级：袴及胴衣；衣囊及袋类之调制；衣服之各部（襟肩章袖饰等）；妇人用及少女之袋类；胴衣及异常人之构造特须注意。

第三年级：男女礼服之裁法缝法；军衣军帽之缝纫及装置；雨衣大氅之裁法缝法；各种衣服之洗染之补缀。

（庚）体操。裁缝工作为坐业者，于其生活状态常不免有所伤害，为补助其健康发达，故体操一科须为必要，当课以徒手及器械与游戏等操。夏季则于尘埃不起之场行集合的运动，并使于出校后作业踵续行之，以保健康。①

从科目的设置及科目所学的具体内容来看，与杨鄂联1922年的观察，几无二致，务本女子职业学校普通科，非常注重学生的文化课学习，比如修身要义中，除了持身的知识之外，尚还有诸多公民知识。总体来看，虽然所学内容较为浅近但是非常实用。文化课所用时间占去大半，这应该与段廷珪自身欲加强女子自身文化知识的培养有关，在他的职业教育理念里，职业教育不仅旨在养成经济独立，还有欲使女子成为真正国民之意，这就需要加强文化教育。

除此之外，女子务本职业学校还兼设夜间补习班，"专授浅近而切于实用之学术"②，务本女校此后大概招收了英语和数学的夜班，每晚6点之后开班，并且还允许男补习生报名。③

（3）师资力量

按照1923年，杨鄂联先生的调查统计，务本女子职业学校，有教职工20人，是私立的女子职业学校中最多的一所，其中男教师15名，女教师5名④。

在《新女子职业教育》一书中，段廷珪认为职业学校的教师必须对所教授之学科有较深的经验，且须定期对教师进行验定，"或由地方团体，或由教育局管理职业学校之特别委员会主持之，其验定时间一年，如其人于所选任之功课有教授成绩，得每年更易一次，继续担任教授"⑤。这也是

---

① 段碧江：《新女子职业教育》，第46—49页。

② 《务本女子甲种职业学校》，《晨报》，1922年3月14日，第7版。从这条广告中，我们还得知当时该校的招生电话为2051。此后的一个礼拜，1922年3月21、22日，务本女校继续在《晨报》登出该广告。

③ 《务本女子职业学校》，《晨报》，1922年5月26日，第7版。

④ 杨鄂联：《京师之职业教育》，《教育与职业》，1923年第46期，第24页。

⑤ 段碧江：《新女子职业教育》，第33页。

务本甲种女子职业学校采取的教师审核法。《京师学务局教育行政月刊》载，务本女子甲种职业学校有四名教员因所开履历"仅称由本校工作班及选习科毕业，是否称职应令查明声复"，经查，此四名教员"虽仅由选习科及工作班毕业，而程度较高，成绩亦颇优美，且在校授课亦只限于选习工作，而班量材器使，确能称职"[①]。由此可见，务本女子职业学校对教师的要求比较高，并以定期考核作为保障教育教学质量的重要手段。具体的教师教学过程已经无从可考，但从他在《新女子职业教育》一书"职业教师之养成"来看，对职业教师的需求非常迫切。

2.办学特色

（1）半工半读、奖钱招生法

女性几千年来一直带着封建的枷锁，受封建大家长的控制极深。"女子无才便是德"是当时大多数父母所奉行的金科玉律，认为女子应该以家庭为重，能料理家务即可，无须接受教育。妇女运动虽蓬勃发展，然大多数女性仍未有自由独立之意识，并不知如何寻求自身之解放，凡事皆听父母之命。故教育部虽于1913年8月颁布了《实业学校令》，将女子职业教育正式纳入教育系统，女性接受职业教育者仍少之又少。而生源可谓是一个学校生存发展的命脉，若无充足的生源，学校必将难以为继。段廷珪对如何扩大学生来源有着深刻的见解：

其一方非采工厂营业主义之手段不为功，对于来厂工作女生每日须给予以少数之劳金，使其他女生欣于利得，咸怀兴奋，然后利用时机，给以相当的教育……此编者从事女子职业教育数年所得之经验，

---

① 《呈教育部（十一年六月二十一日）》，《京师学务局教育行政月刊》，1922年第2卷第9期。

不能不贡献于当世也。[①]

亦因此故，务本女校采取入学奖励的措施。该法也确实行之有效。1923年9月15日，即务本女子大学刚刚成立之初，《时事新报（上海）》记载，在务本女子大学所举行的第一次新生招考试验中，"报告人数尚形踊跃"[②]。当年招收学生42人。

（2）抽奖销售法

职业科的成果虽不多，但还是有不少成品。段廷珪十分重视这些职业产品的筹销，认为"职业所制成之产物，苟无法维持调剂，则委积停滞，已不免余粟余布之嫌"[③]，且只有将产品卖出，在职者才能获得经济来源，故设一出品发卖所。北京《益世报》对发卖所还进行过报道，号召民众为支持国货故而购买该所发卖的物美价廉的商品：绣屏、绣联、衣袜、手套等。[④]不过当时商人为盈利多进口外国产品，民众亦争相购买洋货，因此本国产品难以销售，出品发卖所实际境况并不理想，"过问者极少"[⑤]。

于是段廷珪提倡以各职业学校所在地点为销售场，主张通过各种奖励方法吸引民众购买职业学校的产品，民众"购买货物至若干则赠与奖券，即以陈列所有之货物为奖品，其奖品之量以抽签法定之"[⑥]。该法实则类似于现在的抽奖法。该产品销售法是务本女子职业传习所销售学生成绩展品的不二法宝。1920年10月6日，《北京大学日刊》上刊登了《代售务本女

<hr />

① 段碧江：《新女子职业教育》，第37页。

② 《北京务本女大近闻》，《时事新报》（上海），1923年9月15日，第12版。

③ 段碧江：《新女子职业教育》，第39页。

④ 《设所出卖品》，《益世报》（北京），1920年4月28日，第6版。范源廉在第一届职业出品展览会上有过一次讲话。参见欧阳哲生编：《范源廉集》，第211页。

⑤ 杨鄂联：《京师之职业教育》，《教育与职业》，1923年第46期，第25页。

⑥ 段碧江：《新女子职业教育》，第40页。

子职业传习所成绩展览券广告》：

> 务本女子职业传习所于十月九日上午十时至下午四时在西四牌楼
> 马市大街九号所址开成绩展览会，入场券每张售票洋一元，可掣取赠
> 券。一等赠券品值六十元，一张二等值二十元，二张三等值十五元，
> 三张四等值十元，四张五等值五元，五张其余每券至少可得洋袜一双，
> 价值三毛。[①]

《北京大学日刊》的主要受众是北大师生，而学生往往很容易被"抽
奖"等小活动吸引，加之北大学生大多有钱、有闲，故将广告连续两天发
布于此，也是煞费苦心，亦可见其为销售产品所做出的努力之深。

（二）办学成绩

蔡元培在《新女子职业教育》的序中称："段碧江先生创办务本女子
甲种职业学校，辛苦支持，成绩卓著。"[②]京师学务局复言："经局复查，成
绩优异，教管有方。"[③]而段廷珪却自云："办理数年，无多大的成绩。"[④]前
两者之词不免有溢美之嫌，而段之自言亦不乏自谦之意，故欲知务本女子
职业学校的真实办学成绩还需以客观事实为依据。

1921年5月15日召开北京中小学校联合会，"务本女子甲种职业学校

---

① 《代售务本女子职业传习所成绩展览券广告》，《北京大学日刊》，第711号，1920年
  10月6日，第1版。

② 蔡元培：《序》，载段碧江：《新女子职业教育》，第1页。

③ 《指令七月十六日》：《京师学务局教育行政月刊》，1920年第1卷第11期。

④ 段碧江：《五月七日国耻纪念会讲演》，《湖南省立第三中学校期刊》，1924年第1期，
  第36页。

代表赵志澄"被推选担任该会的委员长。[1]可见，务本女子甲种职业学校在北京中小学中有一定影响力。此外，杨鄂联在《京师之职业教育》中指出，务本女子甲种职业学校的规模仅次于北京女子职业学校。[2]1923年是段廷珪担任务本女子甲种职业学校校长的最后一年，是年京师各私立女子职业学校的基本概况如图6。

校　　名	校　址	電話	設立者	教職員數			學生數			全年經費數	每名學生平均費	備註
				男	女	總	男	女	總			
北京女子職業學校	宣外迎瀾市	南3188		8	7	15		128	128	10000	78.1	
北京務本女子甲種職業學校	西四馬市大街	西2051		15	5	20		42	42	1600	35.4	
北京私立女子工藝學校	西二小口袋胡同		劉王惠雲	3	7	10		55	55	1350	24.6	
京師北城第一女子職業學校	安內交道口北三條		劉學成	1	3	4		42	42	240	5.7	
北京家庭職業學校	司法部街北府前街	南4569	李鈞寶	6	4	10		40	40	3000	75.0	
京師女學工藝傳習所	內左四區七條胡同	東4369	宋靄齡	7	3	7	2	60	62	500	8.1	
京師女子美術學校	西城察院胡同25號	西258		6	4	10		40	40	1640	41.0	

图 6　1923 年京师各私立女子职业学校的基本概况

（中华教育改进社总事务所：《京师教育概况：民国十一年七月至十二年六月》，撷华印书局，1923 年，第 19—20 页）

　　从该图中可以看出当时京师仅七所私立女子职业学校，务本女子甲种职业学校的教职员人数是最多的，师资力量居各校之上，其在校学生人数和全年教育经费居中等水平。务本女子甲种职业学校对入学者给予金钱奖励的办学方式，吸引了不少女性入学，使得该校没有像其他学校一样因生源不足而被迫停办。从 1919 至 1925 年，"前后毕业六次，计毕业生达二百余人"[3]。

---

① 《北京私立中小学成立联合会》（1921 年 5 月 15 日），"中华民国"史事纪要委员会编：《中华民国史事纪要（初稿）1921 年正月至六月》，台北："中华民国"史料研究中心，1979 年，第 458 页。

② 杨鄂联：《京师之职业教育》，《教育与职业》，1923 年第 46 期，第 24 页。

③ 《呈教育部（十四年七月十四日）》，《京师学务公报》，1925 年第 1 卷第 4 期，第 13 页。

与其他普通学校相比，这个毕业人数或许并不多，但是就当时女子职业教育的现状而言，务本女子职业学校的毕业人数是较为可观的。学生毕业后可在本校担任教员，也可到其他传习所任职，为女子教育培养了大批教职人员。现存的材料表明，潘张秀芝就是一个典型。她本是一个略识文字的农村妇女，28岁时即偕5岁独子孀居北京，为了谋生，便考入务本女子职业学校学习缝纫、刺绣。两年后毕业，担任英商胜家公司所设正华缝纫刺绣传习所的义务教员，兼推销缝纫机提取佣金，勉强维持生计，后接受甘肃兰州女师的聘请，拥有固定薪金，可自食其力。此后，潘老师把整个人生都奉献给了女子教育事业。她对在校学生关怀备至，要求严格，获得了广大学生和家长的信赖，许多兰州以外地区的学生纷纷慕名而来。她又参加了1929年的兰州放足运动，后将在京学的机器刺绣与传统手绣相结合，培养了大批刺绣能手。潘张秀芝从事女子教育长达30多年，教授的女学生不下3000人，改变了许多女性的命运。她们有的走上中小学教师岗位，有的接受了革命教育，有的继续从事女子教育，为社会的发展做出了不可磨灭的贡献，堪称那个时代甘肃地区的"张桂梅"。[①]

由上观之，务本女子甲种学校的成就是颇为显著的。虽未促成全国女性之解放，但已使部分女性得以觉醒，且为后来北京务本女子大学的创办奠定了重要基础。毕业人数200多人，虽然只能算作点点微光，但亦能引人前行。毕业后的女学生不仅实现了自身的自食其力，而且还影响着成百上千个家庭，使更多女性走上了独立自主的道路，为社会各界培养了优秀人才。

---

① 参见王九菊：《回忆我们的潘老师——记潘张秀芝的一生》，载甘肃省兰州市委员会文史资料研究委员会编：《兰州文史资料选辑》第2辑，内部资料，兰州：兰报印刷厂，1984年，第147—154页。

三、湖南省立第三中学时期的办学实践

湖南省立第三中学前身是衡州府中学堂，与官立南路师范学堂一样是湘南地区最早设立的一所中学，首任校长是衡山人向燊（向乐谷），1917年改名为湖南省立第三中学，该校校址是目前衡阳市区唯一保存下来的清代学堂，建筑古朴，环境优美，也颇有名气。[①]但在当时，省立三中的名声却不甚佳，屡闹学潮，不满校长的声音屡屡见于长沙《大公报》，如1923年11月23日的《大公报》载：

> 第三中学，发生风潮，已志报端，兹将昨闻各事志下：该校驱蒋团……报告该校校长蒋育寰任用私人，滥支公款，及无学识种种情形毕……[②]

这些报道闹得湖南省尽人皆知。段廷珪就是在这样的背景之下接任三中校长的。关于段廷珪执掌湖南省立第三中学的情况，现在材料很少，殊不易构建还原。幸好当时的报纸材料以及《省立三中校刊》的留存，为我们勾画段廷珪的治校点滴，提供了线索。

执掌省立三中期间，段廷珪可谓费尽心血，当时因办学经费严重短缺的问题，他屡屡向上级提交辞呈，但又被挽留，从1924年初到1926年底，

---

① 衡州府中学堂的旧址在原衡阳城区东林寺的旧址，该东林寺旧名玉皇殿，校舍建成后，在当时亦颇有名气。宣统元年《清泉县乡土志》对此有过提及。参见廖世英、谢价人：《清泉县乡土志》，载江苏古籍出版社编选：《中国地方志集成·湖南府县志辑37·乾隆清泉县志、同治清泉县志、清泉县乡土志》，南京：江苏古籍出版社，2002年，第582页。

② 《第三中学风潮续志》，《大公报》（长沙），1923年11月23日。

三年时间几乎都处于艰难维持之中。但此时又经常有学生罢课，发起各类运动，甚至还反对毕业考试，以为考试是科举时代之残留。1925年5月20日，《大公报》载：

> 教育司此次举行全省中等学校毕业生考试。迭经湖南学生联合会通电反对，湘南学生方面，反对亦力。兹闻省立第三中学校学生亦以二十世纪之学生，不应受科举时代之考试，发表反对宣言云。[1]

其实当初段廷珪再度来衡之时，还颇欲施展拳脚。1924年2月23日，他在就职训话中，也阐述回湘担任校长的理由，就是因为看到了当时湖南省政府有意整顿教育。[2]当时湘省自治风潮，颇有百废待兴之况，而段廷珪也以他此前两度担任校长的经历，将三中治理得有声有色，甚至准备筹办高中部。[3]当时的进步学生陈芬对段廷珪初到学校而展开的工作，评价非常高，谓段廷珪先生是"牺牲原有位置，出而维持桑梓教育，莅任以来，百度更新"，不仅是省立三中之幸，更将之继续抬高，说是"湘省之幸"[4]。段廷珪在当时的开学就职演讲中，应该确实有让陈芬感到似有万象更新之意。

从现存的情况来看，段廷珪支持了《省立第三中学校期刊》的出版。就出版时间而言，该校刊1924年6月即出版，相当于每学期一次，但目前仅留存一期，即便只剩下一期，也保留了诸多学生的文章，为我们探析当时师生的思想状况留下了非常宝贵的材料。我们也得以从中了解到段廷珪治校的诸多情况。纵观陈芬编辑的《三中的大事记》，段廷珪到校之后，

---

① 元因：《衡阳三中校反对考试》，《大公报》（长沙），1925年5月20日。

② 陈芬：《大事记》，《省立第三中学校刊》，1924年第1期，第163页。

③ 《第三中学将筹办高级中学》，《大公报》（长沙），1925年4月1日。

④ 陈芬：《大事记》，《省立第三中学校刊》，1924年第1期，第163页。

至少做了如下工作。

其一，他顶住压力，接受湖南三师的插班生。1923年湖南三师因学潮（驱除校长运动）开除了不少学生，为了维持学生的学业，转投三中的学生得到了段廷珪的接纳。这显示了段廷珪开明的学风。

其二，他加强对学生的关怀。为死亡的学生举行追悼会并致哀。

其三，他加强了对学生体格的培养，也有一系列改善学校设施的计划，推动附属平民教育义务学校之建议。

其四，他克服困难，维持教学活动。当时衡阳地区因教职员经费紧张，几个公立学校的教员准备罢课。段廷珪为爱惜学生学业起见，不进行罢课活动。但是若三甲工三男师和三女师共同罢课时，教职员在不影响上课的情况下可声援之。①

同时段廷珪留在《省立三中期刊》上的文章也得以让我们解读他的治校理念。

理念一，注重培养学生的公共道德，遵守公共秩序。此点到现在都仍有效力。当时三中的名声，在全省并不太好，在段廷珪看来是，学生大多没有公共意识，顽劣不堪，在校外惹是生非。他在演讲中，还举了两个学生在过河与船夫闹出交涉的事情来说明，学生并不遵守功德，以致惊动警察；此外学生在公共场所就餐时也不注意公众形象，影响他人，这些都是他欲纠正的。

　　鄙人迭次训话，总以尊重自己尊重他人以养成高尚的人格，为主
　要目标，即以爱惜公共名誉，保持公共秩序，遵守各种各类的校规，

---

① 陈芬:《大事记》，第165页。1925年5月24日，湖南省第八届全省运动会在衡阳举行，省立三中承办了田径比赛，段廷珪担任省运会筹备处的副主任，并在开幕式上致辞，略谓："本校平日对于体育，极力提倡，原为锻炼健全身体，养成健全人格……。"参见元因:《衡阳》，《大公报》（长沙），1925年5月27日。

以达到主要目标的一种方法，希望在校全体的同学，都能够体认默企鄙人此种主张，跟循此种预定的程序进行，各本互助爱群的精神，积极的修养人格，一方面由各位教员先生畀予以充分的学识，将来学问又好，人格又高，到那出而用世的时候"不怕不占优越的地位"，对于国家对于社会不愧为中坚人物，那是我所极端希望的，想与各位同学所交相劝勉的啦。①

理念二，学校应培养学生养成自助爱人的精神。他在1924年的《新班始业式训话》中说道："我人平素多主张互助，多主张爱群，此系一种很好的心理，不过要互助，先当自助。"他引用西方俗谚"天助自助者"（God help those who help themselves）来说明，人首先应当自助，能自助才能得到更多的帮助，而自助的前提是自立。爱群也是如此，人首先应该自爱，自爱之后才能爱人，"才有爱力及于同辈"，正因为如此，群众之中自然发生相互的爱力。②各同学之间应当互相勉励支持。

理念三，学生之间应讲团结。不仅在校学生需要团结互助，毕业之后的学生也应该本着互助的精神，对母校有所贡献。对办学来讲，这是极有眼光的，升学的，"将来得到高深学问，遇有新发明新著述"应当告知本校；毕业服务社会的，得有各种各样经验的，亦当报告于校。因此在他掌校期间，设立了校友会，并有校友期刊的出版。"这是精神上仍旧团结的一种绝好方法。"③因此他还特意为校友录写序，强调抱团合群互助之重要。

理念四，学校应培养学生的国民意识，使其担当对国家的责任。他认为，当时中国的社会状态，因为传染了2000余年专制的余毒，一般的国民

---

① 段碧江：《新班始业式训话》，《湖南省立第三中学校期刊》，1924年第1期，第39页。

② 段碧江：《新班始业式训话》，《湖南省立第三中学校期刊》，1924年第1期，第37—38页。

③ 段碧江：《八九班毕业训话》，《湖南省立第三中学校期刊》，1924年第1期，第42页。

已经完全养成了一种"卑劣""苟安"的惰性，若没有知识青年社会中坚的启蒙互助引导，社会断然没有起色，因此他寄语学生，做社会的栋梁，做社会的导引，积极回馈社会，为国家出力，起来帮助那些需要启蒙的人。他的国民理念很值得我们注意。在他看来，当时的中华民国依然以国民为主体，那么就应当体现国民的主人翁意识。但主人翁的意识，需要具备知识，也需要具备自治能力，否则就不能与闻国家的内政外交。但当时的情况是，主人翁意识并没有发展起来，只好听任军阀地方流氓用种种强权手段"掠夺我们的主权，好像那幼稚的家主，自己没有管家的能力，一任豪奴恶仆纵横出入，蹂躏主权，或是勾搭外人，侵蚀财产"。所以，要让民众有主人翁意识，需要学生去指引，而这些学生也要尽到本分："最好是各人本各人的能力，协同一致的尽情做去，做到什么地步，是什么地步，断断不可'瞻循''推诿'。"①

理念五，学校应培养学生的爱国情怀。在1924年的5月7日，段廷珪曾有一段以国耻为题的演讲，让学生牢记1915年5月7日袁世凯被迫承认"二十一条"的耻辱。他以激情昂扬的口吻说道：

今日不是五月七日么？不是民国四年日本以"二十一条"致哀的美敦书于我中华民国，限四十八小时答复之日么？不是我中华民国四万万同胞引以为大辱奇耻之特别纪念日么？我们回想民国四年的五月七日，日本以哀的美敦书强迫为中华民国承认"二十一条"，那时适当袁世凯在位，欧洲又在战争当中，日本乃利用时机，假英日同盟的关系，扫除德国在东亚的势力，攘夺我们的情调，复倚仗强权，用此迅雷不及掩耳的手段，以解决中日交涉悬案为由，提出此"二十一条"灭国的条件，强迫我们中华民国成人，在那时的当中，袁氏谋称帝，

---

① 段碧江：《八九班毕业训话》，《湖南省立第三中学校期刊》，1924年第1期，第41页。

冀幸成功，不能不买日本的欢心，不惜牺牲国权，好样那"城下之盟"，忍辱的如期答复了日本，那时虽有段祺瑞氏蔡锷氏之主站乱，终不敌袁氏左右卖国求荣之私，噫，自此大错铸成，我辈国民真真地不知几经肝脑涂地啦，后来虽因欧战参加的关系，经巴黎华盛顿两次的和平回忆，费我外交家三番两次的"折冲樽俎"，结果"二十一条"尚依然的保留，记得去年湖北"宜阳丸案"，与我们湖南的"六一惨剧"，皆因此"二十一条"之酿成，直到如今，尚无成功的希望。咳"弱国无外交"，不诚我中华民国国民之奇耻大辱么？现在中华民国的国民每到五月七日，必引以为纪念，作种种的运动……①

但是，段廷珪也明白，此种仅仅喊口号式的爱国运动几乎无济于事，应该做一些实在的事情，于是他主张职业教育救国的理念，只有真正让国货有竞争力了才能拼得过日本，才能实现民族的自强。他呼吁道：

> 我们青年的同学，应当抱一种各自为谋，各食其力，不依赖他人，不依傍政府，综合我们黄帝子孙四万万的同胞，齐心一致的从职业方面的前途奋斗，那么结果不怕无昂首伸眉之一日，不过负担此种导引向职业前途奋斗的责任，完全在我们青年的同学啦，因此我们青年的同学，应当抱一种各自为谋，各食其力，不依赖他人，不依傍政府的决心，即在此修养时期的当中，对于知识的方面，道德的方面，各各振奋自己的精神，切切实实的践履，将从前种种'虚荣''矜骄'的旧腐败观念，一律扫除而刷新之，那么则今日的这种纪念会，不单是表现我们的爱国心，简直可称为我们青年同学的励志会啦，我很希望

---

① 段碧江：《五月七日国耻纪念会讲演》，《湖南省立第三中学校期刊》，1924年第1期，第35页。

的青年同学，积极的爱国，应该从有责任的方面着手啦。[①]

从当时学校的思想氛围来看，段廷珪的治校应该是比较开明的，校内学生运动蓬勃开展，校内不仅恢复了新书贩卖部，共产主义青年团还在其中设立了支部，段廷珪并没有予以镇压，尤其是其同乡黄义藻等人更是校内的活跃分子，组织学生参与一些爱国运动，并在1927—1928年的资兴县组织了苏维埃政府，成为重点通缉犯。段廷珪究竟是在1926年何时离任三中校长的，目前尚不清楚，没有进一步的材料支持，段廷珪的去向也颇难判断，或许是直接被调任至湖南省教育厅任职。而省立第三中学也在1927年与湖南三师合并组成了新的湖南省第三初级中学。

---

① 段碧江：《五月七日国耻纪念会讲演》，《湖南省立第三中学校期刊》，1924年第1期，第36页。

第六章
教育行政活动

　　教育行政是段廷珪一生当中所主要从事的另一项工作，虽然捧着公务员的"金饭碗"，但一生当中多数是执行长官的行政命令，俨然一颗螺丝钉，从任职于晚清时期的提学使司，到北洋政府教育部秘书，再到湖南省教育厅秘书、省督学、会计室主任，前后近30年的时间，几乎都在兢兢业业地推进教育方面的工作。段廷珪生涯的高光时刻是在1929年年初，彼时黄士衡尚未就任湖南省教育厅，他以主任秘书的身份曾代理过厅长，任期在一周左右，此后又降回到秘书的位置上。可以说，湖南省教育厅在所谓国民政府黄金十年内，主要的教育工作，几乎都有段廷珪这位教育厅中层干部的直接或间接参与。本章主要关注段廷珪在教育行政系统内的教育活动，考虑到教育机关在当时的重要性，本章除偶尔提及之外，尚不旁涉其他的社会活动或者政治活动。

一、湖南提学使司

　　前已提及，自1907年京师大学堂师范馆毕业之后，段廷珪回湖南教育系统内效力，直到1910年被学部调派广西担任某学堂的史地教员。1906年晚清设立学部，进行了教育行政系统内的大改革，地方上设提学使司，对上汇报本身教育发展情形与执行情况，对下贯彻学部与督抚颁布的政策与政令，领导与规划省域内教育事业，为中国教育现代化起步奠定了基础。

当时湖南提学使司内部分两层机构，省视学与学务公所。六名省视学，由提学使请示督抚委派"曾习师范或出洋游学，并曾充当学堂管理员、教员、积有劳绩者"出任，秉承长官之命，负责巡视各地学务，是提学使司、督抚与各地方行政长官，劝学所各级各类学堂沟通联系的主要媒介，地位非比寻常，往往被寄予厚望。①

学务公所则设于省会，是提学使司办理全省学务事宜的正式机构，由以前的学务处改设而来，学务公所设议长一人，议长由学部奏派，当往往是当地有名望之士，比如王先谦与谭延闿。提学使司下设分总务、普通、专门、实业、图书、会计六课，每课设课长，课员，各司其职，性质为官。每课又设学务议绅四人，又由湖南省名望之士担任，辅助课长课员具体办理学务。其他办事人员还包括司事、书记等。学务公所是督抚和提学使之下，一省教育界的最高权力机构，主要的官绅职位竞争激烈，是地方上各方势力竞逐的焦点。

不过，因材料匮乏，本章尚难呈现段廷珪究竟是如何就任课员的，其在提学使司的工作日常与教育行政事务也不甚详细，按照商务印书馆提供的线索，只知其主要工作，可能是与署理教材、图书相关，并推动商务印书馆在长沙设立新馆，为当时的学堂学生把关小学教材。因此以其师范科举人出身而言，很可能是下放担任图书课课员，而当时图书课的职责正是，掌理编译教科书、参考书，审查本省各学堂教科图籍，翻译提学使署往来公文书牍，集录讲义，经理印刷，并管图书馆、博物馆等事务。在提学使

---

① 《学部奏陈各省学务官制折》，载朱有瓛：《中国近代教育史资料汇编·教育行政机构及教育团体》，上海：上海教育出版社，2007年，第45页。

司内的工作，也肯定为段廷珪积累了充足的办理学务事宜的经验，待到民国成立之后，他便被指派为湖南公立第三师范学校校长，真正参与新式学校的管理。1915年段廷珪又参加了文官知事考试，顺利通过第一轮，此后文官考试的录取名单再没有见到他的名字。但接下来我们确切知道的是，1917年元月，段廷珪即在谭延闿的保举之下担任北洋政府教育部秘书，完全走上了新形势下的从政道路。

二、北洋政府教育部

段廷珪在北京教育部任职六年有余，从1917年1月，至迟到1923年12月初。[①]这期间正是"五四"新文化运动蓬勃开展的时期，所谓的"激变时代"（用罗志田先生语）。他肯定观察到了当时北京的风云变幻，目睹过学生运动及其政治后果。在北京这个各类思潮的中心地域，他应该大大开阔了眼界，思想也迅速走向成熟，以后其主要作品大多是在这一时期奠基的。此时的洋政府虽然是军阀专政，但是责任内阁制得以保留，教育部赢得了较大的独立空间，不过这取决于教育总长们的态度。教育部经费经常欠缺，1921年之后，由于经费问题，出现过几次部员全员罢工的情形，鲁迅当时任社会教育司第二科科长，就曾写过以欠薪为题材的小说《端午节》，对深受欠薪之苦的公务员和教员表示同情。虽如此，但教育部主体机构并没有出现大的变动。

段廷珪在这一段时期内，频繁地经历着教育总长的换任，先是范源廉（1916.7.12—1917.11.30），接着是傅增湘（1917.12.4—1919.5.15）、袁希

---

① 1917年1月6日段廷珪正式调入教育部，离职日期不甚清楚，1924年1月中下旬，段廷珪已然回到衡阳，1923年12月7日，教育部总务厅编审处进行了人员调整，段廷珪仅仅是名誉编审员，想必心灰意冷，而接受老家湖南教育厅的邀请。

涛（1919.5.15—1919.6.5），傅岳棻（1919.6.5—1920.8.11）以及名誉总长范源廉（湖南人马邻翼代理总长）和黄炎培、周自奇（1922.4.9—1922.6.11）、王宠惠（1922.8.5—1922.9.19）、汤尔和（1922.9.19—1922.11.29）、彭允彝（1922.11.29—1923.9.4）、黄郛（1923.9.4—1924.1.12）等。[①]这些人事变动反映当时军阀各派系之间的利益博弈，但段廷珪的教育部秘书职务似乎基本未曾变动，除了1920年10月成为教育部采集教育资料委员会女子职业教育股委员，即便如此他也仍在教育部总务厅之内任职；此后段廷珪可见的职务就是总务厅编审处编审以及图书审定处名誉编审。

因此段廷珪的主要工作，从现存确切可知的材料来看，主要有三项。

第一项，秘书。1917年1月4日段廷珪，担任秘书一职。主要职责是奉长官之意，"掌管机要事务"[②]，不具备决策权，但参与整个教育部的中枢工作。整个教育部，自1918年机构改革之后，当时分为四个机构，总务厅以及普通教育、专门教育、社会教育三司；秘书掌"总务厅机关事务"，总务厅下面设置编审处、文书、会计、统计、庶务四科；秘书一般有四人，承总长之命，兼管总务厅各科事务，真正所掌事务如下："一、关于机要事项；二、关于记录职员进退事项；三、关于直辖学校及公立学校职员事项；四、关于教育会议事项；五、关于教育博览会事项；六、关于褒赏事项。"[③]可见，秘书之职责主要在帮助教育总长处理总部机关内的日常行政事项，秘书作为基层公务员，工作内容庞杂。具体分管何职，现在无从确定，应该是专门的四人秘书之一，后来或许有职位变动，从他担任教育资料采集会

---

① 参见阎登科：《民国前期教育部研究：1912—1928》，北京：中国社会科学出版社，2020年，第140页。

② 《教育部官制公布》，载朱有瓛等编《中国近代教育史资料汇编·教育行政机构及教育团体》，第114页。

③ 《教育部分科规程》，载朱有瓛等编《中国近代教育史资料汇编·教育行政机构及教育团体》，第116页。

女子教育股主任来看，似是在统计科待过，此后又在总务厅的编审处工作。

在工作与交情上，段廷珪与范源廉关系应该比较密切，范源廉不仅调动他的工作，在第三个任期内，还让他担任采集教育资料委员会女子教育股股长。段廷珪之重视职业教育与女子教育以及教育的普及恐怕都受了范源廉的影响。范源廉是洪宪帝制之后着手整顿教育界的人物，他继续推行民元时期的执政思路，着手整顿社会教育与学校教育，其任期相对较长，也取得一些成效，在他的两届任内，不仅着手推进了教育行政的近代化进程，召开了推进教育普及（如国民学校、社会教育、国语运动等）的全国教育行政会议，也推动了地方教育行政机关的改造，更是召开全国实业学校校长会议，注重实施实业救国的理念，主张因地制宜培养实业专门人才。范源廉的继任者傅增湘在任期内仍然继续推行其范源廉的实业教育理念与其自身注重的师范教育、女子教育和教育普及理念，段廷珪仍负责继续执行之，负责具体的工作落实。段廷珪与彭允彝是同乡，在其任内，段廷珪去了编审处，担任编审员，等到黄郛上任之后，段廷珪是被调整出局的对象。

第二项，教育部采集教育资料委员会女子教育股主任，负责女子教育资料的采集。教育资料采集委员会，正式设立于1920年10月，办公地点在教育部内，当时正值范源廉第三次担任北洋政府的教育总长时期，1922年7月解散，大约存在两年时间。该委员会主要是应教育界之需要，采集各种教育资料，随时供决策参考，范围为教育史、教育行政、公民教育、女子教育、职业教育和科学教育，人员由教育总长派教育部的部员兼充，参事蒋维乔、秦汾为该委员会正副主任，段廷珪出任女子教育股主任，负责统计搜集女子教育的开办情况。[①]应该说，这也是范源廉的知人善任之举，段廷珪此时已在自己创办务本女子职业学校。按照采集委员会的规程，各

---

① 《通知派陈荣镜等为教育资料采集委员会会长》，《教育公报》，1920年第7卷第12期，第120—121页。

股资料的调查、译介、编辑等工作由主任自行分配，各委员每周报告工作进度，各股主任每半月向委员会负责人汇报工作，搜集的资料如果能编辑成书，则可酌情优先出版，并且还有奖金，一等500元、二等400元、三等300元、四等200元、五等100元。①

已知的报刊材料表明，教育资料采集委员会也立即开展了工作，向各省询要资料。江苏省、浙江省、福建省等教育厅在接到该会的资料要求之后，就立即向下辖单位通告。②段廷珪在接触过各地大量的女子职业教育原始资料之后，于是结合了他的办学经历，勒成了《新女子职业教育》一书，但不知此书是否获得奖励。

第三项，担任图书审定员，负责教科书的审查出版。编审处是教育部成立之初设立在总务厅之下的机构，也是北洋政府时期，教育部主体机构中变化最频繁的单位。编审处分为两股，编纂和审查二股，其主要职责在于："一、编纂教育公报及教育上必要之图书；二、审查教科书之图书；三、审查教育用品及理科器械；四、译述外国教育法令与学校章程及关于教育书报。"③可见编审处的职能仅限于教科书的编辑和审查，以及教育公报的编辑和发布。但是其实国外著作译述的编审工作也全赖教育部推行，所以职能较广，故1917年2月，范源廉第二任总长期间，增设译述股，分英文、

---

① 《教育部教育资料采集委员会规程》，《教育公报》，1920年第7卷第11期，第4—5页。

② "查本部教育资料采集委员会于本年十月成立，所有地方各种状况及一切关于教育资料均应分别采集，嗣后对于该厅如有委托调查事项应随时由该会进行接洽，较为简捷。除分令外，亟令行该厅遵照此令。"《教育部训令第580号》，《江苏教育公报》1920年第3卷第12期，第15页；《教育厅奉教育部令以教育资料采集委员会业已成立》，《时报》，1921年1月4日0003版；《福建省教育厅训令第138号》，《福建教育行政月刊》，1921年第2卷第4期，第66—77页，该文列出了采集各地女子职业教育的要求。

③ 《教育部分科规程》，载朱有瓛等编《中国近代教育史资料汇编·教育行政机构及教育团体》，第116页。

德文、法文、俄文、日文，主要工作由编审处成员兼任。到1920年10月，附属机构教育资料采集委员会成立之后，该股又被裁撤。至迟到1920年，段廷珪已担任编审处编审，[①]1921年2月出版的教育部职员录也显示他已于1920年担任编纂股图书编审员。[②]

杨树达的日记里也记载了段廷珪担任图书编审之事：

> 一九二三年一月……五日晨看《蔡中郎集》。十时到部拜谒编审处同事，会见者为毛子龙、陈象明两主任及周庆修、朱造五、金锷青、陈菊素、段碧江、吴季青、许叔玑，新派者金君乃（日本）大塚宏文（学院）同学，彼识我乃忆识之也。[③]

编纂处编审，主要负责《教育公报》的出版与编辑以及教科书的审查，这项工作也是段廷珪的老本行，但具体是哪些图书也不得而知。编审处的工作相对轻松，每天大约只工作一个上午或者一个下午。杨树达日记里显示的状态是，他经常是工作日的上午到部里工作，审查课本情况，有中学的，有小学的，下午就可以自由活动（也有上午休息，下午去部工作的情况），此时杨树达在大学里面还有兼职，也享受了暑假假期。在编审处编审员的任上，段廷珪应该也是颇有闲暇，否则就无法继续办理女子职业学校了。编审处的工作虽较为清闲，但也常拖欠薪水。

因教育经费问题，在黄郛任上，编审处正式变为图书审定处，开始收缩其职能，事在12月7日。编审处下设两部，甲部设国语、外国语、历史、地理、法制、经济、哲学、教育、心理、美术等组；乙部设数学、物理、化学、生物、地质矿学、农科、工科、体育卫生等组。教育公报编辑出版的任务转

---

① 高步瀛辑：《高母张太夫人八十寿言》，1920年。

② 教育部编：《教育部职员录》，1921年，第6页。

③ 白吉庵辑：《杨树达〈积微居日记〉节录》（下），《文献》，1987年第3期，第242页。

由总务厅文书科接收，从而使该图书审定处职能更为集中，而图书审定的范围有所扩大，不再仅限于教育类图书。与图书审定范围的扩大相对应，审定处除设常任审定员之外，并设名誉审定员及兼任审定员等，但这其实是经费不足、需要裁员的表现。[1]杨树达在改组后的第二天也就是12月8日就对其担任名誉编审非常不满：

> 访邓芝园问以部中事，伊见告余已改为名誉审定员，伊颇为余不平，并劝以后专事教书。余因以师大专任事迁之，伊允为帮忙。到部看命令，会中沈、黎、陆俱留，而闻亦减薪，知白、尊生与余同，同乡段辟疆亦然，康、石二人则全被裁。[2]

编审处直接裁撤了二人，将段廷珪、杨树达等转为名誉编审，只给一个空衔，薪水也酌情由总长酌情给以。杨树达随后将之归结为："大约平日善活动者皆得留，余与知白等，素日不与人通声气，固宜尔也。"[3]可见，段廷珪可能平素亦较为正直，未经常上下疏通关系。

杨树达的日记还显示，1月7日，这些名誉审定员还曾有过一次在教育部的碰头，不知道其中是否有段廷珪。[4]段廷珪想必也是不常与人活动社交，而有最后不得不辞职回乡的归宿。

应该说，作为执掌审查全国图书的重要机构，编审处以及之后的图书

---

① 《政府公报》，1923年12月13日，载中国第二历史档案馆整理编辑：《政府公报》（第204册），第245—246页。

② 白吉庵辑：《杨树达〈积微居日记〉节录》（下），《文献》，1987年第3期，第253页。

③ 同上。

④ 白吉庵辑：《杨树达〈积微居日记〉节录》（下），《文献》，1987年第3期，第255页。杨树达1920年任教育部国语统一筹备会辞典编辑，1922年12月底任图书编审处编审员。

审定处实际上承担着整个国家层面的文化交流工作，其职能调整也反映了民间大量接受西方思潮的总形势。段廷珪在此时也必定接触了大量的国外译作，尤其是职业教育方面的书籍，他在《新女子职业教育》中明确表示，参考了《职业技师养成法》《职业教育参考书》等关于职业教育的译述，也大量引用了美国及德国职业教育方面的最新研究结果。这是其便利之处。1925年2月，图书审定处又更名为编译馆。

三、湖南省教育厅

段廷珪究竟是何时进入湖南省教育厅担任秘书的，现在无从知晓，不过从1927年5月马日政变后郴州人黄士衡初次执掌教育厅的史实来看，很有可能是黄士衡将段廷珪从省立三中校长调整至教育厅秘书，黄士衡去职后，张定、张炯先后任厅长；张炯去职后，段廷珪一度代理过10天左右的厅长，事在1929年2月底；此后黄士衡再度上任教育厅厅长，[1]直到1932年1月再度去职，彼时教育厅厅长由湖大校长曹典球代理，1932年8月由朱经农正式接任。而此时的段廷珪也由教育厅秘书而改任省督学，1938年担任新设的会计室主任，直到1940年退休。段廷珪以在湖南省教育厅任职达十余年之久，无论是黄士衡还是朱经农，都对他这位先辈很尊敬，黄士衡在他面前还自称"后学"，朱经农也曾为其著作写序。

1928—1937年，素有民国"黄金十年"的美誉，南京国民政府确实经历了一个繁荣的发展时期，各项事业百废待兴，湖南也不例外。当时的湖南省府主席何健也在积极兴办教育，增加对教育的投入，加强学校教育，恢复社会教育，进展颇大，有模有样。两任教育厅厅长黄士衡和朱经农又

---

① 见《湘局突起变化》，《申报》，1929年2月23日；《黄士衡就职情形》，《申报》，1929年3月14日。

都是留美回来的名家，对于教育也都非常重视，为湖南教育的发展积极做了很多工作。根据《湖南教育史》中的研究，此时湖南的初等教育、中等教育、高等教育包括民众教育都在大力推展，尤其是在推行义务教育方面，成绩尤其显著，两任厅长前赴后继，终于在1937年抗战前夕，使得湖南各类小学已达23800余所，学生103.3407万人，教职工48247人，学龄儿童入学率已然接近30%。[①]

　　1926年7月北伐军光复湖南之后对湖南省教育厅之组织架构进行了一定的调整，教育厅内设秘书室，掌管机要、函牍、编纂、人事等；其余机构为第一科、第二科、第三科，分管所有的教育事务。第一科署理省教育经费、文书档案、出纳、庶务等；第二科主要管理各县教育行政、国民教育、义务教育、小学教员检定审核督导报告及地方教育辅导；第三科的业务涉及中学、师范、职业教育及中等教育师资。每科设科长一人，科员、办事员、录事等；另外设省督学八人，将湖南的县域划分为八个学区分别由八个督学监督。1938年6月改第三科为第四科，新增的一科为第三科，涉及高等教育、社会教育、健康、科学、电化、图书游戏等；同年9月增设会计室，审计各市县教育经费，段廷珪担任第一任主任。1938年11月由于日寇逼近，教育厅随省政府向南迁移到耒阳，同时于多地分设行署理，1942年教育厅内又增设统计室。除了这些科室之外，还设有各类委员会，如教育设计委员会、初等教育研究委员会、职业教育研究委员会、省立教育各机关建设计划委员会、小学教员审定委员会、教育经费保管委员会等，有些委员由教育厅内各职员兼任，委员会的设立也随着具体教育工作的开展而增减。这是段廷珪任职期内教育厅的主要架构。自1926年7月之后，周鳌山、董维健、黄士衡、张定、张炯、曹典球、朱经农、王凤喈（1942年之后）、李祖荫先后任厅长。

---

①　周秋光、莫志斌等主编：《湖南教育史》（第二卷），第817页。

段廷珪任教育厅秘书期间，主要协助厅长处理厅内的行政事务，具体分工尚不明确；大概所有厅内零碎事务都有涉及，秘书按照规定，1—3人不等，"承厅长之命办理机要，审核文件及指定各项事宜"[①]。段廷珪担任过至少三年以上的第一秘书，秘书处之下设有科员、办事员、书记，协助秘书处理机要事务。而作为省督学期间，则主要负责督导各地义务教育及各地中等教育的开办情况；1938年担任第一任会计室主任，负责审计各县市的办学经费。除了这三项正式职务之外，段廷珪在教育厅还有其他职事。如担任1933年3月成立的省教育机关建筑计委会主席，主管教育厅之内下辖各校工程的审批、修建与完善；[②]如成为第二、三届中学会考委员会成员，筹备监督中学毕业会考，并于1933年担任该委员会衡阳分区主任；[③]如成为教育厅内湖南省初等教育委员会成员、[④]儿童年实施会成员。[⑤]当然，他还有代表教育厅出席各教育团体会议的工作：1929年出席湖南省教育会委员会会议，成为省教育会执行委员会成员；[⑥]1934年10月29日有资料显示他出席了体育协进会。[⑦]

其主要功绩，根据笔者所能查阅到的资料，可简单罗列于下。

其一，协助教育厅厅长制订各类教育计划与整理厅务。从现存的材料来看，在黄士衡任内，教育厅第一秘书段廷珪应该全面参与了教育厅各

---

① 《湖南单行教育法规乙.关于教育行政机关者.湖南省政府教育厅组织条例》，《湖南教育》，1928年第1期，第14页。

② 《省立教育机关建筑计委会昨日成立》，《大公报》（长沙），1933年3月10日。以常识言之，这应是教育厅内的油水差使。

③ 《教育厅筹备第三届会考》，《大公报》（长沙），1933年6月4日。

④ 《教育厅筹备组织全省初等教育研究会》，《大公报》（长沙），1935年4月25日。

⑤ 《儿童年实施会常务会议》，《大公报》（长沙），1935年10月17日。

⑥ 《湘省教育会代表会议决案》，《申报》，1929年8月14日。

⑦ 《体育协进会会员大会》，《大公报》（长沙），1934年10月29日。

项教育计划的制订：义务教育、民众教育、改进小学教育、整理中学教育、改进师范教育、整理职业教育、改进高等教育、推行社会教育、厉行党化教育；也参与制定教育行政上的各类细则，包括教育厅的办事细则、省督学的办事细则、举行各种教育会议、整理各级学校、明定教师资格即待遇、改良学生待遇、整饬学风、整顿地方教育行政、组织各类考试等等教育厅的相关规则。①黄士衡任期内教育厅的工作是非常有起色的，百废待兴正是全面整顿时期，教育基本走上正轨。

其二，参与教育经费独立运动。黄士衡任期内，湖南省教育界的头等大事是湖南省教育厅的经费独立运动。教育由于不直接产生经济效益，故而政府划拨的办学经费极端重要，而湖南省的教育经费大都从盐税附加中抽取。但1931年1月15日国民政府中央财政部意欲统一盐税，如此一来，教育经费将大大缩减。此令一下，湖南各地的学校曾一度无法开学，整个教育界非常恐慌，掀起了力争盐税附加及教育经费独立运动，黄士衡也积极主导支持，并派代表去南京向国民政府请愿，终于争取到了教育经费的独立，此后教育经费的开支也逐年增加。段廷珪也参与了这项活动，我们现在可以得知的是，段廷珪作为湖南省教育会的委员，②曾作为教育厅代表在会上发言。③

其三，监督考试。1932年2月第二届湖南中学生毕业会考考试委员会成立，省府主席何健为委员长，段廷珪为委员，并连任至第三届。他全程参与中等学校毕业会考的组织筹备工作并担任该会衡阳分区主任。

---

① 湖南省教育统计室编：《湖南最近三年教育统计报告》，1932年。

② 1929年湖南省教育会第二次代表大会上当选为委员。

③ 《湘界教育力争》，《民国日报》，1931年1月15日。关于1931—1932年争取教育经费独立运动，可参见《湖南教育史》第808—813页。

其四，视察各地教育开办情况。省督学一职是段廷珪在湖南省教育厅期间担任时间最长的职务，而其主要内容则是巡视各学区义务教育的实施情况。每一个督学督查的片区并不固定，由抽签决定，任满一年后，会定期更换。督学每年至少需要去所在学区巡视一遍，且学区内的每县的巡视时间不少于一周，并需要与各县督学配合，写出督查报告。报告至少须是以下内容的一种：地方教育状况报告、学校状况报告、临时事件报告、紧要事件报告。督学还须置办每日的巡视日记，检查各地的问题，供回厅时讨论，回厅之后每日须到厅工作，不得闲散，还须完成厅长交付的其他任务。[1]可见督学工作内容烦琐，并不轻松。小学阶段的义务教育是湖南省教育厅督查的工作重点。自1928年基本稳定形势之后，湖南省就在积极推进义务教育的工作，此时教育工作百废待兴。按1930年出台的《小学法》以及《湖南省筹措普及教育规程》《湖南省义务教育委员会组织大纲》，湖南省各县市义务教育委员会相继成立，划分学区，16平方公里内，每一百户人家办一所小学。朱经农任厅长后，继续加大力度普及教育要求各县按计划开办简易小学和一年制、二年制的短期小学，一乡设一中心学校，一保设一国民学校，成立义务教育实验区，组织出版《湖南义教》期刊，指导推动全省义务教育工作。为配合培养义务教育的师资，教育厅同时改革师范学校，将各省立师范学校采取并入或改版成为省立普通中学，附设师范科，主要以养成小学健全师资。1930年湖南省教育厅还制定了《改进师范教育计划》和《乡村师范学校暂行规程》，乡村师范每县设一所，贫瘠县份两县联合设之。私立师范不允许设立，全力培养小学义务教育师资。段廷珪对于推动义务教育的发展非常热心，实现教育普及，推行义务教育本来就是其教育理念中非常重要的一部分，此部分已于上章详论，此处不

---

① 《教育法规.湖南单行教育法规.湖南省教育厅省督学办事细则》，《湖南教育》，1929年第7期，第12—14页。

再赘述。从《大公报》对教育厅督学工作的报道来看，他至少分别巡视过长沙、资兴、临武、蓝山、嘉禾等县的教育开展工作。[①]1935年他还曾督办湖南省高级农业职校的相关事宜。[②]

其五，捐助民众教育。民众教育也是教育厅工作的重点。1928年湖南省教育厅成立民众教育委员会，省内平民学校改称民众学校，1929年省教育厅通令各县设立民众教育委员会，1930年制定《湖南省民众教育实施办法大纲》，当时省政府对社会教育经费的投入颇大，达到了40万元，共有民众学校3400所，居全国第二位。此后桂系军阀入湘，民众教育委员会的很多工作也没办法继续开展。1932年蒋介石亲自兼任教育部部长，也强调民众教育至关重要，各省闻风而动，朱经农立即着手整理湖南社会教育，组织省民众教育委员会，颁布《民众教育实施纲要》。段廷珪也在积极响应，其在担任视察期间，还曾经向资兴县图书馆捐助了大量图书，[③]民众教育的推进本就是段廷珪教育普及理念的一种，故段廷珪也在积极开展这方面的工作，让所有失学的或继续接受教育的成人都能享受到教育的福利。

其六，处理湖南省教育厅内部的财务工作。1933年段廷珪担任省教育机关建筑计委会主席，主管各校工程项目的审批兴建；1938年2月段廷珪又额外兼任了一个新的工作，担任教育厅新成立的会计处主任，其主要职责是审计各县市之教育经费。[④]

---

① 《教育厅省督学分组出发》，《大公报》（长沙），1932年11月18日。《省督学即赴各县视学》，《大公报》（长沙），1935年3月14日。知非：《各县通讯 委员先后抵县》，《大公报》（长沙），1937年5月29日。

② 湖南省立高级农业职业学校出版部编：《湖南省立高级农业职校二年来校务辑要》，湖南省立高级农业职业学校出版部，1935年，第21页。

③ 参见《湘资兴四区设图书馆》，《中华图协会会报》，1955年第11卷第6期，第41—42页。

④ 《教育厅会计室成立》，湖南省档案馆。全宗号59 卷宗号1案件号168。M59–1–168–1/2/3/6

其七，审查课本图书。1931年，段廷珪还额外担任了审查课本委员会主任，[①]并参与焚毁破旧图书。[②]教材工作是国民政府非常重视的。国民政府1931年出台了《三民主义教育实施细则》，明确强调一个党、一个主义的教育，还出版了《教科图书审查条例》对教科书进行严格的审定，并专门组织小学教科书编辑委员会，负责审定小学各类教材。而湖南省的教材委员会主任也由段廷珪担纲，正是在这一期间，段廷珪写了《教育改进与三民主义教育》。

其八，推进意识形态建设工作。段廷珪是深深服膺于三民主义的，1928年国民党政府定鼎之后，急欲在教育领域之内推行三民主义化，段廷珪是其中的得力推手。尤其是1929年何健担任省政府主席之后，在文化教育方面，主张尊孔读经，实行三民主义的"党化教育"。从段廷珪所写的内容来看，他对于三民主义教育如何融入学校乃至社会教育都有发人深省的思考，远超于仅仅灌输意识形态教条状态。故他的思考对于我们当下如何深入推进教育的社会主义化也是颇有裨益，这是来自意识形态教育的启示。

段廷珪首先从教育本身谈起，他表示：

> 教育最要目的在启示人民各能了解自家的人生观。其所含义，就物质方面而言，消极的在解除自身痛苦；积极的在拥护自身利益，就精神方面而言；消极的不仅解除自身痛苦，还当替大众解除痛苦，积极的不仅在拥护自身利益，还当替大众谋利益。[③]

---

① 《课本审查委员会成立》，湖南省档案馆，全宗号59 卷宗号2 案件号129。M59-2-129-3852

② 《段廷珪焚毁破旧图书一案》，湖南省档案馆，全宗号59 卷宗号3 案件号23。M59-3-23-10

③ 段廷珪：《教育改进与三民主义教育》，第27—28页。

这是段廷珪的人文关怀。而三民主义作为施政纲领，以之为指导教育的实施，可以达到这些层面。他写道：

> 三民主义的民族主义，是谋国际地位平等；民权主义，是谋政治地位平等；民生主义，是谋积极地位平等，是总理拥护民众利益一种企图，诱劝民众努力革命解除痛苦一片苦心。欲强国保种，不能不研究民族主义，欲国家主权在民，不能不研究民权主义，欲衣食住行，有相当的享乐，不能不研究民生主义。故三民主义教育，不仅是把三民主义列入课程，逐字逐句的讲授及举行纪念周仪式，就算了事；亦不仅将三民主义的义谛，加以诠释，如十三经之有注疏，使三民主义等于圣经贤传，就算尊崇；又不仅将三民主义抉择精要，编成课本，如三民主义千字课之类，就算推行。因此三民主义教育，不仅是宗旨。虽三民主义教育，固当使受教育者了解民族主义是甚么？目标若何？宗旨何在？民权主义之目的宗旨若何？民生主义之目的宗旨又若何？究竟本此宗旨，实施教育，应当使受教育者了解总理发明三民主义，外观世变，内国情之元始义谛；与揭橥三民主义，号召同志，不惜冒险牺牲，此仆彼继，推翻满清帝制，建设民主共和，一种革命的精神，继续努力。如何谋所以实现？达到民有民治民享之目的。①

这些内容其实对我们当下很有启发。究竟如何把社会主义的原则和社会主义核心价值观真正融入学校、社会？笔者认为，应该对这些原则做深入浅出的解释，让所有的百姓都能听懂，所有的学生都能接受。段廷珪就做到了这一点，他主要从五个方面加以阐释。

第一，是革命化。他认为，应该让三民主义教育成为革命的指导原则

---

① 段廷珪：《教育改进与三民主义教育》，第28—29页。

之一，革命者必须革心，如何革心？自当靠教育进行塑造。革命是积极的、进展的、创造性的行为，欲使教育革命化，则应当彻底洗心革面，换掉以往的心态。他又以三个层面进行讨论。

（1）要养成学生富有改革的精神。革命化的教育需要让学生们富有改革的精神，需要有闯劲、冲劲，敢于作为，不仅思想上奋发向上，"更当注重体育，锻炼其坚强的体魄，整饬的仪容，活泼的气概，作从事改造社会建设新国家实业的好身手"①。这是为教育注入一种积极的心态。

（2）要养成学生勇敢的精神与高尚的人格。这是品格上的思想道德教育，没有高尚的人格，只知贪生怕死，升官发财，势必只是投机分子，而没有坚定的理想信念。这种状态下培养出来的学生无法完成革命的最后目标。

（3）要使学生思想上和习惯上得到自由。教育是要使得培养对象成材，以往的教育培养的都是自己阶级的维护者，新的教育理念之下，"教育是推翻社会上一切不平等的组织，解放思想上的束缚，各处一切不良的习惯，以建设一真正的自由的平等的博爱的新社会为要务，以期完成政治革命社会革命的工具，亦即是革命化教育所欲达之目的"②。

第二，是三民主义教育民众化。这是段廷珪平民主义教育思想的体现。他认为，国民革命的目的在于全民众的解放，必须在同一条革命的战线上打倒帝国主义，打倒军阀，打倒社会上一切不平等现象才能收效。但大多数的民众懵懵懂懂，麻木不仁，如何使之觉醒？段廷珪认为，非靠教育不可：

> 如果要使他们个个都感觉到自身的痛苦，力谋解除，非大家集中

---

① 段廷珪：《教育改进与三民主义教育》，第31页。

② 段廷珪：《教育改进与三民主义教育》，第32页。

在一条革命战线上去从事国民革命的工作不可。那就非首先实行民众化的教育，使他们的知识程度，增高不为功，所以民众化的教育建设，实在是国民革命的历程最迫切的需要。[①]

因此教育首先要面向民众，面向所有的群体。而且若推行教育，必须要以以下三点为要求。

（1）教育要以民众的福利为中心。"在民众化的教育，社会科学，自然以事实为根据，不容有什么曲解的，并且科学的应用，完全是为民众谋幸福的。"[②]

（2）教育要打破阶级界限，破除严格的阶级制度。他说无论是科举制时代还是民国以后的教育，都搞成了一种私立的自私性质的特殊阶级的教育，教育没有真正面向群众，"对于一般平民，简直不去理会"，因此"民众化的教育，一方面使一般民众都能得到求学的机会，和享受教育的利益，他方面养成为民众谋幸福的人才，相与打破严格的阶级制度"[③]。

（3）教育要以启发全民的革命积极性为主。"我们的国民革命。是要全民众都来帮忙，才能收效的。关于这一点，已在前面讲述过了，无须赘述。不过我们应该要认定启发全民革命的精神，是民众化的教育一种紧要的工作。"[④]

第三，是三民主义教育社会化。教育的目的在于为社会服务。"所以教育的目的，有做服务社会之准备工作的一种。求学一事，也无非做社会服务之一种修养，教育与社会实有最密切的关系。"[⑤]可是，以往的教育都

[①]　段廷珪：《教育改进与三民主义教育》，第32页。

[②]　段廷珪：《教育改进与三民主义教育》，第33页。

[③]　同上。

[④]　段廷珪：《教育改进与三民主义教育》，第34页。

[⑤]　同上。

与社会脱钩了，所以培养了大量的废人、无用之人，"因此我们的教育应该以社会的事实为基础，以适合社会之实际为依归，并且必要养成人人都有服务社会的观念和习惯"①。以此为目的的话，如要办理教育，应注意以下几点。

（1）教育学生，要富有合作的精神与组织的能力。以往的教育只知家庭和宗族，没有民族的观念和意义，团体性极差，此点，在于让学生知道，学校是社会的雏形，学生应该要有合作的精神与能力。

（2）要从社会服务上发展个人。"因为我们各个都是社会上之一份子，社会发展，我们各个也就随之而发展了。"②

（3）所学知识要贴近社会，学习社会常识。

（4）培养学生养成奉献社会的习惯。

第四，是三民主义生活化。教育要面向生活，不能脱离生活，要使得人民生活水平得以提高。故而他认为："生活化教育的目的，就是要使民众们生计裕如，研究生产原料，发展各种实业，使人人都找到相当的职业，均能谋生活的改善，以推进三民主义之实现。"③所以欲办教育，也应当面向生活，尤其应该要以以下几点为原则。

（1）教育是要满足一般民众的衣食住行的需要。

（2）创造生活与享乐生活要达到一种平衡。他说：

> 生活不外创造与享乐两种。有钱的人只知享乐；毫不工作；一般没有钱的人，一天到晚创造物品，毫不停歇，而所创造出来的物品，自己反不能享受，专给那些有钱的人们去用。这实在是社会上一种病

---

① 段廷珪：《教育改进与三民主义教育》，第34—35页。

② 段廷珪：《教育改进与三民主义教育》，第35页。

③ 段廷珪：《教育改进与三民主义教育》，第37页。

态的生活，真正的生活化，必须人人创造，人人享受，以资调和，而免除不平等的生活现象。[1]

（3）教育要以培养学生谋生能力为目标，即振兴实业。此点是他深感于中国旧的教育制度之下培养了太多不能自食其力，谋生乏术的学生，他们都成了社会的寄生虫。因此以后的学校教育要有现代精神与日常生活接轨，"生活化的教育要注重发展创造能力，振兴实业，为民众之先导"[2]。

（4）教育要重视日常生活的常识。

第五，是三民主义教育科学化。以科学态度的理念与三民主义对接，发展实用的科学，提高经济发展水平，使学生具备科学主义的态度，将科学的理念学以致用。

纵观段廷珪的省教育厅生涯，成绩是有目共睹的，从有限的材料中我们也能看到他在抗战前对湖南教育事业的贡献。1940年段廷珪从省教育厅退职时，湖南省教育厅为表彰其在教育厅的功绩，而将之上报申请中央政府的嘉奖，并得到政府慰问。[3]这是对这位67岁的老人一生之功绩与贡献的最好说明。此后段廷珪回到家乡资兴，仍然继续热心教育事业，担任了资兴当地初级学校的校长，继续发挥余热，也成为地方上声望卓著的老教育家。关于他的传说和事迹，也开始逐步流传，留在乡民的记忆里，本书也期望这一份记忆，能够久远地流传下去。

---

① 段廷珪：《教育改进与三民主义教育》，第38页。

② 段廷珪：《教育改进与三民主义教育》，第39页。

③ 《国民政府指令》第2349号。

　　至此，一个历经三个时代的普通进步文人之生平经历、教育思想及其教育实践已经梳理完毕。不难发现，段廷珪并非像传说那样充满传奇色彩：他与上层人物虽有往来，但称不上关系密切；他于所谓革命虽然有功，但算不上居功至伟。然而，他也绝不应被看作平庸之辈。他是当时最高学府的首届师范毕业生，也是中国近代意义上第一届大学毕业生，晚清最后一批举人；同时他也是多个重要学校的校长，是三个时期政府的教育行政系统内的官员。他著写过两部颇有影响力且流传至今的书籍，并热心于慈善实业，有着强烈的人文关怀与社会关怀，其善举美德还屡次被报道并受到公开嘉奖。

　　可若放眼整个历史长河，他的力量又渺小得如一粒细沙，并不会改变河流的流向。作为一名历史研究者，笔者之所以如此大费周章将其从历史长河中打捞上来，除了本书开头已记述的想要探求历史真相这一缘由，更主要的还是希望从微观个案出发，重新审视以下相关问题。

1.人物传说的形成

毫无疑问，每个人的一生都是一段属于自己的历史，它是实实在在发生的，并不存在任何虚构的成分。可当后世之人去探寻时，呈现在眼前的，往往是一些并不真实的传说。原本真实发生过的历史是怎样演变成了后世的传说？众所周知，人人都是自己的历史学家，但并非每个人都有记录历史的习惯，即使有所记录，也难以完全保存于后世。从段廷珪的故事中，我们也可以看到，他虽然留下了不少文字，但基本上都与教育文化相关，关于他个人生平的记录则少之又少。即便有一些日记、书法、信件等，大部分都在"文革"等历次动乱中散佚。这些证明他曾经存在过的痕迹，随着时间的流逝而逐渐淡化，当后人想要追寻先辈的足迹时，往往只能找到一些残缺不全的碎片。这些碎片或是先辈的遗物遗迹，或是道听途说的只言片语。用这些孤立的碎片去拼凑一个人的一生，显然是不可能的。于是乎，后人开始想象，企图用自己的想象填补真实的空缺。那些生动的细节，那些感人的故事，那些光辉的过往，那些大部分人所口口相传的事迹，往往是这些拼凑出来的记忆。

而这些记忆，由于"真实生动"，又是由族人、乡人等与先辈关系密切者亲口讲述，免不得让人信以为真，连地方志甚至其他官方文献都予以采纳。于是，真实的历史就这样慢慢演变为传说。从史料来源来看，《回忆祖父段廷珪》是较早的一篇完整讲述段廷珪生平事迹的文章，其中的很多说法被《资兴市志》所采用，而《举人段廷珪传记》则又在二者的基础上进行了艺术加工，为段廷珪的人生抹上了传奇色彩。这些资料或许在历史研究者看来有着浓厚的地方和家族色彩，不足为信。然而由于此前与段廷珪有关的史料少之又少，故不少官方文献也都引以为据，如湖南省教育史志编纂委员会编的《湖南近现代名校史料》中关于段廷珪的简介，很大程度上就借用了《资兴市志》的说法，另有一类网络文章也直接援引。若不仔细加以甄别，则这些说法往往会以假乱真。这些传说确实有时容易出现张冠李戴、穿凿附会的情况，比如段廷珪二度在湘担任的是省立三中的校长，而非传说中的省立三师校长。

然而不可否认的是，这些传说所记载的事件虽多有讹误，但很多基本上都是存在的，又或者说都是互有关联的。如段廷珪虽非1898年考入京师大学堂，但他确实有在京师大学堂求学的经历；如他的举人身份问题，虽非通过科考，但新式学堂为了办下去，仍需要使用传统的给以功名的做法；再如段廷珪与毛泽东、朱德二人的交集问题，正是存在可能有交集的空间，才让人浮想联翩。且事情发生的时间愈晚，这些带有回忆性质资料的记载与真实愈接近，比如在《回忆祖父段廷珪》中，关于段廷珪1927至1943年在教育厅任职的记载与史实就基本相符（尽管1943年段廷珪告老还乡的说法也并不准确）。因此，这些传说固然不可尽信，但也绝非毫无价值，至少能为我们寻找真相提供一些线索。正是有了传说所留下的蛛丝马迹，我们才能够从各方面收集与之相关的原始记载，才为我们还原相对真实的历史提供了可能。

我们应该认识到，地方文史资料、地方志中所载之各类文章与传说，虽然无法摆脱先入之见与政治倾向，影响了其史料价值，但正是他们长期的努力，才抢救了大量的地方历史，如果没有他们，一些资料和故事可能就永远消失了。本书所用的几份资料同样如此，若没有段盛业刊载在《资兴文史》中的亲历回忆，可能至今都不会再记起在资兴市还有一位名叫段廷珪的晚清民国文人。这些记述，给笔者提供了重要的指引。

2.档案中的虚构

档案一般被认为是最基本与最可靠的记录，但是历史研究者越发注意档案资料的局限性，因为档案形成过程中，必然有曲解历史事实的情况。

笔者在研究过程中接触到了好几份关于段廷珪的原始档案。其中有两份关键档案存在问题。

第一份是《资兴各乡"共匪"年籍详细调查表》。若不加以考证分析，研究者看到这份档案很容易"上当受骗"，轻信其中的说法，将段廷珪认作革命的保护伞。而实际上该档案里的说法有段廷珪被人陷害的背景；加之，段廷珪在1924—1926年担任湖南省立三中校长期间确实思想先进，"听任"学生开展革命活动。这笔账在清算的时候，容易记在其身上。于是，毛泽东、朱德在入境资兴的时候，被看成是段廷珪的"勾引"；段廷珪因与革命青年的关系，也变成了为"共匪"提供藏身之处。事实上，以段廷珪比较持衡的立场，是不太可能有此举动的。

第二份是台湾"国史馆"藏的《褒扬段廷珪、段黄家淑》。该文档成于1946年，虽为档案资料，然而所载均为段廷珪1946年前的经历，并非实录。当时国民党为树立道德楷模的典型，通告全国进行遴选，资兴县政府遂将段廷珪作为典型上报，言其在日寇侵入资兴时，积极为抗日奔走，且一向在地方上周济穷人，其夫人黄家淑亦处事有方，国民政府内务部随即给段廷珪请匾。若段廷珪当时真的亲共，又如何得享此"殊荣"？

按说，段廷珪此时正乡居资兴，该案所载之"事实"应是经过段廷珪过目，并层层审核、鉴定后，对事实的真实记载。可实际上，地方执政者在叙述段廷珪之履历时，却明显讹误颇多，令人费解。究其原因，其一，可能是地方官员为了提高政绩，瞒着段廷珪递送了材料，然从段廷珪其后写的感谢联来说，似乎其对此事应是知情的。其二，可能是抄录失误。因为目前找到了两份与此事有关的案件，一份是单个案件，另一份则是案件全卷，两者所用的纸质不同。单份案件中载："前清宣统元年至三年，湖南省立第三中学校长。"全卷案件却载："前清宣统元年至三年，湖南省立第三师范学校校长。"两者对比，可发现单份案件中有一定讹误，需要仔细比对。"国史馆"藏的档案可能也并非原件,并且都将事实搞错,段廷珪担任湖南省立第三师范学校校长的时间是在民国元年至民国三年。其三,该案呈送的时间差不多在1946年11月左右,可能是段廷珪一派为了在1947年的国大代表竞选中获取更多选票,提前大造声势,故需尽快上交材料,并未仔细审核,只依据撰写人的大概印象,草草写之。其四,国民政府此时已腐败不堪,很多制度可能形同虚设,无力维持。虽有法律条文,但无执法之能力。

因此当面临一份档案文件时,若不仔细加以甄别,直接轻信,势必被误导。更可取的做法应该是,既把之当作历史的记录,也将之作为一种分析的文本。尤其当我们在利用档案时,一定要清楚档案背后的故事,它是怎样被制作和保存下来的;而将档案作为分析文本时,更要问这个档案为何出现,挖掘其背后隐藏的含义。

3. 个人与时代的关系

段廷珪不仅履历丰富,而且其生活跨越了晚清、民国、新中国三个急剧变革的时代。他在不同时代的遭遇,为我们思考时代与个人的关系提供了新的视角。从他的个人经历中,我们也可以看到社会变迁的缩影。这主要体现在教育问题上。

从晚清到民国时代,教育制度发生巨大变革,历经千余年的科举制被逐渐废除,新式学堂、新式教育普遍兴起。科举制作为一种集选才、择士、教化为一体的考试制度,是中国传统社会中不可或缺的联结与中介机制,具有文教、政治、保持社会阶层流动等多重功能。但随着时代的进步,八股取士已无法满足社会发展的需要,学制改革势在必行。新式教育的崛起使读书人不再像过去那样,只能走旧科举的独木桥,而是有了更多的出路。有人选择出国留学,有人投身于教育。段廷珪选择了后者,乡试落榜后通过咨送进入京师大学堂师范馆接受新式教育，成为最早的一批师范生，毕业后长期从事教育事业。由此观之，时代变革中往往会出现一些新机遇，而个人是否敢于抓住这些机遇，则将极大影响此后的发展。

民国伊始，旧式学堂又改为新式学校，"振兴实业"成为社会思潮，职业教育女子教育日益受到社会关注。1912年湖南的三路师范学堂改为三个师范学校，段廷珪被委任为湖南省立三师的首任校长，将其先进的办学理念付诸实践。1913年，段廷珪与符定一等人成为衡永铁路的发起者，[①]加入振兴实业的浪潮。1919年段廷珪自办务本女子职业传习所，此后又出版《新女子职业教育》一书，提倡男女同校，重视女子经济自主权。

而后1924至1927年是第一次国内革命战争时期，湖南省立三中不少学生走上了革命道路，作为校长的段廷珪并没有打压学生运动，也因此被安上了"制造共产分子"的罪名，惨遭牢狱之灾。20世纪上半叶是革命的年代，很自然地，段廷珪的履历刻上了深深的时代烙印。其后代很想将他与轰轰烈烈的共产主义革命扯上关联，于是产生了和毛泽东、朱德有过交往、于革命大有贡献的一系列说法。可以确切知道的是，他确实与革命有所关联，只是他采取了折中的立场。由前所述，每个时代都有一些主流，个人可以选择顺流，也可以选择逆流，当然两种选择各有利弊，全凭个人意愿。共产党员不是他的身份，没有这个身份，教育家段廷珪也同样值得铭记。但是作为知识分子、掌校的校长，其身处大革命的旋涡之中，亦是自然而然之事，大革命就是由当时的知识分子所发起。

中华人民共和国成立后，为了安置和照顾部分德高望重的老年学者，成立了湖南文史研究馆，段廷珪也被聘为了馆员。不过中华人民共和国成立时，段廷珪已步入晚年生活，他在这一时期的经历已难以考证。但值得注意的是，在1949年前曾给段家带来不少收入的商务印书馆股息，却在

---

① 《交通部通告》，《政府公报》，1913年11月，第19册，第537号，第403页。

1957年之后成为其孙段盛业被清算的主要依据。由此可知，不同时代对个人的要求不同，人生的沉浮多受制于时代的变迁。

4. 教育对社会的影响

每一个微小之个体构成了社会之全体，教育改变个体并通过影响个体，进而对社会的发展产生催化作用。段廷珪出生寒门，却通过教育改变了命运。京师大学堂学生的身份不仅为他积累了不少人脉，也为他今后的发展铺就了道路。他又将在京师大学堂中所学到的新知识，融入他的办学中，改变着其他学生的思想。在校的学生终有一天会走上社会，他们的思想又将影响着今后的人生选择，选择不同，服务社会的方式也不同，或是造福社会，或是成为社会毒瘤。

教育乃社会发展之引擎，不同教育制度下，培养的人才亦相迥异，对社会的贡献亦不相同。晚清时期的教育变革，为读书人摘下了八股文的紧箍咒，接受教育的途径日趋多样化，所学的知识也更加广泛，物理、化学、数学、地理、算学、外语、体操等新式课程开始走进课堂，为社会的发展培养了各式各样的人才，推动了中国社会的近代化进程。段廷珪得益于这个变化，作为科举制度的失意者，他通过新式学堂而重新有了改变命运的机会，否则也可能如同大多数晚清秀才一样，在剧烈的社会阶层调整上，找不到在社会中的位置，成为无所事事的"废人"，真正普通得如一粒尘埃，不会留下任何记录。教育改变了段廷珪的命运，也让他一辈子与教育结缘。对于教育问题，段廷珪也有自己的思考。

段廷珪对教育很重视，他看得很清楚：

> 教育为文明之母，万化之源，毋论政治，学术，技艺，及国家社会，种种事业之推进，皆根源于教育。故国家之强弱；社会之文野，

悉准据国民受教育之程度以为比例差。①

而当时的国家，民生凋敝，毫无国际地位，备受欺凌，一种以教育而救国的理念也始终伴随段廷珪的一生。

> 吾国现在之地位若何？外遍强邻，受帝国主义种种侵略，内寻争夺，亦复由帝国主义者之多方唆使，固已沦于次殖民地的地位。至国民所处的环境，小农社会，受大托辣斯之垄断，既已生计日蹙；手工技艺被蒸汽机之掠夺，尤觉凋敝不堪。故欲救国家，不可不有主义；欲救国民，不可不有主义的教育。②

救亡图存是当时时代的呼声，普通文人同样也在呐喊。

作为没有被近代史大书特书的普通进步文人，段廷珪的教育救国理念念虽然不被关注，但实有大关怀存在。他主张从最基本的人人自立做起，希望每个人都能有主人翁意识，具备知识，养成国民意识，参与国家政权建设，实现国家的强大。这一点直到现在还不过时。

当然也应该注意到的是，对于教育问题段廷珪也有自己的预判。民国元年之后，女子教育越发受到重视，男女同校日益普遍，女子的受教育权也开始有所保障。女性独立意识的觉醒，也为社会的发展注入了新鲜血液。段廷珪非常重视女子教育与女子解放。这是其教育普及理念与人文关怀的体现。无论历史如何发展，只要有研究者关注20世纪20年代初期的女子教育问题，段廷珪的关于女子职业教育问题的论述，及其办学实践，恐怕始终都会被记起。

而且通过教育，段廷珪也改变了一些人的命运。毕业于段廷珪所创办

---

① 段廷珪：《教育改进与三民主义教育》，绪言。

② 同上。

的务本女子职业学校的潘张秀芝，她本是一个略识文字的农村妇女，为了谋生，便考入务本女子职业学校。毕业后自食其力，接受了甘肃兰州女师的聘请，把整个人生都奉献给了女子教育事业，教授的女学生不下三千人，改变了许多女性的命运。她们有的走上中小学教师岗位，有的接受了革命教育，有的继续从事女子教育，为社会的发展做出了不可磨灭的贡献。[①]这恐怕也是所有教育战线上的工作者最为欣慰的地方了。

同样，段廷珪也因教育问题而卷入政治漩涡，以至身陷囹圄，差点酿成杀身之祸。资兴地方保守人士认为，他在国民革命期间与共产党过从甚密，引共产革命入境，是湘南共产革命的总后台。这是地方人士将革命火焰归结于教育煽动的明证。而民初新式教育的兴办，对20世纪20年代早期共产主义革命的兴起，也确实起到了至关重要的作用，一批受过中等教育的青年学生，或受共产主义的影响，或受新三民主义的影响，开始以革命行动改造社会。千万不要忘记的是，段廷珪正是晚清新式学堂培养下的第一批学生，也正是湖南省立三中这一中等学校的校长。如果说晚清新式学堂培养的第一代青年学生是辛亥革命的主力，民初新式教育培养的第二代青年学生是国民革命、共产革命的主力。那么在段廷珪身上，也可以看到教育影响革命的延续。

大革命之后，段廷珪又实现了党派身份的反转，从"疑似"共产党员变成了经过"特种登记"的国民党党员，从这个角度看，段廷珪的同盟会会员身份也得以确认。在1947年的"国大代表"选举中，段廷珪又被青年党推出参与选举。此时他亮出了最后的正式政治身份——青年党党员。由此观之，段廷珪在民国时代与影响中国20世纪上半叶的三大革命，辛亥革命、国民革命、共产革命都有关联；与影响中国近代走向的三大党派，国民党、青年党、共产党，都有渊源。近代新式教育与革命行动深深纠缠在一起。

---

① 　王九菊：《回忆我们的潘老师——记潘张秀芝的一生》，载甘肃省兰州市委员会文史资料研究委员会编：《兰州文史资料选辑》第2辑，1984年，第147—154页。

5.巨变时代中普通进步文人的思想世界

对人物的书写，中国历来喜欢关注帝王将相、英雄豪杰与知识精英，因为我们相信只有书写他们，才能构建有关民族和国家命运的宏大叙事，才能体现史学家的使命感，诚然这些凤毛麟角的精英人物的一举一动确实比一个默默无闻的普通人更有影响。但问题在于我们每天所面对的是占总人口99%的小人物，对历史的关注就显得非常不平衡，我们往往关注英雄驰骋的小舞台，而对舞台下面的丰富多彩的民众历史却不屑一顾，本书的研究对象段廷珪虽然也是知识精英，也是小舞台上的人物，但是其位置又很不起眼，在一个小角落配合那些主演，时间一到便要下台，成为万千观众的一部分。只是他享有一个好处，能坐于前台，近距离观看演出，演出结束后，坐于最后排的乡邻可能还需要他代为转述舞台上的精彩演出。

身处巨变时代，相比于历史舞台上轰轰烈烈的政经大事和大人物，段廷珪并不起眼。他虽然和那些大人物有些交集，但显然更多地属于处理具体事务的角色，既无对重大事务的决定权，也未能进入核心圈层（比如，中华教育改进社、中华职业教育社，这些教育团体的人都是出洋留学的人才有资格入社）。但是，对段廷珪生命状态和日常生活的历史再现，才更能展现时代风貌，这样的"非英雄"式人物也才是影响历史演进更为基本而又绵绵瓜瓞的力量。对段廷珪的研究，也可以让我们了解那个时代出身相对较低的教育界进步知识分子所展现出来的情怀与世界观。

段廷珪虽然不能在关键节点决定历史的发展与走向，但其鲜活而能动的生命不仅让历史充满了偶然性和多样性，也让书写丰富、复杂而生动的历史成为可能并且变得必要（历史发展固然有结构有趋向，但历史的演变也不存在可以预见的规律）。任何个人的生活与命运，不可避免地会受到时代和社会大势的影响，但个体生命其存在的意义和价值不应只是体现时代文化及其变迁或被用于佐证社会发展趋向和规律，它还有内在的价值和尊严，我们也需要在日常生活的语境中去关注每个个体生命。

段廷珪的活动与生命轨迹也反映了近代社会变迁中的日常生活风貌、时代场景和风气。当前不仅社会史政治史早就在关注下层普通人物，教育史也出现了自下而上的趋势，社会上层人物的教育思想以及国家层面的教育制度转型固然重要，但真正扎根基层教育的教育界普通知识分子的教育理念及其日常教育生活教育实践也值得更多关注，关注普通边缘人物可以为教育史呈现出不同的面相，微观的、具体的和日常的教育问题也许更值得去关注。笔者希望能有更多的类似的发掘出现，也希望能够挖掘出更多的地方历史人物。

最后，回到对段廷珪的评价问题。虽然段廷珪并非改变历史进程的大人物，其功过是非也并未对历史进程产生显著影响。但是因其教育背景、工作经历，段廷珪清楚地意识到当时的中国教育迫切需要怎样的改变。他将自己的理论付诸实践，将经验与思考著书传播，可以说他的所作所为早已超越了一个普通的教育行政管理人员。令人感到惋惜的是，当今段廷珪仅仅是作为一位在地方上稍微有些影响的教育家被我们认识。

段廷珪总体上来说，是一个进步文人。

一方面，段廷珪的进步性主要体现在他的教育理念上。他大力提倡塑造国民的民本主义教育与女子教育，主张推进教育普及（他希望中国所有的民众都能够接受教育），尤其在职业教育方面段廷珪的一些观点仍然不过时——我们现行的职业教育也仍待加强，职业教育仍是解决义务教育之后多数普通家庭学生的出路。从这个角度讲，段廷珪的职业教育理念与实利主义的观念，都很值得我们去挖掘。

通过段廷珪先进的教育理念，我们可以感受到他非常"接地气"：他多数时候为穷人说话，完全反对资本的集中，在这一点上，段廷珪是社会主义的；他也注重用教育的手段解决民生问题，这是真正体恤民众、对人民有情怀的教育家。

另一方面，段廷珪又保留了旧式文人"修身齐家治国平天下"的自我要求。他饱读诗书，在清末能够中秀才，已然颇有读书为学的根基。民国时能够通过京师大学堂的考试也显示出其实力。段廷珪不仅工诗，出诗集，其书法水平在当代书法家看来也非常老辣。这些都显示出了学问与才情（否则就不会在中华人民共和国成立之后成为湖南省文史馆馆员了），这是他的"修身"。他参与投资商务印书馆、投资开矿，为子孙后辈带来收益。可以说这是他劳动观与实利观的体现，也可以说这是他的"齐家"之考虑。而他以地方绅士的身份，为家乡人民做过不少贡献，故有威望；同时他在家乡作为校长管理新式学校，提出先进的教育理念，可算是"治国平天下"。

段廷珪身上来自旧式文人的自我要求，显然与他的进步性并不冲突，甚至可以说是相辅相成。在1928年之后，他被看作资兴学生革命运动的总后台这一事件，就说明了这一点：为了国家兢兢业业办教育的人，带来了教育的开化、理念的创新，学校也成了革命的温床。

生活中的段廷珪，固守文言（基本不用白话文写作），强调儒家伦理（其晚年尤其如此，颇讲孝道，希望儒家传统作为稳定社会稳定民心的手段），容易被贴上"老派"的标签。但是，这种"老派"文人遵循传统的自我要求，恰恰是他在当时成为一个进步知识分子的重要原因。

参考文献

一、原始材料

（一）段廷珪著述

［1］段廷珪：《民国元年—民国四年三师同学录序》，1914年。

［2］段碧江：《新女子职业教育》，上海：中华书局，1923年。

［3］段碧江：《湖南省立第三中学校校友会期刊发刊词》，《湖南省立第三中学校期刊》，1924年第1期，第7—9页。

［4］段碧江：《五月七日国耻纪念会讲演》，《湖南省立第三中学校期刊》，1924年第1期，第35—37页。

［5］段碧江：《新班始业式训话》，《湖南省立第三中学校期刊》，1924年第1期，第37—39页。

［6］段碧江：《八九班毕业训话》，《湖南省立第三中学校期刊》，1924年第1期，第39—41页。

［7］段碧江：《增刊校友录序》，《湖南省立第三中学校期刊》，1924年第1期。

［8］段廷珪：《庸盦游草》，1932年铅印本。

［9］段廷珪：《袁母段太夫人六秩晋一寿序》，《学生文艺丛刊》，1932年第7卷第3期，第128—130页。

［10］段廷珪：《教育改进与三民主义教育》，长沙：湘益公司，1933年。

［11］段廷珪：《汝城县短期义教概况》，《湖南义教》，1936年第7卷第7期，第218—219页。

［12］段碧江：《教育与人生》，《湖南教育月刊》，1940年第2期，第23—24页。

［13］段碧江：《资兴西北区被日寇沦陷始末记》，湖南省图书馆馆藏手抄本（1946年）。

［14］段碧江：《各市县修纂新志项目草案》，（民国）湖南文献委员会编：《湖南文献汇编（第一辑、第二辑）》，长沙：湖南人民出版社，2008年，第400—401页。

［15］段廷珪：《资兴西北区被日寇沦陷始末记》，载资兴市史志办公室、资兴市档案局、资兴市地方文史研究会编：《资兴抗战纪实——纪念中国人民抗日战争暨世界反法西斯战争胜利七十周年》，内部资料，2016年，第9—12页。

（二）口述史料、私人档案及族谱材料

［1］段盛业：《交代材料：自传》，《湖南省郴州地区煤炭工业局文件》，1979年9月7日，（79）煤政字第085号。

［2］《关于段盛业被清除的复查报告》，《湖南省郴州地区煤炭工业局文件》，1979年9月7日，（79）煤政字第085号。

［3］段盛业：《回忆祖父段廷珪》，载中国人民政治协商会议湖南省资兴市委员会文史资料委员会编：《资兴文史》第一辑，内部资料，1985年，第44—47页。

［4］段丽扶：《廷圭：我们的曾祖父》段氏族谱，合族公订，内部资料，2002年。

［5］唐孟尧口述，段辉光整理、执笔：《举人段廷珪传记》，唐孟尧：《祖泽流芳》，资兴市教育印刷厂，2011年。

（三）档案材料

1.台湾"国史馆"档案：

［1］《湘盛煤矿公司董监联席会议纪录案》，1942年7月27日—1944年5月15日，典藏号：003-010101-0503。

［2］《褒扬段廷珪、段黄家淑》，1946年，典藏号：014-090501-1164。

2.湖南省档案馆档案：

［1］《段廷珪任教育厅会计处主任》M59-1-168（1-6）

［2］《黄士衡段廷珪等家庭状况调查表》M59-2-120

［3］《段廷珪教育厅秘书》M59-2-124-3667

［4］《段廷珪履历表》M59-2-124-3680

［5］《段廷珪为审查课本委员会主任》M59-2-129-3854

［6］《段廷珪年老退休》M59-2-132-4009

［7］《段廷珪焚毁坏破旧图书一案》M59-3-23（10）

3.衡阳师范学院档案馆档案：

［1］《民国元年—民国四年三师同学录》，全宗号6，卷宗号6，案卷号21。

4.湖南图书馆档案：

［1］《湖南省立第三师范学校概览》，1916年木活字版。

5.资兴市档案馆档案：

[1]《资兴北乡"共匪"年籍详细调查表》，《通缉令》，资兴市档案馆，卷号43，第63页。

[2]《追悼哀思录》，资兴追悼筹备处印，卷号43，第17页。

（四）报刊中的史料

[1]《长沙分馆三十年大事记》，《同舟》1937年第5卷第8期。

[2]白吉庵辑：《杨树达〈积微居日记〉节录》，《文献》，1985年第3期，第111—128页。

[3]白吉庵辑：《杨树达〈积微居日记〉节录》（上），《文献》，1987年第2期，第258—265页。

[4]白吉庵辑：《杨树达〈积微居日记〉节录》（下），《文献》，1987年第3期，第242—257页。

其他晚清、民国报刊：

《北京大学日刊》、《北京高师教育丛刊》、《晨报》（北京）、《大公报》（天津）、《大公报》（长沙）、《东方杂志》、《妇女时报》、《妇女杂志》、《国民日报》、《国民政府公报》、《湖南官报》、《湖南教育公报》、《湖南教育月刊》、《湖南教育杂志》、《湖南省立第三中学校刊》、《教育公报》、《教育官报》、《教育世界》、《教育杂志》、《京师学务公报》、《京师学务局教育行政月刊》、《民意日报》、《女学报》、《申报》、《时事新报》、《实业部公报》、《市政月刊》（北京）、《先驱》、《湘报》、《湘学报》、《向导》、《新华日报》、《新教育》、《新青年》、《新闻报》、《学部官报》、《学生文艺丛刊》、《益世报》（北京）、《政府公报》、《政治官报》、《职业与教育》、《中华图书馆协会会报》

（五）其他出版物中的史料

［1］李定夷编：《民国趣史》（第2集），上海：国华书局，1917年。

［2］冯飞：《女性论》，上海：中华书局，1920年。

［3］易家钺：《妇女职业问题》，上海：泰东图书局，1923年。

［4］中华教育改进社总事务所：《京师教育概况：民国十一年七月至十二年六月》，北京：撷华印书局，1923年，第19—20页。

［5］谭延闿：《谭延闿日记》，中央研究院近代史研究所数位资料库，1927年3月15日。

［6］何芸樵：《何芸樵先生演讲集第1集》，上海：商务印书馆，1931年。

［7］姚舜生：《中国妇女大事年表》，上海：上海女子书店，1932年。

［8］胡适编：《国立北京大学五十周年纪念特刊》，北京：国立北京大学出版部，1948年。

［9］（清）朱寿朋编：《光绪朝东华录（第四册）》，北京：中华书局，1958年。

［10］舒新城：《中国近代教育史资料（上中下）》，北京：人民出版社，1961年。

［11］房兆楹辑：《清末民初洋学学生题名录初辑》，台北："中央研究院"近代史研究所，1962年。

［12］全国妇联妇女运动历史研究室编：《中国妇女运动历史资料》（三卷），北京：中国妇女出版社，1981年。

［13］北京师范大学校史编写组：《北京师范大学校史1902—1982》，北京：北京师范大学出版社，1982年。

［14］陈学恂：《中国近代教育文选》，北京：人民教育出版社，1983年。

［15］王兴国编：《杨昌济文集》，长沙：湖南教育出版社，1983年。

［16］高平叔编：《蔡元培全集》，北京：中华书局，1984年。

［17］中华职业教育社编：《黄炎培教育文选》，上海：上海教育出版社，1985年。

［18］朱有瓛编：《中国近代学制史料》第2辑上册，上海：华东师范大学出版社，1987年。

［19］北京大学校史研究室：《北京大学史料（第一卷1898—1911）》，北京：北京大学出版社，1993年。

［20］中共中央文献研究室编：《毛泽东年谱》（上卷），北京：中央文献出版社，1993年。

［21］璩鑫圭、童富勇、张守智编：《中国近代教育史资料汇编·实业教育、师范教育》，上海：上海教育出版社，1994年。

［22］中国第一历史档案馆编：《光绪朝朱批奏折》（第105辑），北京：中华书局，1996年。

［23］周秋光：《熊希龄先生遗稿1》，上海：上海书店出版社，1998年。

［24］中国第二历史档案馆编：《中华民国史档案资料汇编第五辑第三编教育》，南京：江苏古籍出版社，2000年。

［25］北京大学、中国第一历史档案馆编：《京师大学堂档案选编》，北京：北京大学出版社，2001年，第104页。

［26］朱有瓛等编《中国近代教育史资料汇编·教育行政机构及教育团体》，上海：上海教育出版社，2007年。

［27］李肖聃：《李肖聃集》，长沙：岳麓书社，2008年。

［28］湖南省文献委员会编：《湖南文献汇编（第一辑、第二辑）》，长沙：湖南人民出版社，2008年。

［29］欧阳哲生等编：《范源廉集》，长沙：湖南教育出版社，2009年。

［30］胡香生辑录，严昌洪编：《朱峙三日记（1893-1919）》，武汉：

华中师范大学出版社，2011年。

［31］郑振铎编：《晚清文选》，北京：中国人民大学出版社，2012年。

［32］龚笃清审订，颜建华选编：《清代湖南朱卷选编》，长沙：湖南师范大学出版社，2012年。

［33］湖南省教育史志编纂委员会编：《湖南近现代名校史料》，长沙：湖南教育出版社，2012年。

［34］袁德宣等编纂，曾主陶校点：《湖南会馆史料九种》，长沙：岳麓书社，2012年。

［35］王强主编：《民国职业教育史料汇编》，南京：凤凰出版社，2014年。

［36］楼世洲主编：《民国时期职业教育文献辑刊》（全30册），北京：国家图书馆出版社，2015年。

［37］梁启超：《饮冰室合集·文集》，北京：中华书局，2015年。

［38］毓麟编考：《资兴红色革命有关史实》（1923年—1929年），内部资料，2016年。

［39］吴殿尧主编：《朱德年谱新编本一八八六——一九七六（上）》，北京：中央文献出版社，2016年。

［40］曹典球：《湘学研究丛书：曹典球辑》，北京：民主与建设出版社，2017年。

［41］《徐特立年谱》编纂委员会编：《徐特立年谱》，北京：人民出版社，2017年。

［42］王仰清、许映湖整理：《邵元冲日记》（第二册），上海：上海人民出版社，2018年。

［43］湘南学联纪念馆编印：《湘南学联资料新编——纪念湘南学联成立100周年》，内部资料，衡阳：衡阳市东方印刷厂，2019年。

［44］上海市妇女联合会主编：《近代女性史研究资料续编》（48册），上海：上海科学技术文献出版社，2020年。

［45］林盼、胡欣轩、王卫东整理：《蒋维乔日记》（第三册），上海：上海人民出版社，2021年。

（六）地方志、文史资料、工具书、回忆录等

［1］肖克：《回忆湘南暴动》，南昌：江西人民出版社，1981年。

［2］王道元：《早期的北京师范大学——京师大学堂师范馆》，载中国人民政治协商会议全国委员会文史资料研究委员会编：《文化史料丛刊》第4辑，北京：文史资料出版社，1983年。

［3］王九菊：《回忆我们的潘老师——记潘张秀芝的一生》，载甘肃省兰州市委员会文史资料研究委员会编：《兰州文史资料选辑》第2辑，内部资料，兰州：兰报印刷厂，1984年。

［4］《资兴市政务志》编纂办公室：《资兴市政务志》，内部资料，1990年。

［5］胡昭镕供稿，陈举治、刘时综合整理：《程子楷传略》，载中国人民政治协商会议湖南省资兴市委员会文史资料委员会编：《资兴文史》第一辑，内部资料，1985年。

［6］谭绍黄：《清末湖南的师范教育》，中国人民政治协商会议湖南省委员会文史资料研究委员会编：《湖南文史资料选辑》第20辑，长沙：湖南人民出版社，1986年。

［7］屈子健：《湖南优级师范概述》，《湖南文史资料选辑》第20辑，长沙：湖南人民出版社，1986年。

［8］雷恺：《清末湖南三书院》，载中国人民政治协商会议湖南省委员会文史资料研究委员会编：《湖南文史资料选辑》第20辑，长沙：湖南

人民出版社，1986年。

　　［9］丰伯翰：《前清贡院和省考内容》，载中国人民政治协商会议湖南省委员会文史资料研究委员会编：《湖南文史资料选辑》第20辑，长沙：湖南人民出版社，1986年。

　　［10］陈安治：《黄士衡先生生平与年谱》，载中国人民政治协商会议湖南省郴县委员会文史资料委员会编：《郴县文史资料》第1辑，1987年。

　　［11］袁觉民：《我和钟述孙的几次较量》，载中国人民政治协商会议湖南省资兴市委员会文史资料委员会编：《资兴文史》第三辑，内部资料，1989年。

　　［12］曾宪综供稿、唐振中综合整理：《资兴"国大"代表竞选闹剧》，载中国人民政治协商会议湖南省资兴市委员会文史资料委员会编：《资兴文史》第三辑，内部资料，1989年。

　　［13］北京图书馆编：《民国时期总书目（1911—1949）》，北京：书目文献出版社，1995年。

　　［14］湖南省地方志编纂委员会：《湖南省志·教育志（上下）》，长沙：湖南教育出版社，1995年。

　　［15］资兴市地方志编撰委员会办公室：《资兴市志》，长沙：湖南人民出版社，1999年。

　　［16］北京市档案馆编：《北京档案史料（1999，2）》，北京：新华出版社，1999年。

　　［17］寻霖、龚笃清：《湘人著述表》，长沙：岳麓书社，2009年。

　　［18］湖湘文库编辑出版委员会：《城南书院志、校经书院志略》，长沙：岳麓书社，2012年。

　　［19］湖湘文库编辑出版委员会：《湖湘文库书目提要》，长沙：岳麓书社，2013年。

［20］李景文编：《民国教育史料丛刊总目提要》，郑州：大象出版社，2015年。

［21］虞和平主编：《中国抗日战争史料丛刊·文教史地民国二十二年湖南年鉴》，郑州：大象出版社，2016年。

［22］虞和平主编：《中国抗日战争史料丛刊·文教史地民国二十四年湖南省年鉴》，郑州：大象出版社，2016年。

［23］资兴市史志办公室、资兴市档案局、资兴市地方文史研究会编：《资兴抗战纪实——纪念中国人民抗日战争暨世界反法西斯战争胜利七十周年》，内部资料，2016年。

二、二手文献

（一）论文

［1］王秀霞：《民国时期的女子职业教育》，山东师范大学硕士学位论文，2002年。

［2］张玉玲：《清末民初女子职业教育述论》，吉林大学硕士学位论文，2003年。

［3］卢浩：《中华教育改进社——中国近代教育模仿美国的主要推动者》，华东师范大学硕士学位论文，2003年。

［4］吴浪波：《互助论在近代中国的传播与影响》，湖南师范大学硕士学位论文，2005年。

［5］徐伟红：《晚清新政与湖南近代教育的发展》，中南大学硕士学位论文，2006年。

［6］龙凤姣：《清末民初女子职业教育思想研究》，湖南农业大学硕

士学位论文，2007年。

［7］伍春辉：《湖南教育近代化研究（1894—1929）》，湖南师范大学博士学位论文，2007年。

［8］梁洋：《清代城南书院研究》，湖南大学硕士学位论文，2008年。

［9］吴国荣：《中国近代职业教育研究》（1866年—1911年），福建师范大学博士学位论文，2008年。

［10］马婉君：《清末至民国前期女子职业教育探究》，河北师范大学硕士学位论文，2009年。

［11］王向文：《民国时期湖南师范教育研究》，湖南师范大学博士学位论文，2009年。

［12］任菲菲：《唐群英女子职业教育思想及其实践研究》，浙江师范大学硕士学位论文，2017年。

［13］焦亚妮：《克鲁泡特金及其互助论在五四思想界的流行与影响》，华中师范大学硕士学位论文，2020年。

［14］徐雪莲：《中国近代教育民生思想研究——以晏阳初、俞庆棠、邰爽秋为代表的考察》，安徽师范大学博士学位论文，2020年。

（二）专著

［1］李锐：《毛泽东的早期革命活动》，长沙：湖南人民出版社，1980年。

［2］周秋光：《熊希龄与慈善教育事业》，长沙：湖南教育出版社，1991年。

［3］湖南省第三师范学校校史编写组：《湖南第三师范学校校史：1904—1994》（初稿），内部资料，1994年。

［4］周秋光：《熊希龄传》，长沙：湖南师范大学出版社，1996年。

［5］刘桂林：《中国近代职业教育思想研究》，北京：高等教育出版社，1997年。

［6］华德韩：《邵飘萍传》，杭州：杭州出版社，1998年。

［7］曹世铉：《清末民初无政府派的文化思想》，北京：社会科学文献出版社，2003年。

［8］乔素玲：《教育与女性——近代中国女子教育与知识女性觉醒（1840—1921）》，天津：天津古籍出版社，2005年。

［9］刘国武等编：《衡阳师范学院校史》，内部资料，2006年。

［10］桑兵：《晚清学堂学生与社会变迁》，桂林：广西师范大学出版社，2007年。

［11］李铁虎：《民国北京大中学校沿革》，北京：北京燕山出版社，2007年。

［12］周秋光、莫志斌主编：《湖南教育史》（第二卷），长沙：岳麓书社，2008年。

［13］周秋光：《熊希龄集》（8卷），长沙：湖南人民出版社，2008年。

［14］罗志田：《近代读书人的思想世界与治学取向》，北京：北京大学出版社，2009年。

［15］谢长法：《中国职业教育史》，太原：山西教育出版社，2011年。

［16］周秋光主编：《中国近代慈善事业研究（上中下）》，天津：天津古籍出版社，2013年。

［17］夏晓虹：《晚清女性与近代中国》（第二版），北京：北京大学出版社，2014年。

［18］关晓红：《科举停废与近代中国社会（修订版）》，北京：社会科学文献出版社，2017年。

［19］朱汉民、邓洪波：《岳麓书院史》，长沙：湖南大学出版社，

2017年。

[20] 张寅：《大变局中的省域教育领导者》，杭州：浙江大学出版社，2019年。

[21] 衡阳市第十七中学：《省立三中红色文化》，内部资料，2021年。

[22] 阎登科：《民国前期教育部研究：1912—1928》，北京：中国社会科学出版社，2020年。

（三）期刊

[1] 邹振环：《20世纪轰动中国的〈互助论〉》，《民国春秋》，1995年第6期。

[2] 罗志田：《科举制的废除与四民社会的解体——一个内地乡绅眼中的近代社会变迁》，《清华学报》（台湾新竹），1995年新25卷第4期。

[3] 汤钦飞、杨忠红：《清末教育行政机构的改革》，《云南社会科学》，1996年第5期。

[4] 周振鹤：《官绅新一轮默契的成立——论清末的废科举兴学堂的社会文化背景》，《复旦学报》（社会科学版），1998年第4期。

[5] 罗志田：《清季科举制改革的社会影响》，《中国社会科学》，1998年第4期。

[6] 何黎萍：《试论近代中国妇女争取职业及职业平等权的斗争历程》，《近代史研究》，1998年第2期。

[7] 刘迪香：《清末学堂选官制度述评》，《湘潭大学学报》（哲学社会科学版），1999年第2期。

[8] 关晓红：《晚清学部研究》，广州：广东教育出版社，2000年。

[9] 吴仰湘：《皮锡瑞与晚清教育变革》，《湖南师范大学学报》（社会科学版），2001年第3期。

参考文献 **229**

［10］王美秀：《中国近代社会转型与女子教育的发展》，《北京大学学报》（哲学社会科学版），2001年第3期。

［11］郭伟伟：《从空想到科学——互助论对中国先进知识分子影响之探析》，《当代世界与社会主义》，2003年第3期。

［12］吴浪波：《互助论在清末的传播与影响》，《中州学刊》，2005年第2期。

［13］罗志田：《科举制废除在乡村中的社会后果》，《中国社会科学》，2006年第1期。

［14］谢丰：《清末新政时期湖南官绅对书院改制政策的不同思考——以俞廉三、王先谦、赵尔巽的教育改革活动为例》，《湖南大学学报》（社会科学版），2006年第20卷第6期。

［15］蒋美华：《五四时期女性经济角色的变迁》，《妇女研究论丛》，2006年第4期。

［16］莫志兵、王向文：《略论近代湖南的师范教育》，《教育史研究》，2008年第1期。

［17］伍春辉：《论近代湖南教育家群体》，《长沙大学学报》，2008年第6期。

［18］曹隽平：《段廷珪是何人》，《中国收藏》，2009年第8期。

［19］曹隽平：《民国教育家段廷圭其人其书》，《中国收藏》，2009年第12期。

［20］万琼华、李霞：《20世纪二三十年代女子职业教育观研究——以〈教育与职业〉杂志为中心》，《天津师范大学学报》（社会科学版），2011年第1期。

［21］桑兵：《科举、学校到学堂与中西学之争》，《学术研究》，2012年第3期。

［22］何玲：《千里追缴一本不能少——京师大学堂催师范馆毕业生归还图书事例》，《大学图书馆学报》，2013年第3期。

［23］陆慧：《中国近代女子职业教育思想的变迁与启示》，《中华女子学院学报》，2014年第6期。

［24］张洪萍，胡韬：《服部宇之吉与京师大学堂师范馆》，《贵州师范学院学报》，2014年第30卷第7期。

［25］申国昌，刘京京：《教育生活史：教育历史的生动展现——从法国年鉴学派得到的启示》，《湖北大学学报》（哲学社会科学版），2014年第41卷第2期。

［26］王志兵：《民国女子职业教育发展与实践》，《职业技术教育》，2014年第25期。

［27］刘齐：《民国时期民生教育的理念与实践》，《华东师范大学学报》（教育科学版），2015年第3期。

［28］王志兵：《民国女子职业教育思想之嬗变》，《南通大学学报》（社会科学版），2015年第6期。

［29］王文岭：《中华教育改进社成立背景与组织发展概况》，《教育史研究》，2018年第1期。

［30］张寅：《清末提学使司的定制、实践和审思》，《教育研究与实验》，2020年第1期。

［31］袁剑霖：《毛泽东在资兴青腰铺》，《湘潮》，2021年第3期。

（四）网络文章

［1］商务印书馆官网：《长沙分馆》，网址：https：//www.cp.com.cn/Content/2014/08-01/1732277845.html，发布日期2014年8月1日。

［2］财富汇报：《段廷珪与他的"两亩半园"》，网址：https：//www.

sohu.com/a/351213255_100122063，发布日期2019年11月2日。

　　［3］吴伯卿：《补述克强先生有关资料及政府迁台后各种纪念活动与出版情形》，网址：http：//hnjdrw1.txhn.net/wx/rwyj/yjwz/201611/t20161129_545696.htm，访问日期2016年11月29日。

附录一
段廷珪年谱简编

段廷珪之家世

父亲段平熙，字亮臣，祖籍资兴七里镇桃源关村，家贫，生有三男一女。段廷珪乃家中长子，学名兴簧，发妻黄家淑，育有二女一子，两个女儿都没有留下姓名，独子名锦成，1932年在南京被毒死，年仅36岁。孙子盛业，中华人民共和国成立后在煤炭系统工作。盛业育有两子两女，长女段丽芙、次女段健芙，长子国扶，次子国强。段国强先生年届古稀，目前尚在人世，国强育有二女，长女段娟娟，次女段清泉。

1873 年，诞生

生于资兴县蓼江市，号碧江，又自号辟疆，晚年自称庸盦老人。家中甚贫，祖上几代无人读书，其父以染布为生，供段读书不易。

1902 年，29 岁

肄业岳麓、城南两书院，乡试落榜，附生。湖南巡抚俞廉三决定在这一年乡试未中选的人员中，挑选年龄在30岁以内，才学较好的一部分送往京师大学堂师范馆学习。段廷珪在这年农历十二月初四日举行的考试中，脱颖而出，获得咨送入学的资格。

1903年，30岁

京师大学堂师范馆开学，段廷珪如期进入京师大学堂学习。

4月，北京发生拒俄风潮，反对俄国强占东北，包括段廷珪在内的京师大学堂师范馆学生联名上书拒俄。

在第二学年的分科学习中，段廷珪选择了历史地理部，习英文。

1907年，34岁

从京师大学堂毕业，是师范馆的首届毕业生。毕业成绩被评为优等，授予师范科举人身份。毕业后，履行师范生的义务，回湖南效力于教育事业。

1910年，37岁

由学部派遣，补缺广西省历史地理教员，由广西提学使分配。

1912年，39岁

担任湖南省立第三师范学校校长。其任校长期间，办学思想先进，使三师风气为之一新，并促成三师实现了由旧式学堂向新式学校转变。

10月16日，段廷珪以校长的身份为三师同学录作《序》，阐述了对教育的看法、师范的意义、第三师范的责任等。

1913 年，40 岁

与符定一等人成为衡永铁路的发起者，加入振兴实业的浪潮。

5月9日，谭延闿见段廷珪等人（三人）于别室。

1914 年，41 岁

2月，上海商务印书馆在衡阳始设支馆，段廷珪为此馆的落成也做出了一定贡献。据其孙段盛业回忆，段廷珪任省立三师校长时，曾用自己的工资投资商务印书馆。

12月，从省立三师辞职。

1915 年，42 岁

通过第四届知事甄录试。

为《段氏续修族谱》（民国四年续修）作续。

1916 年，43 岁

加入寒山社。

1917 年，44 岁

1月6日，暂代教育部秘书。

2月24日，湖南举行黄兴追悼大会，黎元洪派段廷珪、康才质为代表致祭。

北京中央公园黄蔡追悼会，段廷珪作挽联：壬父既丧国粹，先生又作国殇。

9月14日，湖南省长谭延闿荐段廷珪任职教部。

1919 年，46 岁

创办北京务本女子职业传习所，地址在北京马市大街9号。该校主要向女子传授各种职业知识技能，以期日后其可自食其力。建校时，资金困难，段廷珪特向教育部请求特别津贴补助，卒获批款洋500元。

1920 年，47 岁

担任教育部编审处编纂股编审员。

7月，京师妇孺救济会成立，段廷珪为发起人之一。

10月6日，《北京大学日刊》刊登《代售务本女子职业传习所成绩展览券广告》，足见务本女子职业传习所为销售学生成绩展品所做出的努力之深。

11月17日，教育资料采集委员会派定段廷珪为女子教育股主任，负责统计收集女子教育的开办情况。

1921 年，48 岁

传习所规模扩大，遂改组为"北京务本女子甲种职业学校"。

担任旅京湖南同乡会会计科干事。

1922 年，49 岁

继续担任旅京湖南同乡会会计科干事。

务本女子职业学校资金短缺，已快"无力支持"，段廷珪向教育部具呈请款，未获批准。

7月，段廷珪所在的教育部教育资料采集委员会解散。

11月15日，蔡元培为段廷珪所著《新女子职业教育》作序。

1923 年，50 岁

段廷珪与黎锦熙、杨树达等知名人士同时被聘为教育部编审处图书审定员，主要负责教科书的审查。

《新女子职业教育》出版，该书先后再版 5 次。

9 月，胡默青接办北京务本女子甲种职业学校，并创办"务本女子大学"。

1924 年，51 岁

1 月 23 日，段廷珪担任湖南省立三中校长。

5 月 7 日，发表《五月七日国耻纪念会讲演》。

6 月，《湖南省立第三中学期刊》出版，刊载了校长段廷珪的多篇讲演。

8 月，邵飘萍接替胡默青任北京务本女子大学校长。

1925 年，52 岁

3 月，段廷珪任湖南省第八届运动会筹备处副主任。

1926 年，53 岁

段廷珪此前因教育经费问题，多次请求辞去省立三中校长的职务，皆未批准，至是年 8 月 29 日，仍未辞职成功。

1927 年，54 岁

3 月 15 日，谭延闿在武汉见段廷珪等人。

北京务本女子大学停办。

1928 年，55 岁

《资兴各乡"共匪"年籍详细调查表》，段廷珪被诬陷为"湘南'共匪'之领导"。

1929 年，56 岁

2月23日，湘教厅长张炯派秘书段廷珪暂代厅务。

3月14日，湘省政府改组，黄士衡任教育厅厅长，段廷珪任教育厅秘书。

段廷珪因被程子枢指控为"共产头子"，被关押两个月，后由黄士衡保释。

在湖南省教育会第二次代表大会上当选为执行委员。

1930 年，57 岁

8月、9月，因遗失商务印书馆的股票和图章，在《申报》上多次刊登遗失声明。

2月23日，湘教厅长张炯于21日离湘，派段廷珪暂代厅务。

3月14日，湘省政府改组，黄士衡任教育厅厅长。旋委段廷珪、袁蕺鸿为秘书。

段廷珪所著《教育改进与三民主义教育》出版，黄士衡为其作序。

1931 年，58 岁

参与教育经费独立运动。

担任审查课本委员会主任。

1932 年，59 岁

8 月 2 日，改任省督学。

12 月 21 日，任湖南省中学学生毕业会考委员会委员。

作《袁母段太夫人六秩晋一寿序》。

《庸盦游草》出版。次年，《教育改进与三民主义教育》再版，朱经农、黄士衡作序，蔡元培、于右任、邵元冲、居正、陈公博、甘乃光等数十人为其题名，《庸盦游草》即附于书后。

1936 年，63 岁

3 月 25 日，成为永丰矿业公司代表人，后担任湘盛煤矿公司董事长。

在郴、永、宜、资、汝、桂等县视察学务，便道返家，督促李文郁等创办图书馆，并向图书馆赠书，约值数百金。

1938 年，65 岁

担任湖南省教育厅新设的会计室主任，负责审计各市县教育经费。

1940 年，67 岁

4 月，从省督学退职，回乡。回乡后，造福一方，率先捐资加固蓼江市的横板桥。

1944 年，71 岁

日军入侵资兴，段廷珪奋力救助当地乡邻，并撰写《资兴西北区被日寇沦陷始末记》。

1946 年，73 岁

2月至次年1月，任资兴县立初级中学校长，又主持修撰资兴县志。年底，荣获国民政府褒奖，并获得"德行并懋"匾额一块。其后段题"荷国民政府题褒息斯渥矣，承族戚克游光宠佩而蔚之。"以示感激。

1947 年，74 岁

被选为资兴县国大代表候选人。

1953 年，80 岁

被聘为湖南省文史馆馆员。

1960 年，87 岁

逝世。

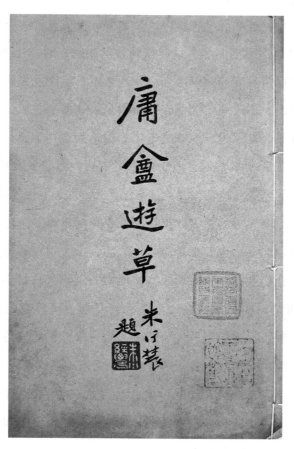

图 7　朱经农题"庸盦游草"

---

*　据1932年铅印本标点。

叙

余素不耽吟咏，非被徵和，或有极端感触，从未翻过韵本，盖吟风弄月既无谢朓惊人之才，而日暮途穷偏有嵇康懒散之遇，古称诗穷而后工，似迁客骚人，若有联带关系者，余则穷于遇并穷于诗，每至极无聊，奈徒咄咄书空，不敢伸纸执笔，强作解人，附于风雅之末，才俭故也。窃尝谓，诗者，思也，诗言志，志者心之所之，其本在人心之感于物，故凡发为诗歌必有所动于中，绝非无病呻吟也，然有感必有应甚者，牢笼万态，足以动天地泣鬼神；次亦当曲尽人情，使羁旅远人忧，时志士不啻若自其口；又其次，亦当通俗易晓如俚谚歌谣，旨远言近，自能发人深省，至如月露风云，胜水残山，不过藻绘摛词，聚文成采，如画家之烘云托月，虽肤云作衬，自有其月之本体也。故诗之本体为思，为志，为感，为应，外此不足以言诗。余往者于役羊城，感于时局之倥扰，亦曾数数赋诗以写愁劳，盖羁旅远人，乱离身世，颇有欲言，不忍言，不敢言，而又不能不言之苦，惜迭经变乱，只字无存。然借此得藏鸠拙，免出乖露丑，尘秽视听，于大雅之前，不可谓非厚幸也。此番旅行，涉历名山大川，如金焦北固，扬州平山堂，曲阜孔庙孔林，泰安泰山，济南大明湖趵突泉，千佛山，北平颐和园，杭州西湖，首都各名胜；近顷，复经常（德）桃（源），登衡岳，凡足迹所至，辄不揆诸笔墨，发为诗歌，数月于兹，积成游记一小册，颜曰庸盦游草。虽才庸腹俭，不敢强附于风雅之末，然遭兹时，会风景河山，不能无所思，无所志，无所感，与其为咄咄之书空，毋宁作憔悴之呻吟，亦庶几胸中垒块，借酒杯以浇之，他日覆醅充篚，都不暇审计也。壬申秋九月辟疆自叙于长沙庸盦寓斋。

金陵杂感

大局

龙盘虎踞帝王居，绝胜东南看展舒。

金粉六朝余画舫，河山一统滞车书。

榆关伪国甘作伥，海宇赤气待剪锄。

琼海波涛应寝息，免教及溺赴沦胥。

秦淮河

夜来天子气如虹，压胜未能事凿空。

从此秦淮名白下，却饶胜迹在寰中。

万家灯火欢无极，千艇鸥波逐处通。

自是江南佳丽地，只今犹有馆娃宫。

鸡鸣山

六朝山寺号鸡鸣，殿宇声声澈玉京。

能使至尊空色相，拼将辟谷饿台城。

鸣号永夜悲龙驭，胭井流丹照眼明。

等待豀蒙殷启圣，何如此处学长生。

明孝陵

驱除鞑虏靖烽烟，还我河山三百年。

发迹原从皇觉寺，前身应是大罗仙。

已奠苞桑于磐石，讵容问鼎从幽燕。

紫金陵寝空题孝，赖有中山与毗连。

雨花台

凭陵俯瞰雨花台，极目江关画角哀。

城堡依然余战垒，河山屡改辨苍苔。

未容迁客潇骚赋，且借愁人磊块杯。

最是读书绝种子，几回凭吊独徘徊。

莫愁湖

清凉山下莫愁湖，莫愁卢女美且都。

水色山光相映带，春花秋月总欢娱。

佳人绝代能倾国，娼女罗敷自有夫。

载酒宴由贵公子，缠头锦赠双明珠。

玄武湖

玄武湖里任遨游，一水中分五大洲。

竞说西欧讲修睦，不堪东亚赋警仇。

欲使金汤固吾圉，端赖元老克壮猷。

东北风云看紧急，几人能为苍生忧。

中山陵

救国主义著三民，中山才智绝等伦。

打破五千年专制，唤醒四百兆同人。

成功尚未留遗嘱，革命原来多苦辛。

事业精神俱伟大，山陵永奠此藏真。

燕子矶

蒋山东下燕子矶，矶石腾越壮如飞。燕子春来秋复去，矶石欲非却未归。矶下水声流活活，江干燕子语依依。人谓矶石如燕子，我谓燕子踏江水。燕子点波势腾空，矶石亦与江波同。卧起燕邪石邪费，疑猜且向矶上一。矶上人家列廛市，座中尚有鹦鹉杯。廛市小儿如乳燕，粥粥群稚待剪裁。梁间燕语似相识，春风桃李次第开。矶上更有仙人洞，一胎二胎至三胎。洞中仙人跨鹤去，欲往见之不知处。留得洞穴任盘桓，洞中往往闻天语。探奇且到一胎洞，石室幽渺深如瓮。洞中卧者是阿谁，拼取黄粱新入梦。第二胎洞较奇辟，到来清风生两腋。南斗北斗二星君，无事此间且对弈。第三胎洞迥不同，清凉世界水晶宫。蹐局攀援路转远，辟地开天如鸿蒙。更上一层临绝巇，举手直欲摩苍穹。尘寰紫燕飞不到，好随列子御天风。

金山寺

山寺近山城，兹山却有名。城是润州古，寺以金山鸣。金山耸白塔，凌霄澈玉京。山下白龙洞，谓是水中精。尘心既未泯，托身于许卿。见阻金山寺，不觉心胆惊。兴波率水怪，欲将山寺平。寺中法海师，亦复法力倾。既驱水中怪，仍慰儿女情。此事本虚诞，世俗争品评。只今金山寺，栋宇连飞瓮。俯瞰江流阔，风雨带潮生。法轮常自转，沧桑几度更。僧僚半行脚，去住弗送迎。法海有衣钵，清夜闻钟声。遥望瓜州镇，两三星火明。

焦山

江行到京口，山势忽磅礴。金山与北固，东西护城郭。焦山峙江心，形势尤险恶。江水逐山分，山峻如刀削。仰观白云浮，俯视水归壑。有时松枫吟，忽听鱼龙跃。高浪排山来，冯夷为肆虐。彼岸如诞登，维舟缆与索。山中有茅屋，处士焦先阁。焦先东汉人，守道甘淡泊。既修天爵尊，亦自得人爵。汉室三征聘，礼数原不薄。处士且寻思，此系金索络。牵人引太庙，牺牲登鼎镬。不如婉谢之，于焉事耕凿。水有西冷泉，食亦有藜藿。俯仰天地间，欣然得所托。名利关锁牢，到处受羁缚。吾其安吾素，三征遂三却。后世仰高风，山名亦改作。殿宇既崇闳，惟其涂丹臒。名人恣游观，题咏亦浩博。此中有真赏，镌铭惟瘗鹤。僧僚附骨蛆，出入多阔绰。送往与迎来，特别工酬酢。若逢处士焦，定复造冷落。我来兹山游，志不在兰若。为访焦山焦，遂渡弱水弱。长江多天险，此实一锁钥。

扬州揽胜

长堤春柳

艳说扬州廿四桥，晓阴堤柳任销魂。

一曲骊歌春去也，声声吹入广陵潮。

虹桥修禊

绿杨城郭冶春祠，胜日寻芳祓禊宜。

曲水流觞相映带，倚虹园畔各吟诗。

邗上农桑

桑麻鸡犬事春耕，邗上人家课雨晴。

布谷声里频叱犊，提筐载馌听流莺

平山堂

风流太守文章伯，摘叶传花倒酒瓶。

此日平山堂上会，琅琊重访醉翁亭。

第五泉井

大明寺水清且涟，茶经品藻何纷然。[注]

安得坡公小团月，重试此间第五泉。

注：《大明寺水记略》云，刘伯刍谓水之宜茶者有七等，又载陆羽为李季卿水次第有二十种，伯刍以扬子江为第一，惠山石泉为第二，虎丘石井为第三，丹阳寺井为第四，扬州大明寺井水为第五，松江第六，淮水第七，与羽说相反，羽为季卿所说二十水，庐山康王谷水为第一，无锡惠山石泉第二，蕲州兰溪石下水第三，扇子峡虾蟆水第四，虎丘寺井水第五，庐州招贤寺下方桥潭水第六，扬子江南泠水第七，洪州西山瀑布泉第八，桐柏淮源第九，庐山龙池山顶水第十，丹阳寺井第十一，扬州大明寺井水第十二，汉江中泠水第十三，玉虚洞香溪水第十四，武冈西水第十五，松江水第十六，天台千丈瀑布水第十七，郴州圆泉第十八，严陵滩水第十九，雪水第二十，云云。

功德山寺

蜀冈西望接峨岷，功德庄严妙洗尘。

南海普陀如在望，祥云拥现白衣身。

司徒庙

寻盟拜母倍相亲，孝义昭垂绝等伦。

伏虎捍灾著灵感，司徒庙貌葺如新。[注]

注：《增补搜神记》云，司徒神五人五姓首茅，次许，次祝，次蒋，次吴，以义相尚，结为兄弟，好畋猎，其地旧多虎狼，人罹其害。山溪畔遇一老妪，五人询问，孑然无亲，饥食泉溪。五人请于所俱之庐，拜呼为母，侍养未久，五人出猎，归不见其母，五人曰多被虎啖，俱奋身逐捕，山间有虎迎前伏地就降，由此，虎患遂息，后人思其德义，立庙祀之，凡所祈祷随求随应，隋时封英显司徒。后屡有封敕，时加修葺云。

五烈祠

见说捐躯丧所天，不堪回首赴重泉。

五人姓氏今犹烈，为补大家妇德篇。[注]

注：《五烈祠碑记》略云，池烈女家贫，失怙及笄，父以字吴某子廷望，廷望从军死于粤。吴某请于女父欲改配其次子。有成言矣，女侦知伺父，出投环死。霍九女事父母以孝，年十九许嫁李正荣，十日正荣死，女闻号恸自杀以殉。裔氏为孙某妇，姑及二女皆不洁，他日归具，白母且誓曰，弗死惧及吾无以视人世，还家，则姑及二女方共客饮，妇耻之，乃扃户级其衣自袖而袿而裾缀连不解，然后经期脰死。程氏者，项鹊起妻，成婚三月鹊起贾于外，死粤西之岑溪，讳音至即哭辞舅姑且嘱其叔以善养，遂自经。周氏江宁人，适陈国材，移家于扬，夫暴疾，终周誓以身殉父，往慰谕之泣曰，儿有宜死者，三上无舅姑，下无子，且贫若此，衣食安所赖即嫁耳，嫁岂儿所忍言，儿志决矣，卒不食而死，后人为建五烈祠以祀云。

范文正祠

通潮发运引邗沟，保障东南十五州。

频年江北漂泊尽，几人能抱范公忧。

胡安定祠

广建学宫阔教泽，道尊师立仰湖州。

辟雍荆棘荒芜甚，误解平权与自由。

游曲阜孔庙有感

孔子生民所未有，经天日月仰泰斗。乘田委吏见可行，摄相三月逢彼妇。栖栖车殆马亦烦，删订六经期待后。千秋事业功德言，即此已堪传不朽。大道之行三代英，五百昌期名世生。问礼问官有郯李，笃信好古比老彭。博文约礼一以贯，惟忠与恕终身行。秉彝懿德有忠孝，仁爱信义兼和平。达巷党人失景仰，谓为博学无成名。匹夫而为百世师，馨香俎豆建崇祠。果然素王膺宠命，能教帝子拜丹墀。最是祖龙愚自用，坑杀儒士焚书诗。汉武神奸固权宠，尊经表圣思匪夷。统一言论听羁勒，兼有好爵与尔縻。只今庙貌衣裳古，瞻仰犹复汉官仪。历代兴王遵前轨，孔门教泽无穷期。文明进化未有已，唯物史观忽波靡。群言无复衷诸圣，高山遂尔失仰止。谓是封建的产儿，昌明礼教希帝旨。岂知孔子圣之时，宫墙万仞实富美。请看礼运大同篇，千秋万世谁与比！

孔庙杂咏

鲁壁

不堪秦火此珍藏，丝竹空中却绕梁。

看取古文翻复壁，只今犹说鲁共王。

诗礼堂

世人一经堪教子，尼山诗礼合传家。

趋廷独立殷勤训，惟有陈亢问望奢。

杏坛

六艺身通七二贤，缁帷讲授杏坛前。

汉明释采亲临幸，党氏怀英篆刻传。

圣迹图

周流列国涉长途，两马栖迟共一车。

适卫之荆厄陈蔡，倦游返鲁纪麟书。

孔子故里井

改邑由来不改井，此井更应阙里传。

疏水曲肱绕至乐，凿空洙泗证心泉。

孔子手指桧

参天古木如虬龙，竞诩后凋柏与松。

珍重先师手植桧，青铜骨干响丁冬。

登泰山绝顶用东坡题王晋卿画烟江叠嶂图韵

悬崖绝壁事攀登，俯视尘埃如云烟（是日多风，故下视如此）。为访真源穷泰岱，抚时感事心潸然。昂头天外摘星斗，洗耳先听瀑布泉。漱石枕流曝经峪（经石峪亦名曝经石，除"金刚经"字外有"水廉""漱石""枕流"等石刻），帘卷珠崖如奔川（云曝桥在山腰，溪水涨时瀑布可以桥上飞过）。五大夫松郁磅礴，飞来怪石矗眼前（过云曝桥北上即五大夫松现存其四，据土人传说被飞来石压毁其一）。十二盘空徙欲绝，阶云梯月如登天（由中天门至云瀑桥稍平坦，称为快活三里。自五大夫松至南天门名为十二盘夹道，古松对峙，中有对松亭及"地险心平""如登天然"等石刻）。绝顶封泥哪可识（山顶为玉皇阁，内有古登封处石碣所云七十二帝玉检金泥已无从辨识矣），空留题翰争相妍（历代帝王御碑及古今名人留题刻石所在皆是）。凭虚御风堪绝粒，负郭何需二顷田。山中鸡犬足太古，浴日沐月自年年。没字碑前辨秦劫（玉皇阁有没字碑。相传秦始皇登封预备刻石颂功德，因不果封仅留此石），碧霞宫里谒婵娟（玉皇阁下数十武为碧霞宫，供泰山娘娘塑像殿阁均极崇闳，有明万历、天启二铜碑峙列殿前）。到此万虑果俱寂，且傍烟霞曲枕眠（是日寄宿玉皇阁之西厢，名迎旭轩）。朝暾融融差可揭（玉皇阁东有观日峰，可观日出。迎旭轩亦可观日出，谒朝五时开轩伫立获睹东升。据云秋天最好，春夏多雾，获观不易，诚幸事也），置身已自邻飞仙。碌碌尘寰青未了，三生有石悟前缘。岩岩极天民具瞻，尼父且作龟操篇。

趵突泉

我闻趵突名，遂至济南市。济南泺水源，趵突看喷起。水花四溅飞，泉根裂地底。如涌万斛珠，如散白话蕊。如放烟火焰，如煎沸腾水。汹涌与澎湃，波谲实奇诡。饮之清人心，寒泉原洌彼。浮藻无纤尘，游鳞有跃鲤。勿谓源滥觞，能膏润千里。日夜声潺潺，毋时或休止。尼父每亟称，此中有至理。逝者叹如斯，濯缨请鉴此。

大明湖

济南风景大明湖，一碧万顷濒城隅。不似维扬西子瘦，却与余杭争丰腴。黄河如带泰山砺，都为此处供前驱。更有芝罘与蓬莱，神山直可通方壶。吞度八荒有真宰，山左名胜此奥区。汇萃趵突黑龙诸，泉水潴成巨浸浮。艟舻水波荡漾清见底，海光岱色时有无。倒影楼台拟蜃市，花落文章水面铺。三五月明恣游观，扁舟一叶如飞凫。选色征歌张夜宴，轻舸往往办行厨。齐姜宋子美且都，中有一女名罗敷。贵游公子争相逐，缠头不惜双明珠。墨客骚人怀抱别，却伤迟暮泣穷途。人生行乐当及时，斗酒十千寻欢娱。君不见，宁戚放牛干管仲，遂使齐国成霸图。又不见，冯驩弹铗要孟尝，势位卒与声名俱。由来名世出齐鲁，漫道诸生尽腐儒。历山西望慕唐虞，明良运会付都吁。出作入息安耕凿，阜财解愠相歌呼。只今河山风景殊，兴亡有责在鄙夫。滔滔皆是谁与易，吾其重慨于斯人之徒。

万寿山游记

万寿山在北平西郊约廿余里，原名瓮山，相传有老父于山凿石，得石瓮一，上有华虫刻文，瓮中有物数十种，为老父携去，置瓮于山之西，留谶语曰石瓮徙贫帝里。明嘉靖时瓮忽失所在，弘治七年，助圣夫人罗氏建圆静寺于山之阳，日久圮坏，清乾隆十五年，因母后六旬大庆，乃因圆静寺旧址建大报恩延寿寺为祝嘏之所，易名为万寿山，名其园曰好山，旋改为清漪园，山前有湖，据元史所载引白浮瓮山诸泉疏濬为通惠河，即今之大清河，导源昌平县浮山村。神山水、双塔河、榆河及今玉泉瓮山诸水，贯绕北平城东南，流入白河者是也。是年，复就瓮山芰苇菱之丛，杂浚沙泥之隘，塞潴为湖泊，并于湖之北滨周以石栏，添设战船，仿闽广巡洋之制，每届伏日于湖内演习水操，取汉武伐昆明遗意，锡名为昆明湖。光绪十三年，并拟添设武备学堂，筹集海军经费数千万两。十六年，因西太后六旬万寿，踵乾隆故事，移用海军经费改建兹园以为祝嘏驻跸之所，并废止水操以恣游观，复更园名为颐和园，此万寿山之胜。概清时原属禁地，非尚侍以上因朝会及侍从近臣不克莅临，民国成立始行开放，设管理事务所，酌收门票，恣人游览，曾忆民国六年偕陈君雯裳游览，一度屈指计今已十五年矣，此番旅行至平适首君，吟甫亦由津戾止，相晤甚欢，有郴县同乡黎君邀约吟甫游万寿山，谓可免购门票，吟甫欣然诺之，黎去，吟甫征余同游，亦仅唯唯。翌日，为夏午前一日，吟甫偕黎君已乘汽车翩然至寓庐，势不能不偕往，登车急驶出西直门至海甸，为西郊一市集，距北平约二十里许。西太后驻园中时，一切供应取给于兹市廛环列人烟辐辏，现尚有巡警驻所及市立小学校。再西至烟斗桥，经墨耳根园。园为睿亲王府，即明太仆米万钟之勺园，当时与戚畹李伟之清华园齐名（清华园即畅春园，光绪时已废作近卫军操场）。明大学士叶向高有云，李园不酸米园不俗，其胜概可想。入民国后归前陕西督军陈树藩，现由燕京大学接管改建为校舍。前经西苑，为西郊屯兵之所。稍西即前圆明园旧址，未数十武即抵颐和园。由黎君与交涉，经管事员电知各门禁，始由一老者导领入东宫门，为全园出入总汇。宫门前列有铜狮二，一狮爪搏铜球，一狮爪小乳狮，状极雄伟，过月河东有牌坊一石刻额，西曰罨秀，东曰涵虚，内为仁寿殿，入仁寿门有南北朝房，原为高宗临幸听政之所，旧有御制额曰海涵春育，联曰"念切者丰年为瑞，贤臣为宝；心游乎道德之渊，仁义之林"，又一联曰"义制事，礼制心，检身若不及；德懋官，功懋赏，立政惟其人"，可诵也。咸丰时与圆明同毁于火，光绪十六年重建，西太后驻跸时亦于斯殿召见办事，今改为第九陈列室，中有西太后宝座、围屏及翠羽宫扇等，旁则景泰蓝之炉瓶、七宝烧仙鹤烛台及磁缸磁瓶，屏后陈有化石木根狮子一对，颇奇古；丹陛列铜制龙凤各二，其腹中空，为爇坛香之用，意取龙凤呈祥，并有铜鼎、铜缸各二，殿前有巨石丈余，系由墨尔根园移来者。出仁寿殿至玉澜堂门临湖旁为光绪帝驻跸之所，今为第八陈列室，中有德宗宝座，座后有五扇青绿山水玻璃屏，两旁植孔雀宫扇二，东西复室悬花梨山水挂屏，雕刻极精，余则螺甸穿衣镜及梗木案数件而已，正面有额曰复室留景[①]，有潘祖荫书"曙色渐分双阙下，漏声遥在百花中"楹联。其厢殿西曰藕香榭，东曰霞芬室，原名道存斋，光绪三十年因闹革党，遂将东殿内砌墙一段，以防他虞，一说系西太后禁锢德宗所砌。出玉澜堂西循湖岸北折转西至乐寿堂，门临湖额曰水木自亲，为西太后驻跸之所，今为第七陈列室，中有西太后之宝座，座后玻璃围屏一架，前有翠羽宫扇，若磁盘、瓷瓶、瓷缸、瓷墩、古铜、珐琅、檀香、几玉、烛台等。东复室有袁世凯所进之西式黄缎坐椅一堂，其下为八音盒，每坐则乐音自起。西复室玻璃

---

① 原文如此。匾额应为"复殿留景"。

养鱼榇其内，复层以玉石象牙等合嵌成柳树、海棠、燕子，飞者、栖者，极其生动，色亦鲜艳异常。堂之前巨石一，即青芝岫，为高宗题刻。东勒玉英，西勒莲秀，并有钱（陈群）、汪（由敦）、蒋（溥）、刘（统动）等应制诗。汪、刘诗已残阙，石上蝙蝠藤萦缠有类碧纱笼。此石系明太仆米万钟由房山运至勺园，仅达良乡，工力竭而止。高宗南巡见之，移置于此。宫门建有彩画柱二，高丈余，顶结圭形为安电灯之架。每夕灯亮时，照澈水面宛如皓魄当空。西院有扇式殿，名曰扬仁风。前有金鱼池，池西为邀月门。堂后山之半坡有含新亭，旁有剑石二，森森矗列，势若倚天，亦自畅春园移来者。出宫门即为长廊，内有辛夷二株。树之高大，花之繁艳，为世所仅见。循长廊至排云殿，即曩日延寿寺之基改建者，西太后驻园时遇有庆典即于此受贺。门内东殿曰玉华，西曰云锦。二道宫门内东殿曰芳辉，西曰紫霄，后殿曰德晖。东院为介寿堂，西院为清华轩。殿宇特别崇宏，辉煌富丽为他处所不及。前为丹陛，绕以白石之栏。陛三出，各九级，陛间列古铜龙凤炉鼎等，下列铜缸。四宫门外有铜狮二，太湖石十二，各具一形。狮与石均移自畅春园者。临湖有牌坊一，石刻额南曰云辉玉宇，北曰星拱瑶枢。入二道宫门至德晖殿为第一陈列室，系商周以来铜器若鼎、若尊、若罍彝、若卣斝、若瓶壶、若盂盘、若炉镫、若敦鬲，古色斑斓，琳琅满目。排云殿为第二陈列室，正中为西太后遗像，东室及复室亦为商周以来铜器若觚、若卮、若簠簋、若甗鬲、若悬钟、若盂豆、若鼎罍等。西室及复室则历朝之磁器，若瓿、若囊、若罐、若瓶。有小口而大腹者，有霁红者，有冬青者，有五彩者、三彩者，有青花白地者，方者，圆者，巨者，细者，色色形形。有大理石插屏一，其花纹具呈太狮、少狮以爪相搏，状尤浑成。中后室为各式之洋钟，玻璃为罩，黄金为饰，其形则楼亭车船，大小不一。若者禽鸣，若者兽舞，若者报时，若者应月，包罗富有。紫霄殿为第三陈列室，悉元圃蓝田之产，晋璧楚珩之珍，其色有若雪白者，有若肉红者，形则有卧牛、盘螭、寿星、麻姑、壶碗、如意钩、合欢杯，雕刻玲珑。芳辉殿为第四陈列室，以宋磁为主品。若龙泉汝青哥窑、舒窑咸备，其种类有瓶、有罇、有洗、有盘，色有淡青、淡白、霁红、雨过天青。玉华殿为第五陈列室，以雕漆为主品。盒也，盘也，方者，圆者，雕刻之工，尽善尽美。云锦殿为第六陈列室，以珠玉宝石镶嵌为主品。有百古挂屏，珊瑚盆景，凡一枝一花一叶一茎，悉以珠翠玉石编扎，红则珊瑚玛瑙，绿则翡翠碧玉，白则脂玉象牙，其他之色为金珠宝石。有大插屏数件，镶嵌四季花及富贵花者，珠光玉蕊，光彩动人。由排云殿拾级而登，至宝云阁，俗称铜殿。因阁之窗垣梁瓦及阁内供桌皆铜制，故名。旧有檐额曰大光明藏，原为庆祝及朔望日传喇嘛咮经之所。后有五方阁，阁前穿堂殿有额曰浮岚暖翠，前有大理石牌坊，镌有高宗联，额前面正额曰暮霭朝岚常自写，旁额二，曰山色因心远，曰泉声入目凉。联曰"几许崇情托远迹，无旁清况惬幽襟"，又曰"境自远尘皆入咏，物含妙理总堪寻"。后面正额曰侧峰横岭尽来参，旁额一曰川岩独钟秀，一曰天地不言工，联曰"众皱峰如能变化，太空云与作沉浮"，又曰"苕雪溪山吴苑画，潇湘烟雨楚天云"。牌坊前有影壁一，壁心以大理石之有花纹者合嵌成山水一幅，并镌有衡位恭书款。由宝云阁穿石洞而上，至佛香阁，上下三层，其高数丈。上层颜曰式扬风教，中曰气象昭回，下曰云外天香。内供接引佛，法身丈余。山门额曰导养正性。下有石磴数百级，名为朝真磴，高于地平者十余丈，凭栏远眺，北平之楼堞城市历历在目。由阁东下穿石洞即达转轮藏。左右各建一亭，有曲廊相通，亭内各有木塔一，下镂五丁力士作扛举状，可推之而转。楼前竖有高宗书"万寿山昆明湖"石碑，为转轮藏之正中。由此拾级而下转至排云殿，出宫门循长廊至石丈亭，长廊左起乐寿堂，右达石丈亭，以排云殿为中交点，共长一百三十余丈。东西廊各建二亭，复于东西二亭间另出小廊一段，其前各建一轩，东二亭曰留佳，曰寄澜轩，额曰对鸥舫，有珈琲馆、中餐馆。西二亭曰清遥，曰秋水轩，额曰鱼藻轩，澄碧之水障其前，结青之山拥于后，长廊之建，适介于中，为山水之限。石丈亭，届长廊之西端，因有巨石高丈余，用米元章见奇石则拜称为石丈之意以名之，内有承荫轩设中西餐馆，余等即于此午餐，所属有寄澜堂、清宴舫、穿堂殿、荇桥，桥之西有迎旭楼、澄怀阁、五圣祠等，餐后沿长廊东达玉澜堂，经宜芸馆、夕佳楼至知春亭之湖埸，可摄取全山景色，遂合摄一影，以资纪念。再循东堤经文昌阁由此乘小艇荡至廓如亭，俗称八方亭，亭北有铜牛，与西堤之延赏斋、蚕神庙对峙，旧有耕织图刻石，意取织女牵牛东西相望。经十七孔桥，桥上石栏顶均镂小狮三四，各尽其态，左右桥栏尽处各有大狮一，极雄伟，达广润灵雨祠，即龙王庙，为祷雨之所，有月波楼，现设天然疗养院。出月波楼西至湖埸有湖水浴处，燕京清华两大学均于此取浴。月波楼后为鉴远堂，系大阿哥读书处，堂后身为澹会轩，周构曲廊相通，其上为涵虚堂，与排云殿隔湖遥峙，南面檐额曰晴川藻景，北面曰鸿风懿采，下有岚翠间，洞壑崚岈曲折，东西均可达涵虚堂，左右殿庑间洞门北临湖面，为往来排云殿船舶上下之所，乘船游荡至西堤，有界湖、豳风、玉带、镜桥、练桥、柳桥，号西堤六桥，仿西湖苏堤之意，堤身直达湖南之绣漪桥，与玉带桥遥相对峙，一为南通西直门水道总汇，一为北汇玉泉山总口，惜水浅芦深，船不能至，仅溯水流旋绕至漪澜堂门首登陆，再转至德和园，为西太后观戏之所，正殿曰颐乐殿，后宇额曰穰福申猷，又额曰焕焯珍符，东殿曰郁绕祥氲，西殿曰春陶嘉月。前为大戏台，结构三层，上层额曰庆演昌辰，中曰承平豫泰，下曰驭胪荣曝。每遇演观音戏，西太后欣然慕之，遂自饰白衣大士，李莲英饰韦驮，某某格格饰龙女，侍立左右，摄有影片，滋人谈屑。出德和园，由东北转至谐趣园，初名惠山园，系高宗南巡时携惠山秦园图所仿建者，嗣因自题八景诗序，有一亭一径足谐奇趣之句，遂改今名。园内有涵远堂，即八景之墨妙轩；湛清轩，即涵光洞，在涵远堂山后东麓，寻诗径之北；知春堂，即八景之载时堂；澹碧，即澄爽斋；饮绿，即水乐亭，为知鱼桥西半水座亭；瞩新楼，即就雪楼。此外洗秋、引镜、霁清轩、清瑟峡等曲栏荷池，林壑幽秀，流水潺湲，别有天地。出园西上，至景福阁，为西太后驻跸时政余传餐夕眺玩月之所，有益寿堂、荟亭、如意庄、自在庄等。阁之东下有殿曰乐农轩，结构朴素，只茅屋数椽，纸窗木榻而已。循此东南下至东宫门，已倦游思返，觅原来汽车驰返北平，然已夕阳西下矣。此外若养云轩，曩为各妃及福晋命妇会亲休息之所，现为管园事务所所长居住；若听鹂馆，内有戏院赁与同仁堂；若延清赏楼，赁与倪某；若智慧海，已颓坏，不克登临；及贝阙、画中游、湖山真意等，多半旧时已曾游览过，此番重游比较尚觉普遍，特为记录，用志游踪并作《瓮山行》及《颐和园杂咏》诗，以寄感慨云。时壬申六月十五日。

瓮山行

瓮山西峙拱神京，谶语荒唐述有明。果然瓮徙贫帝里，神州从此属胜清。高宗纯孝天下养，如山母寿庆承平。圆静改卜报恩寺，祝嘏万寿锡荣名。驻跸游观兼听政，广建宫阙如蓬瀛。好山清漪各有托，园名亦复两度更。通惠导引玉泉水，潴成湖泊屯天兵。汉武昆明私仿效，操练水师如鲲鲸。由来有备始无患，岂必万里夸长征。帝王神武原不杀，贵能保泰与持盈。嗣世弗克绳祖武，废弛兵备事丹楹。当时圣孝谬相袭，颐和祝嘏重经营。拓地开疆兴土木，将作力役如长城。漫云经始民子来，妇女罢织男罢耕。下汲黄泉通地脉，上承霄汉如天擎。镂月雕云列屏障，长廊曲榭穷飞甍。水乐亭前观鱼跃，听鹂馆畔语流莺。佛香国原通智慧，漪澜水可濯簪缨。最是梨园工雅奏，能教王母失尊荣。庄严色相饰南海，护法韦驮李莲英。流连荒亡乐无极，金瓯忽已告西倾。我来游园三叹息，风景河山百感生。世变沧桑浑如梦，为君且作瓮山行。

颐和园杂咏

青芝岫

怪石遗存米万钟，勺园荒径任尘封。

自从题作青芝岫，乐寿堂前雨露浓。

清宴舫

石鼍画舫漾微波，太液春明笑语和。

未许长风乘破浪，足供清宴醉颜酡。

宝云阁铜殿

金茎承露倚晴空，殿宇嵯峨尽范铜。

大光明藏堪选佛，一声清磬彻苍穹。

东堤铜牛

昆明池水碧油油，银河天上不胜秋。

七夕年年凭鹊度，长堤坐待有牵牛。

十七孔桥

扬州廿四倚长虹，三竺六桥逐处通。

未若此间十七孔，凌波直到水晶宫。

含新亭剑石

倚天长剑气如虹，飞入延津已化龙。

几时凌空复化石，双双矗立判雌雄。

西湖游记

壬申八月望后，余已先自北平莅首都，适内子率孙儿女辈，亦抵金陵，意在赴平津就学，不审平津毗连辽沈暴日方，亟谋窥伺，非乐士也。余于夏首莅京，即有游览西湖之志，以京沪火车不通未果，兹届秋初，天气渐凉，乃携内子、湘儿暨族孙鹤然，于月之廿日由下关搭火车赴沪，下午三时抵沪，寓五马路中央饭店，去函约若能侄来谈。初三日在沪稍作勾留，廿二早始搭火车赴杭，午后二时抵杭，寓西湖饭店，并电省府李秘书庆轩知照。庆轩为余任省立第三师范及门弟子，自十七年宁乡鲁泳公主湘政时已入幕为秘书，追随至赣至杭，深资倚畀。先时曾通函，愿作向导，故闻电即来，并赍首都国立中央研究院转来朱经农厅长函，询余通讯地址，兼悉朱已定廿六日离济南来南京。庆轩因数年暌隔，彼此相见甚欢，即夕买舟游湖，由湖滨公园码头放舟循白沙堤穿断桥，为西湖十景之一。清康熙帝题有"断桥残雪"，石碣，过桥即为里湖，至孤山登陆。山为北栖霞支麓以耸立湖中，旁无联属，故名山口，即平湖秋月，亦西湖十景之一。诣巢居阁为宋林和靖隐居时所构，阁西偏为处士墓，枕墓植梅三百本，即所谓梅妻也。阁旁有放鹤亭，为元时郡人陈子安所建，以处士妻梅子鹤不可偏举，乃持一鹤放之孤山，建亭以志之。清康熙帝南巡莅此，御题亭额，并镌董香光书《舞鹤赋》实亭中。出阁西南行未数武，为冯小青墓，据传为明末武林冯生姬，有诗才，为大妇所妒，徙居孤山以瘵卒，民国二年与马菊香墓并修之。菊香,宋时人,好吟咏,慕和靖诗,死遂瘗此。再西南行,经西泠印社,闻有山川雨露图、书室、岁青岩、汉三老石室、华严经塔、宝印山房、小盘谷、四照阁诸胜,阁左为题襟馆,右为观乐楼。社中有斯文鏊,祀学政吴存义等,社旁为数峰阁,祀明崇祯甲申死难倪元璐、凌义渠、周凤翔、施邦耀、吴麟澂、陈良谟诸贤,因日已向暮,未及一一游览,至西泠桥吊苏小小墓,不胜美人黄土之感。经秋瑾旧墟风雨亭及郑贞女墓,越苏堤过跨红桥至曲院风荷,观所谓不蔓不支亭亭径直之君子花,惜花事已届阑删,残荷仅堪听雨。返而登舟,放乎中流,经阮公墩、湖心亭至三潭印月,为苏子瞻守杭时,立塔湖心,塔内禁人侵荡,所谓三塔亭,亭影碧流是也。复登陆谒关帝庙,访彭刚直公退省庵,现改为浙江先贤祠。越乐字亭,至御题三潭印月处,俯视塔影若沉若浮,惜无皓月照临,以资印证耳。时已夜凉人静,放棹而归,有歌声发于水上,系邻舟女生三五合唱李青莲《清平调》,声韵悠扬,不愧为水调歌头。嗣复闻戏院笙歌,高唱入云,随风波动,尤觉洋洋盈耳。抵岸至延龄路三义楼聚餐,归寓已钟鸣十下,渔更再跃矣。

廿三日大雨未出门。午后五时赴庆轩约仍至三义楼食烧鸭。

廿四日上午复雨,午后由延龄路乘公共汽车至灵隐寺,抵山门仰见照壁,"咫尺西天"四大字颇遒劲,时适大雨淋漓,在山门一茶肆稍憩,未几雨渐杀,即徒步至云林寺,沿途岩壑幽妙,溪水淙淙,有所谓呼猿洞、射旭洞、玉乳洞、龙泓洞、理公岩、壑雷亭、春淙亭如山阴道上,步步引人入胜。至寺门悬有近人书"灵鹫飞来"四大字,金额对面即飞来峰,晋时僧慧理指此为中天竺国灵鹫山之小岭,不知何年飞来,因驻锡建寺故名。入寺,殿宇崇闳,法相庄严,有觉皇殿、直指堂、金光明殿、轮藏阁、大树堂、聊灯阁、华严阁、青莲阁、梵香阁、玉树林、紫竹林、蒙堂、万竹楼诸胜。寺右为罗汉堂,供罗汉五百尊,金光灿烂,高与人齐,并俸宋济颠僧像，内一像酷肖清乾隆帝云。出寺门至弥勒佛岩，摄一影以志纪念。欲上韬光及三天竺，因雨阻未果，遂乘公共汽车至岳王庙，庙前一坊颜曰碧血丹心庙，贮岳氏父子石像遗笔及高宗手诏，历代碑碣甚多，坟在庙旁，颜曰精忠墓，墓前古柏参天，相传岳王曾手植二柏于此，此特后人补树者，遂称之曰精忠柏。岳云墓亦附于其旁，墓门外铸四奸相接跪，路台左为秦桧、王氏，右为张俊、万俟卨，皆铁质，围以石栏，如囚笼云。出庙门复乘公共汽车遄返旅寓，仍至三义桥，食神仙鸡，为该楼著名食品云。

廿五日，晴。先夕庆轩约定游龙井虎跑，并预雇山筤五乘，言定每名力洋九角，因余体重增雇一名，准午后一时由寓出发，以上午庆轩须赴省府办公耳。一时庆轩来，述及鲁咏公主席邀约廿六日上午八时诣省府谈话，原拟游龙井虎跑后廿六早即离杭返京，即承约谈，不能不再勾留一日，随即由寓各乘山筤，循湖滨路绕白堤，经平湖秋月、断桥、西泠桥、蚕桑馆，越大麦岭、花家山至茅家埠，稍憩。该埠为由新市场过湖入南北山登陆要道，亦即南山龙井诸泉及北山分流之水入湖处也。再经小麦岭登灵石山至风篁岭，沿途林壑幽深，溪水潺湲，入龙井寺历石级数百武，先至龙井饮水一勺，清洗心脾，井旁为龙泓涧，涧上有神运石，相传此石随大风雷以至者，故曰神运。有一片云，亦石也。寺僧来邀约入客堂，堂三楹中悬听泉亭，额其胜状，与泰山道旁斗姥宫之听泉亭相仿佛，凭楹俯视，西湖历历如绘。寺僧具茶供饮，以龙井名茶烹龙井名水，道地双绝，诚口福也。询寺僧俗籍，为北平人，曾在法源寺当知客，来此已四年。当时未曾笔录，遂忘其法号名氏云。饮后复导引参观烘茶室，颇简便，随即由寺后乘筤子经杨梅岭、翁家山达烟霞岭，先至烟霞洞，洞前以石作门，刻"仙岩"二字。入洞门，右有石龛，题曰苏龛，据传原系凿财神像，后经陈豪、丁立诚觅匠改凿东坡像，因东坡曾至此游历故。耳洞内镌石像十八尊及弥勒、观音诸像。洞口有寺名清修，即原烟霞寺，寺内建有高阁，颜曰呼嵩，俯视钱塘江如匹练，再折而上，有卧狮、吸江、陟屺诸亭，石柱石几，幽邃高朗，足憩行踪。出寺门，经南峰陡转直下至水乐洞，洞口镌有隶书"清乡"二字，相传贾似道曾疏理之。洞内幽深，摄灯而入，穴地平坦，沿崖石壁均镌有佛像。至穴尽处约百数十武，两旁泉沸有声，水味甘冽，殆与龙井将。出水乐洞再西南折曲，曲约六里许，至大仁寺，有石屋洞，为湖南第一洞天，与首都燕子矶上三胎洞相仿，特深岩绝壑，殆犹不及，洞底有泉亦如之。右洞尽处形状如螺，有额曰沧海浮螺寺。山后有乾坤等洞，无甚可观。出寺路已平坦，行三四里许已达汽车路，至大慈定慧寺，俗称虎跑寺，据传昔有二虎跑地作穴，泉遂涌出得名。寺外山门颇阔厂。入山门，两旁树植苍翠迎人，恍如北平西山岫云寺后御道，先至济公塔院，塔上镌有济公事迹，并悬有济公灵魂照相，颇奇古，据云系周良才所摄影。由院内曲达虎跑泉，清冷甘冽，殆出玉泉、龙井诸泉上，泉质厚，注满杯中置百钱不溢，寺僧为煮茗，频频饮之，清谈忘倦。出寺沿汽车路至净慈寺，观古木井，相传昔建寺时，苦无材木，济公祷佛，一日有木自井中涌现，层出不穷，适足建寺之用，寺成乃止。今余木尚在井中，寺僧设垣缭之，因号古木井，亦名神运井云。寺门外为万工池，池上有亭，树一碣曰：南屏晚钟，为十景之一，每当寺钟初动，山谷皆应，盖夜气方清，天籁俱寂，忽闻钟声，足以发人深省。出寺已届黄昏，抵寓，则沿湖电灯照耀，如同白昼矣。

廿六早，践约赴省府谒诔公主席。先至鲁鲁山秘书长处晤谈，旋蒙接见，握手言欢，询及湖南及山左情状，对于拙著《教育改进与三民主义教育》尤谬蒙推许过量，并嘱稍住数日再约叙谈，比以翌日即返首都为辞，返寓稍憩，鲁山秘书长复来寓约留住数日，亦婉为辞谢。适庆轩秘书复来约，再赴玉泉韬光一游，即同至延龄路，搭公共汽车至清涟寺，旧名净空禅寺，建于南齐天福间，后毁，清康熙帝临幸改名。清涟寺内玉泉发源西山，伏流数十里，至此始涌见，因甃石为池，方广三丈许，清澈见底，游鱼出没不下数千尾，青红相间，长或三四尺，夹以回廊曲槛环之，游人凭槛静观，辄购面饵投之，往往数十头咸来攘逐。廊额悬"鱼乐国"三字，为董香光书，足征人知鱼乐，不仅濠濮间也。出寺复乘公共汽车至灵隐寺，仍在弥勒佛岩洞补拍一照，因前照光线太暗耳。旋由山门雇山轿二顶，余与内子乘上韬光，庆轩与湘儿鹤然步行。自灵隐寺左罗汉堂侧循韬光径经岣嵝山房，沿途筼簹夹植草树蒙密，如行深谷中，可四里许，历石磴数百级，始达山门，悬崖结屋，势若凌空，屋舍明洁无纤尘，山上流泉竞响，刳竹引泉，随曲折磴道达于山厨，复沿石隙汇为深池，畜有金鲫，种以金莲，色黄而小叶，椭圆茎上下各一叶，亦异种也。山后有吕祖炼丹台，台后有池，产四足蛇，僧故神其说，以为龙，余等确为未及见。寺顶有石楼方丈，正对钱塘江，依江远瞩，目极处为海，唐宋之间，灵隐寺诗有"楼观沧海日，门对浙江潮"句，世称韬光观海，以此楼额并悬有"观海"二字。在寺中莲池侧，煮茗清谈，欲上北高峰，因日已平西，只得下山，迨抵灵隐寺山门，已无公共汽车矣，由一营业汽车行电雇一辆乘返旅寓，复同至四川馆，晚餐食莼菜羹，惜无鲈鱼鲙耳。饭后返寓，由庆轩代清旅费，料量行装。廿七早九时驰赴火车站，庆轩暨永明唐君碧复躬亲走送，至足感也。抵沪以非通车快票，复下榻五马路亚州旅社。廿八日早始搭快车返首都，晚间得晤朱经农厅长，并约同行返湘，因内子暨孙儿女辈必须带回长沙就学及旅费、时间种种关系，均感不及，只得答应星期三日（即三十一号）搭轮遄返长沙，兹因公暇特为补记，以志游踪，并题西湖绝句三十首借作纪念云。时民国二十一年九月。

西湖绝句三十首

苏堤春晓

长堤十里号苏公，小艇烟波逐处通。

为爱湖山春起早，曙光霁色画楼东。

双峰插云

南高峰与北高峰，天外双峰欲化龙。

凤城阿阁时涌现，层云兀自荡心胸。

柳浪闻莺

涌金门外灵芝寺，柳浪风狂雨似丝。

何处晓莺争唤起，春闺无奈总相思。

玉泉观鱼

题注：御题西湖十景有花港观鱼，现花港无鱼可观，玉泉得名较久，畜鱼尤多，故舍彼取此。

听罢心经涌玉泉，珠圆粒粒水清涟。

濠梁我亦知鱼乐，五色争看濯锦鲜。

曲院风荷

田田珠露晓风荷，曲院迎熏载酒过。

何处渔舟声款乃，凌波又唱采莲歌。

平湖秋月

静夜秋澄月满湖，波光荡漾水平铺。

风流自赏林和靖，子鹤妻梅兴不孤。

南屏晚钟

净慈山寺入渺冥，钟声清夜可曾听。

万家灯火欢无极，认取南屏一抹青。

三潭印月

亭亭三塔影沉浮，月到湖心印若流。

卐字回栏凭寄傲，碧潭千顷弄扁舟。

雷峰夕照

玉兔东升日已斜，白云深处有人家。

雷峰省识钱塘路，塔影横空集暮鸦。

断桥残雪

寻梅踏雪到孤山，砌玉铺琼水一湾。

记得阿娘桥畔住，印泥鸿爪路回环。

自注："阿娘桥畔住"，元钱惟善竹枝词有"阿娘近住段家桥"句，故亦称段桥。

湖心亭

四面山光接水光，伊人宛在水中央。

天然一幅好图画，收拾湖心作报章。

自注："天然图画"，湖心亭旧有层楼，楼上有天然图画额。

冯小青墓

才女如何屈尹邢，不堪大妇苦伶俜。

只今湖畔孤山路，青冢垒垒识小青。

巢居图

处士巢居手自营，种梅三百唤卿卿。

眠云更有归来鹤，空谷如传子妇声。

自注："空谷声"，游人至孤山，若在巢居阁下大呼，辄有回响，盖声浪被山所阻遂折而返，所谓空谷传声也。

保俶塔

宝石山巅塔影横，摩天一柱若为擎。

越王名氏须牢记，免被人将保叔更。

自注："保叔"，俶为吴越王之名，世误传为寡嫂祈叔平安而建，因此讹称保叔塔。

葛岭

抱璞真人诩葛仙，岭梅丹灶禁尘烟。

半闲堂辟贾邱壑，辜负名山作几延。

紫云洞

栖霞岭际紫云洞，南海香山又一天。

拾级升阶临绝巇，上穷碧落下黄泉。

岳王坟

鄂王陵寝势崇闳，秦王张万尽范铜。

接跪露台供践踏，千秋而后辨奸忠。

苏小墓

美人苏小出钱塘，黄土空埋姓氏香。

几度西泠桥畔过，风流名士黯神伤。

灵隐寺

灵隐山寺号云林，到此休愁俗虑侵。

百万众生齐俯首，钟声如听海潮音。

韬光观海

筼筜夹道俯泉流，灵隐韬光恣所游。

更上岑楼观海日，钱塘江外水悠悠。

飞来峰

天竺飞来灵鹫峰，回龙桥上认奇踪。

玉乳泠泉通地脉，苍松翠竹舞虬龙。

九里松涛

行春桥至天竺山，苍松夹道点朝班。

涛声一路堪倾听，疑是石门九里关。

自注："石门关"，明一统志，抚州城西三十里有石双立，号石门关，土人有十里松风九里莲花之目。

由灵隐赴天竺因雨阻未果

乘兴来访三天竺，溪风谷雨阻禅关。

白云天际遥相望（上天竺在白云峰下），且向云林一往还。

钱王祠

吴越争钦武肃王，千秋俎豆荐馨香。

表忠有石镌功德，谁为苏书续补亡。

石屋洞

石屋湖南一洞天，洞中流水响潺湲。

庄严法相深深见，沧海浮螺历大千。

烟霞洞

南高洞府有烟霞，贝宇禅宫妙法华。

观海吸江频拾级，钱塘匹练俯尘沙。

水乐洞

福地仙源水乐天，泉声沥沥几经年。

忆从邱壑曾疏理，清响谁留二字镌。

龙井

龙泓潴积为龙井，雨后新茶尽得名。

稍憩游踪凭眺望，茗谈争试汲山清。

虎跑寺

虎跑当年穴地泉，方流玉润并珠圆。

异僧摄有灵魂照，仔细端详识济颠。

净慈寺古木井

殿阁崔巍厦木支，井中神运事惊奇。

济公活佛留遗迹，胜有轮囷老干枝。

首吟甫以五十初度自题亚醒草庐图句索和依韵奉答

忽逢旧雨话当时，举目河山感慨之。

醒亚有心曾索句（亚醒草庐余曾题咏），乐天知命复题诗。

狂奴我已捐故态，搔首君应笑弄姿。

富贵浮云何足慕，烂柯山里看围棋。

穷通得丧付乘除，深悔十年不读书。

世路铅华多险巇，名山事业太萧疏。

幽人贞吉循坦道，屈子佯狂问卜居。

慢说文章能憎命，秉彝原自定生初。

宫阙蓬莱纪胜游，昆明湖畔卧铜牛。

排云拾级腰还健，踏月行吟气尚遒。

驻辇已无西王母，卖瓜犹有东陵侯。

古来多少兴亡恨，且向瑶池一放舟。

时局仗谁着祖鞭，顽强倭寇胜符坚。

可堪萁荳煎同泣，忍令衔杯称避贤。

遍地哀鸿集中宅，倾巢乳燕语林边。

岂忧嫠妇悲何极，搔首问天独惨然。

东山再起有谢安，避寇不辞行路难。

大好河山甘破碎，倭夷丑虏忽盟寒。

男儿为国征战死，沪渎犹存樽俎坛。

幸赖列强签协定，几回宣读泪辛酸。

志节擎天未肯消，五斗焉能折陶腰。

篱落半畦菊万本，柴门虚掩柳千条。

歌声已自铿金石，身世何须托紫箫。

三旬九食寻常事，却与松柏斗后凋。

蛇神牛鬼尽登场，小丑幺魔复跳梁。

大局泯棼伤阢陧，群言淆乱总荒唐。

不堪苛政猛于虎，争奈贪残酷似狼。

为问卧龙岗上客，躬耕能否下南阳？

义旗壁垒势犹雄，誓把倭氛一扫空。

浩气足吞伪国满，主权还我旧辽东。

长春漫说新雨露，关外犹存老北风。

若使楚囚徒对泣，问君何以答苍穹？

书虞集题赵千里出峡图后

同舟风雨下危坡，众志分呶感慨多。

漫说如夷犹在险，不堪平地起风波。

附原题

巨舟临峡口，众工志如一。

各以所操济，虽危万无失。

所忧在平旷，玩肆生纵逸。

毋俾持钓翁，倚岸三叹息。

观张翥题江贯道百牛图有感

东阡西陌草已生，流离琐尾尽呼庚。

叱犊何人戴笠行，安得百犍齐服力。

犁云锄雨事春耕。

附原题

东阡西陌烟雨青，乌犍百尾卧且行。

引脰饲草仰鼻鸣，嗟尔多牛便多事。

一蓑一笠足归耕。

旅怀

人生无定在，南北与西东。

不畏长途苦，所忧逆旅中。

既寡平生亲，复虑行囊空。

出门鲜所欢，坐啸乏丝铜。

有酒独自斟，醉后发狂风。

狂风有时醒，举目望苍穹。

男子四方志，为何发旅愁？

尼父有好怀，列国且周流。

虽有陈蔡阨，伐檀不为忧。

西行到函谷，老子骑青牛。

辄环为有已，志欲为东周。

劳劳尘壤中，亦复寡所俦。

更有瀛海客，旅行千万里。

既历东西欧，复游南北美。

东邻有扶桑，出入如门市。

足迹遍环球，所至心则喜。

若感旅中愁，何不告休止。

人非眇与跛，当不忘视履。

诸君且莫喧,听我进一言。

尼父好栖迟,所在志冕轩。

翱翔瀛海客,亦复名利奔。

人生贵适意,丰啬可同论。

旅况多辛酸,不如还家门。

靖节归去来,松菊当犹存。

读陶渊明集

五柳先生人何许?归去来兮幸有辞。

避世桃源迷向路,田园乞食且吟诗。

生性不堪令彭泽,讵容五斗为折腰?

秋来最爱霜下菊,柴桑篱落种新苗。

平生诗酒最相亲,独酌行吟忘苦辛。

屡空何由得尽醉?子云当日亦清贫。注一

远公莲社翩然至,怯听钟声独自还。

一日健谈忘步履,虎溪三笑至今传。注二

注一:渊明饮酒诗其八:"子云性嗜酒,家贫无由得。时赖好事人,
载醪去所惑。"注云,杨雄家贫嗜酒,人希至门,好事者载酒肴从游学文。
五柳先生传云:性嗜酒,家贫,不能常得,亲旧或置酒招之,造饮辄尽。

注二:庐山东林寺主释慧远集缁素百二十有三人于山西般若台精舍,
结白莲社,其间誉望尤著,为当世推重,有刘遗民、张诠、雷次宗、宗炳、

周续之、张野等号十八贤。时秘书丞谢灵运才学为江左冠，于神殿后凿二池，植白莲求入社，远公拒之，独与靖节雅素，作诗博酒，郑重招致。先生宁为方外交，不愿齿社列。一日，谒远公，及寺外闻钟声，不觉颦容，遂命还驾。法眼禅师晚参示众云：今夜钟鸣，复来有何事？若是陶渊明，攒眉却回去。此靖节洞明心要，惟法眼特为揄扬。张商英有诗云："虎溪回首去，陶令趣何深？"谢无逸诗云："渊明从远公，了此一大事。下视区中贤，略不可人意。"远公居山三十余年，影不出山，迹不入俗，送宾游履，常以虎溪为界。他日偕靖节简寂禅关，观主陆修静语道，不觉过虎溪数百步，虎辄骤鸣，因相与大笑而别。石恪遂作《三笑图》，东坡赞之；李伯时《莲社图》，李元中纪之，足标一时之风致云。

拟陶渊明咏贫士七首

人生欣有托，直可干云霄。

譬彼胡家姬，当垆何萧条。

一朝得所眷，金屋储阿娇。

恩宠无与比，纤手弄玉箫。

车马金索络，过市复招摇。

岂知贫静女，守道建孤标。

岁暮多悲风，搴惟扇霜血。

取暖乏薪炭，鹑衣犹百结。

乐道虽有余，谋生毋乃拙。

富贵多新知，贫贱交游绝。

贵有岁寒心，饿死不改节。

不义如浮云，此理谁能说。

颜渊独好学，屡空常晏如。
箪瓢与陋巷，不改乐只且。
原宪纳决履，见肘捉襟祛。
贫也本非病，形乏体自舒。
仲由敝缊袍，狐貉可同居。
如何陈蔡阨，愠见发愁予。

首阳有义士，所食蕨与薇。
既耻周家粟，焉能免长饥？
视彼盗蹠徒，裘马具轻肥。
窃国富有术，从者势如归。
世态尽炎凉，安能别是非？
鸡鸣问清夜，义利争几希？

于陵来井上，觅此螬食李。
介推在绵山，不惜蹈火死。
岂无自存术，困绝乃至此。
忧道不忧贫，此中有至理。
没世名不称，所疾惟君子。
穷通固有命，人不可无耻。

富贵不汲汲，贫贱不忧愁。
乐天能知命，黔娄与庄周。

容膝即可安，不必慕岑楼。

悠然能自得，藜藿胜珍馐。

宗庙荐牺牲，都为名利休。

达人贵自我，亦复关前修。

富者盈千万，积累成山丘。

贫者无立堆，生活若马牛。

同禀天地赋，权能何不侔？

积此耿耿介，日夕寻訾仇。

人生譬朝露，相植如浮沤。

果能安义命，营营复何求？

桃源行并序

《桃花源记》本陶靖节先生理想之乌托邦也，靖节先生不忍乱离，托为秦人避世，得一与世隔绝之桃花源以为藏身长子孙之所，又设一武陵渔人勘破之，仍复迷于向往，使此理想中之境界毕竟与世隔绝，不入尘寰，其设想之高与厌世之忱，殆已情见乎词，后人因有武陵桃源，遂据其地以实之。吾知静节先生理想中之桃花源绝不如是，而所谓武陵源或转因袭靖节先生《桃花源记》，遂传世久远也。壬申十月之交，余与武陵龙君锡南、益阳萧君竹心，因公至武陵桃源访所谓嬴秦古洞，殆先有靖节先生理想中之桃花源往来胸臆，必欲得此洞中境界以实之，故不惮跋涉，冀以窥探此神秘奥区，明知其武陵桃源绝未能与靖节先生之桃花源相比拟，所谓桃花也，潭水也，溪也，洞也，田畴也，一入桃花源记则神与俱化。因有《桃花源记》志桃花潭水，溪间田畴，即桃源山中之桃花潭水、溪洞田畴，亦不啻神与具化甚矣，山川殆不啻乞灵于靖节先生，遂因而传世久远也。余既心仪靖节先生理想之高与厌世之忱，又适当乱离之世，即使无与世隔绝可以避世之桃花源，犹当想像得之，若果有与世隔绝足以避世之桃源，能不褰裳赴之，特真能避世与否？则又未免咏歌自失矣，游罢归来，诗以志之。

家室桃源旧隐居（余家世居资兴北乡桃源关，桃源洞水绕山环，聚族而居，田畴鸡犬不减桃花源，少时曾以桃源旧隐自号，惜未能与世隔绝），桃源避世今何如？却怪桃花如解语，引得渔人入奥区。渔人不践洞中约，临行处处识归途。传播武陵迷失路，遂使世间疑有无。洞中别自有天地，田连阡陌足丰腴。鸡犬桑麻无日历，春耕秋获乐居诸。男女衣着了无异，鸡肴酒食礼数殊。笑问今世是何世，恍若生民溯太初。不知有汉还论晋，无道秦犹畏简书。义熙而后不可纪，海宇羯氛毒更痡。江河每况嗟愈下，殷忧及溺慨沦胥。外逼强邻内赤焰，人为刀俎我肉鱼。御侮未能阋墙衅，入室操戈自剪锄。只今片土乏干净，莽莽何处可逃捕。我来特访嬴秦洞，洞口仍流水一渠。却向渔人频问讯，桃源避世今何如？

登南岳上封寺兼游福严南台诸胜

平声懒作登山屐，几度经过未肯留。东临泰岱观沧海，归来却作南岳游。岳镇熊湘号天柱，五岭磅礴绕遭周。东下洞庭八百里，南接桂管十三州。衡岳云屏开九面，好随湘水弄扁舟。渔歌荷笠潇湘雨，雁横塔影天地秋。七十二峰腾直上，峰峰都作白云浮。有时白云自舒卷，尘寰历历望中收。岭南百粤交相错，海天一色如浮沤。桂林山水列屏障，漓湘各自东南流。俯视长沙十万户，夹岸中分水陆洲。吞若云梦者八九，分明楚尾接吴头。半山亭已云根蚀，郇侯书堂懋前修。懒残上人多解事，却将煨芋荐珍馐。直到上封诸品净，一洗铅华万古愁。谒朝坐待东升旭，苍茫曙色涌今毬。朝晖夕阴各异态，灵岩秀壑恣冥搜。白衣大士藏身固，念庵松已成古楸。伏崖和尚老邱壑，避世不欲与人俦。游踪稍憩福严寺，饭后同登藏经楼。宗派何人留圣相，七十二代数尼牟。云签秘笈千万束，巾箱真可汗百牛。南宗偈语镌磨镜，马祖始卜林塘幽。贝叶南台绣伏虎，珍藏什袭今在不？归途却绕圣经院，宣扬博爱与自由。朱张名理阐至道，栖迟岂为稻粱谋？只今方广留胜迹，欲往游之道阻修。更有水帘擅奇绝，兴尽何妨告止休。会灵精舍权寄宿，主人为我具粮糇。一酌十觞不辞醉，拼将美酒换轻裘。风景河山独惆怅，大盗刓复操戈矛。竞说亡秦有三户，讵容冠带笑沐猴。停杯罢洒新亭泪，相对休教泣楚囚！

祝融峰次朱厅长经农韵

登临未敢与君同（君与张、谭两厅长暨沪上银团先一日下山，余与龙、萧二委员越一日游岳），一柱擎天倚碧空。俯视峰峦争向背，惊心风鹤满寰中。上封直到身如燕，冥漠轻翀目送鸿。谁继郇侯真事业，懒残芋熟日升东。

附（朱经农）原韵

衡岳诸峰各不同，祝融如剑破晴空。湘流九曲横天际，楚国千村入望中。山势奔腾到回雁，川原寥落有哀鸿。亡秦三户今犹在，辽沈秋高我欲东。

禹王碑

麓山寺北神禹碑，赤字青苔光陆离。元夷苍水使君秘，敷土奠川文命辞。八年三过失不入，胼手胝足念在兹。上伤厥考之丕绩，下恤启呱之孤嫠。金简玉书通神理，行所无事功匪奇。可知用智不用凿，至哉道妙在无为。纪实论功传不朽，渥承帝眷帝曰咨。地平大成嘉乃绩，摩崖勒石山之湄。鸟迹兽蹄字奇古，金石转辗滋群疑。七二玲珑粗可识，发尔癸酉相差期。达人大观浑不辨，攻考异同两听之。只今神州称禹甸，利赖万世无穷垂。嗟哉禹功明德远，微禹其鱼岂我欺。荆棘铜驼兴亡几，峭壁光芒万古垂。嗟哉禹功亦何奇！

天心阁

城阁耸天心，迎风足振襟。长沙十万户，衡岳九千寻。俯视湘流阔，高擎月色侵。麓云遥对峙，游子快登临。

云麓宫

山势连南岳，飞来又一峰。云开江上市，麓起梵王宫。静夜潇湘雨，归帆远浦风。洞庭浮日出，春色满寰中。

定王台

帝子镇潇湘，长沙属定王。不堪容舞袖，应感沐冠裳。殿阁苍苔古，河山带砺长。贾生忧汉室，七国鉴兴亡。

贾太傅祠

宣室重求贤，长沙路几千。治安方上策，鹏鸟已成篇。泪岂穷途哭，心为忧国煎。屈原如可接，相吊独潸然。

三闾大夫祠

楚国贵公子，三闾本懿亲。怀沙频作赋，卜宅为存身。孤愤悲天问，殷忧泣鬼神。汨罗江上路，竟尔逐波臣。

朱张渡

朱张膺讲舍，吾道已南来。洙泗源流远，湘江往后回。薪传凭绍述，桃李待栽培。古渡斜阳外，临歧却低徊。

石鼓

石鼓踞衡阳，名山作讲堂。蒸湘此汇合，薪火接微茫。洞是朱陵古，名题雁塔香。岳云开九面，远浦数归帆。

来雁塔

北郭衡阳道，邻江塔影横。归鸦栖古寺，来雁带秋声。远树天边合，幽花野外生。浮图穷直上，千里暮云平。

雁峰寺

岁岁南飞雁，都从此处回。峰峦原岳首，寺庙倚山开。地回禅关静，云深佛子归。西天无量寿，于此证如来。

船山

声断衡阳岸，幽人此闭关。蒸湘流石鼓，沙水涌船山。别有兴亡憾，焉知步履艰。薑斋有遗著，湘绮事追攀。

右游草，系就最近行踪所及，予以记录，或从而题咏以志，雪泥鸿爪，本不足以尘秽视听，贻羞大雅，尤其是万寿山、西湖两游记，文词琐碎芜杂，无复条理，律以文格体裁，訾议殊多。不过万寿山为逊清故宫，穷极侈靡，既已改为陈列室，依次陈列，恣人游览，即记录不厌求详，一以见帝王专制时代物力丰富，虽竭尽民间多少汗血仅足以博人主一日之鉴赏与游观，一以见物理盈虚，旧时虽视为天府秘作，家珍终未席卷以去，徒留为历史的纪念，供人民之观览而已。至西湖游记亦只就足迹所至，珥笔陈词，其未经游览者，概付阙如，前人题咏既多，纪载亦极翔实，大好湖山，实未能形容万一。窃愿赐教诸君子酒后茶余，稍资谈屑，勿以诗文衡之，则幸甚！

后 记

研究历史上的人物，自然都想还原其本相，或者说真相。但本相或真相之刻画，又何等艰难，过去已经流逝，且段廷珪并无任何音频视频在世，只有文字记录以及后人的口述传说留世，音容笑貌，俱不得闻。本书非敢妄言已经将段廷珪的形象、经历、思想刻画得淋漓尽致，或者说真正符合过去存在过的"段廷珪"这个人的形象。尤其是关于段廷珪本人的性格，正文里还从未提及。此处当略补记之。

关于段廷珪的性格，我们确实所知甚少，段氏族人也没有留下关于性格方面的记录，只言其收藏书册很多，有旧时文人之风范。自然，才华似乎也是出众的。就留下的文字材料而言，可以看到的是，其待人必定宽和，属于踏实稳重一类，否则也不能前后几次担任教育行政部门之秘书。当然，这也恰如其书法所体现出的气质一样，下笔很稳。以其得享高寿观之，段廷珪似乎也不是暴脾气，且其体恤民情，修桥筑路，关爱下层民众，自发救助灾民，收留一些穷苦之人（如武汉人谢秉寅，因无父无母，寄居于其家），如果用佛教语言来叙述的话，就是有大悲悯之心，此等性格之人，多数人应愿与之交游。国民政府曾赐予他与夫人黄家淑"德行并懋"的牌匾，因此我们至少说，段廷珪在德行上应未有污点，甚至远在一般人之上，这是个人之修养。段廷珪绝非恃才傲物之人，他曾自谦，非文思敏捷。可见，并不具备天才的爆发力，但他确实是有文才的，也曾加入过当时文坛名流荟萃的寒山诗钟社。

古人云，诗以言志。从诗歌中，我们能读出一个人的志向。段廷珪写过至少200首诗歌，也出版过诗集，以志游踪，从这些诗歌里，我们可以看到段廷珪的人生理想与家国情怀。段廷珪很谦虚地表示过：

> 余素不耽吟咏，非被徵和，或有极端感触，从未翻过韵本，盖吟风弄月既无谢朓惊人之才，而日暮穷途偏有嵇康懒散之遇，古称诗穷而后工，似迁客骚人，若有联带关系者，余则穷于遇并穷于诗，每至极无聊，奈徒咄咄书空，不敢伸纸执笔，强作解人，附于风雅之末，才俭故也。

但此乃自谦之词，从其诗来看，段廷珪颇有诗才，水准不低，绝非庸手，而且对于写诗也有独到的心得体会，若无真情实感，无法感己动人，则不必形诸诗，且看他以下说法：

> 窃尝谓，诗者，思也，诗言志，志者心之所之，其本在人心之感于物，故凡发为诗歌必有所动于中，绝非无病呻吟也，然有感必有应甚者，牢笼万态，足以动天地泣鬼神；次亦当曲尽人情，使羁旅远人忧，时志士不啻若自其口；又其次，亦当通俗易晓如俚谚歌谣，旨远言近，自能发人深省，至如月露风云，胜水残山，不过藻绘摛词，聚文成采，如画家之烘云托月，虽肤云作衬，自有其月之本体也。故诗之本体为思，为志，为感，为应，外此不足以言诗。

可见对于写诗他有自己独到的艺术体会，并总结为思、志、感、应，甚中鹄的。故段廷珪的诗，读起来很亲切，摹景状物未必有多出彩，境界未必有多高，但皆真身感受，无辞藻之堆砌，平易近人，朗朗上口。而且段廷珪写诗风格多样，七律七绝、七言古体、五言古体、信手拈来，一气呵成，这也反映了晚清最后一批古旧文人之旧学根底。其诗作大抵模仿过白居易，写得通俗易懂，尤其古体乐府叙事长诗，读来朗朗上口。

因此本书对段廷珪的刻画亦不敢言形似，至于神似，则更难达到，王安石曾有言，"丹青难写是精神"，做到形似和神似都是殊为不易之事，更何况所谓"是"。本书只能就所搜得之材料，对段廷珪及其时代略写一二，不过重建以往较少为人注意的史实，做一些拾遗补阙的工作，让这一段被尘封的记忆或可继续流传下去，并且纠正之前所传之若干偏差，读者若能稍有所得，笔者亦能带着些许欣慰之情，继续投入无穷尽的历史探索。习作之陋在所难免。

本书之写成，有赖于各方的援助，对此是必须感谢的。首先是段国强先生以及段娟娟、段清泉女士，没有他们提供线索，与倾力提供资助，本书不可能完成。其次是长沙的付文峰先生。付先生对文化工作非常热心，也为本书之出版展开了极强的"外交"能力。此外还有衡阳师范学院科研处的杨旭明副处长，没有他的牵线搭桥，本书也难以完成。这就需要从一段缘分说起。2021年秋冬之际，在同一天，有两拨人都在衡阳探寻段廷珪的遗迹。一拨是我带领的几个学生，另一拨是从长沙来衡阳的段娟娟女士、付文峰先生，当时他们找到了杨旭明先生，杨先生也带着他们在校内寻访。彼时我们都不认识，但是当时校档案馆的工作人员告诉我，恰好当天有段廷珪后人来访，于是立即联络，坐于学校"1904茶馆"之内，畅谈想法。起初预计能写两三篇文章，未承想最后竟然成书。这是莫大之收获了。衡阳师范学院2019级历史学本科生肖洋娟同学为本书出力甚多，其中第二章第一、二节、第五章第二节以及结论的部分内容出自她之手笔，然后经我改定补充，姑可谓合写；2020级本科生何希乐同学也承担了部分写作工作，如第一章的第一、二节，以及材料搜集整理的工作。虽然他们都受我指导，但是成果中，理应有他们的名字。最后，尤其需要感谢本书编辑老师黄佳女士及其他工作人员，没有他们的辛苦编辑，不会有本书现在的模样。

陈小虎

2024 年 10 月 10 日